W0035711

Igal Avidan

# Mod Helmy

Wie ein arabischer Arzt in Berlin Juden
vor der Gestapo rettete

Mit Helmut Kuhn

**Ausführliche Informationen**
**über unsere Autoren und Bücher**
**www.dtv.de**

Dieses Buch ist auch als eBook erhältlich.

© 2017 dtv Verlagsgesellschaft mbH & Co. KG, München
Das Werk ist urheberrechtlich geschützt.
Sämtliche, auch auszugsweise Verwertungen bleiben vorbehalten.
Satz: Fotosatz Amann GmbH & Co. KG, Memmingen
Druck und Bindung: CPI – Ebner & Spiegel, Ulm
Gedruckt auf säurefreiem, chlorfrei gebleichtem Papier
Printed in Germany · ISBN 978-3-423-28146-1

# Inhalt

# Eine Berliner Jüdin sucht Schutz im Islam

Es ist sehr einfach, eine Muslimin zu werden. Und wenn man jüdisch ist und sich mitten in Berlin vor den Nazis verstecken muss, greift man zu jedem Strohhalm. Anna Boros ist 17, sie sitzt in einer Wohnung in Berlin-Moabit neben einem Araber und bemüht sich, die Worte des islamischen Glaubensbekenntnisses, der *Schahada*, zu wiederholen.[1] Sie versteht den Sinn nicht, denn sie spricht kein Arabisch. Vorsichtshalber hat man den Text für sie phonetisch zu Papier gebracht: *Ashadu an la-e-laha il-ala-lahu wahdahu la sharika lahu wa ashhadu anna Muhammadan Abduhu wa Rasuluh.* Der Mann übersetzt ihr das Bekenntnis: »Ich bezeuge, dass es keinen Gott gibt außer Allah, und ich bezeuge, dass Mohammad Sein Diener und Sein Gesandter ist.«

Der Mann, der diese Zeremonie am 10. Juni 1943 durchführt, ist Dr. Kamal Eldin Galal. Der ägyptische Journalist ist kein Imam, sondern ein Freund von Dr. Mod Helmy. Mod Helmy ist der Arzt und Freund von Annas jüdischer Familie. Bereits seit 15 Monaten lebt das junge Mädchen illegal in Helmys Moabiter Wohnung und in einem verzweifelten Versuch, ihr zu helfen, hat Helmy in dieser Nacht des 10. Juni ihren Übertritt zum Islam organisiert.

Anna ist nicht religiös. Ihre Mutter lebt in einer Mischehe, und ihre Großmutter ist eine überzeugte Jüdin. Muslimin zu

7

werden fällt Anna dennoch nicht leicht, auch wenn es nur zum Schein geschieht und dem Überleben dient.

Nun legt Galal Anna eine Bescheinigung vor, die er selbst auf der Schreibmaschine getippt hat und die Annas Übertritt bestätigt. Damit ist die Jüdin nun Muslimin geworden und darf nach der Scharia, dem religiösen Gesetz des Islam, einen Muslim heiraten.[2] Er unterschreibt mit »Dr. K. E. Galal«. Annas Bescheinigung trägt den Stempel des Islamischen Zentralinstituts zu Berlin und einen schmückenden Namen: ausgerechnet den Namen des Instituts-Schirmherrn und notorischen Judenfeindes Mohammed Amin al-Husseini. Der Mufti von Jerusalem hatte 1936 den arabischen Aufstand in Palästina angestiftet, war 1941 von Hitler persönlich empfangen worden. Er rekrutiert Muslime für die Waffen-SS, sendet Nazi-Radiopropaganda in die arabische Welt, kämpft gegen die jüdische Einwanderung nach Palästina und wird dafür von den Nazis großzügig entlohnt. Ab Mitte Mai 1943 hält er sich in seinem Büro in Rom auf, wo er sein Ziel vorantreibt: Die Achsenmächte sollen offiziell die Abschaffung des national-jüdischen Heimes in Palästina und die Unabhängigkeit der arabischen Länder erklären. Am 10. Juni 1943 schreibt er einen Brief an den italienischen Außenminister Graf Ciano, in dem er ihn auffordert, die Ausreise von Juden unter anderem aus Rumänien auf dem Weg nach Palästina zu unterbinden.[3]

Galal, die rechte Hand des Muftis, vollzieht in dieser Nacht souverän Annas Übertritt zum Islam. Er kennt sich aus mit der Zeremonie, denn er hat an der renommierten islamischen Al-Azhar Universität in Kairo studiert. Galal erläutert Anna die fünf Grundsätze des Islams und zeigt ihr ein Exemplar des Korans. Er hat das Buch aus der Berliner Moschee in Berlin-Wilmersdorf mitgebracht, der ältesten bestehenden Moschee Deutschlands. Eine in Leinen gebundene Luxusausgabe bekommt man dort für 10 Reichsmark.

In dieser von den Nazis im Propagandaministerium eingebundenen Moschee mit den beiden imposanten Türmen predigt auch der Mufti von Jerusalem, Hitlers Verbündeter und Imam auf der Gehaltsliste der Nazis. Damals kommen viele muslimische Wehrmachtssoldaten, die im Berliner Umland ausgebildet werden, zum Freitagsgebet.[4] Sie marschieren in Uniform und mit ihren Standarten hinein.

Zu dieser toleranten Haltung der Nazis gegenüber Muslimen passt die 1941 erschienene Tornisterschrift des Oberkommandos der Wehrmacht, die Soldaten im Orient im Rucksack aufbewahren sollen. Darin empfiehlt man zum Beispiel: »Dringe nie in eine Moschee ein, es sei denn, dass man Dich dazu einlädt, sie zu besichtigen.« Oder: »Suche niemals durch Gruß oder Wort Beziehung zu gewinnen zu einer muslimischen Frau.« Und schließlich: Fange und töte keine der vielen Tauben bei Moscheen oder Heiligengräbern. Es ist verdienstlich, sie zu füttern.« Die Toleranz der Wehrmacht kennt aber auch Grenzen: »Wird der Besuch einer Moschee an irgendwelche Bedingungen geknüpft, wie Waffen oder Schuhe abzulegen, gebietet es Deine Selbstachtung, auf den Besuch zu verzichten.«[5]

Mod Helmy schätzt, dass er die Jüdin Anna besser schützen kann, wenn sie eine Muslimin ist. Denn die Lage wird für sie immer gefährlicher, obwohl sie die Jüdische Gemeinde verlassen hat. Bereits am Tag nach ihrem Übertritt wird die »Reichsvereinigung der Juden in Deutschland« aufgelöst. Die jüdischen Vertreter der von Nazi-Deutschland gegründeten und von der Gestapo kontrollierten Organisation versuchten seit 1941, nachdem die Emigration praktisch unmöglich geworden war, die zurückgebliebenen Juden, so gut es ging, zu versorgen. Doch selbst das wird nun offensichtlich nicht mehr gewollt. Die verbliebenen fünf jüdischen Mitglieder der Geschäftsstelle, die nicht durch eine Mischehe geschützt sind, werden umgehend deportiert. Fast alle im Nazi-Jargon »volljüdischen« Angestellten der Reichsvereinigung hatten bereits im März 1943 das gleiche

Schicksal erlitten. Und nur fünf Tage zuvor hatte Propaganda-minister Goebbels im Berliner Sportpalast von der »gänzlichen Ausschaltung des Judentums aus Europa« gesprochen. Er setzte die Juden mit Kartoffelkäfern gleich. Dagegen gäbe es nur ein Mittel: die »radikale Beseitigung der Gefahr!«. Dafür erhielt er frenetischen Applaus.

Hätte sie die entsprechenden Papiere einer Muslimin, könnte Anna in dieser Nacht einen Spaziergang unternehmen, zum ersten Mal als »Nichtjüdin«, denn nun gilt für sie die Ausgangs-sperre nach 20 Uhr nicht mehr. Die Nazis begründeten dies da-mit, dass es angeblich »häufiger vorgekommen sei, dass Juden die Verdunkelung benutzt hätten, um arische Frauen zu belästi-gen«.[6] Würden nur die Anweisungen für die Wehrmacht auch für die Gestapo gelten. In diesen Befehlen ist zu lesen: »Sprich niemals eine Frau auf der Straße oder in einem Laden an. Be-gegne dem Muslim mit der gleichen Achtung und Duldsamkeit, wie Christen verschiedener Konfession einander immer begeg-nen sollten.«[7]

Solche Achtung brachte Helmy in jener Zeit auch Juden wie Anna Boros entgegen. Trotz der damit verbundenen Gefahr setzte er sich unermüdlich für sie und ihre Familie ein.

Meine Recherche führte mich zu den letzten Zeitzeugen und ihren Kindern und Enkelkindern, die mir Schwarzweißfotos und alte Briefe zeigten und diesen Dokumenten sozusagen ein Gesicht und eine Stimme verliehen. Ich durfte die Nachlässe der Familien von Miriam Mahdi und Hartmut von Hentig einsehen und bekam wertvolle Fotos von Jürgen und Angelika Comes, Ursula Kraus, Sabine und Karsten Mülder, Hanns und Ute Rohde sowie Karl-Heinz Wolter.

Im Berliner Zentrum Moderner Orient gibt die Sammlung Nachlass Prof. Gerhard Höpp Auskunft über Araber in Berlin der Weimarer Republik.

Im Archiv der Humboldt-Universität fand ich Helmys Pro-motionsakten, unter anderem seine Eidesstattliche Erklärung, in der er gelobt, »die Pflichten des ärztlichen Standes gegenüber den meine Hilfe Heischenden in humaner Gesinnung treu und gewissenhaft zu erfüllen«.[8] Anders als viele andere hat er sich an seinen Eid gehalten.

Im Politischen Archiv des Auswärtigen Amtes lässt sich Helmys Internierung zu Beginn des Zweiten Weltkriegs als »gefährlicher Feind« nachverfolgen.

Im Bundesarchiv befindet sich Helmys medizinische Akte aus dem Krankenhaus der Polizei, wo er über vier Monate verbrachte.

Im Berliner Entschädigungsamt habe ich viel über Helmys Leben erfahren. Diese Unterlagen beleuchten sein Leben vor und während des Kriegs sowie in den ersten Nachkriegsjahren, als er um Entschädigung kämpfte.

Unterlagen und Fotos von Annas Familie fand ich in Helmys Akte in der Sammlung der Judenretter im Yad Vashem Archiv in Jerusalem. Eine weitere nützliche Akte war die des rumänischen »Gerechten unter den Völkern«, Constantin Karadja, der sich für verfolgte rumänische Juden eingesetzt hat.

Einige Informationen über Helmys Privatleben und seine Tätigkeit als Arzt fand ich im Archiv des Geschichtsvereins Aktives Museum Faschismus und Widerstand in Berlin.

Im Diplomatischen Archiv des Auswärtigen Amtes in Bukarest stieß ich auf eine Akte über Anna Boros aus der Zeit, in der sie in der Illegalität lebte.

In den Berliner Adressbüchern lässt sich nachverfolgen, wo Helmy in der Nazizeit gewohnt hat bzw. wer seine Nachbarn waren. Weitere Auskünfte fand ich in den Bauarchiven verschiedener Bezirke.

Im Landesarchiv Berlin werden Helmys Akten in Verbindung mit seiner Ehrung als einer der »unbesungenen Helden« aufbewahrt.

In der Bibliothek der Gedenkstätte Deutscher Widerstand gibt es Publikationen zum Gedenken an den »Stillen Helden«.

Im Archiv des Centrum Judaicums finden sich Unterlagen über Anna Boros und ihre Familie in Bezug auf die Jüdische Gemeinde.

Im Archiv der sozialen Demokratie der Friedrich-Ebert-Stiftung stieß ich auf Nachkriegsfotos von Mod Helmy.

# Spurensuche mit politischen Dimensionen

Meine Reise in die Vergangenheit begann am 30. September 2013, als ich beim Lesen einer israelischen Zeitung bei einer Meldung hängen blieb. Darin stand, dass die Holocaust-Gedenkstätte *Yad Vashem* in Jerusalem zum ersten Mal einen Araber als »Gerechten unter den Völkern« anerkannte. Dr. Mohamed Helmy, ein ägyptischer Arzt, der in Berlin gelebt hat, erhielt diese Auszeichnung, weil er sein Leben eingesetzt hatte, um eine jüdische Familie während der Shoah zu retten.

Ich begriff auf Anhieb die politische Bedeutung dieses offensichtlichen Einzelgängers: Helmy könnte ein Held sein sowohl für Juden und Muslime, für Israelis als auch für Araber – gerade in diesen Zeiten des Kriegs und des Terrors, der Verschwörungstheorien und Vorurteile auf beiden Seiten des langen und blutigen Konfliktes. In Zeiten, in denen der einst so hoffnungsvolle Friedensprozess im Nahen Osten so weit entfernt wie Oslo zu sein scheint.

Ich bin in Israel geboren und aufgewachsen, wo man seinen Lebenslauf nicht nur nach der Ausbildung und der beruflichen Laufbahn gliedert, sondern auch nach Israels Kriegen. Ich habe zum Beispiel als Kind den Sechstagekrieg erlebt, als Teenager den Jom-Kippur-Krieg, als Soldat (Informatiker in Uniform) den ersten Libanonkrieg, als Reservist die erste Intifada und als Besucher den zweiten Gaza-Krieg. Da wurde mir ein klares

Weltbild eingetrichtert: Wir sind die Guten, unsere Feinde wollten uns vernichten, wir haben überlebt, darum lasst uns jetzt essen gehen. Die Bösen von damals, während der Shoah, waren die Deutschen – die Nazis; die Schurken von heute sind die Araber, die uns ebenfalls vernichten wollen. Alles klar?

Wie gut wäre da jemand, zu dem sowohl Araber als auch Juden aufschauen könnten? Ein Mann, der nach der Nazi-Ideologie als minderwertig galt, weil er kein »Arier« war. Ein Ägypter, der selbst diskriminiert, verfolgt und eingesperrt wurde. Ein Arzt, der dennoch Juden half, denen es noch weit schlechter erging als ihm. Ein Araber, der wohl erste, der sein eigenes Leben riskierte, um Juden vor den Nazis zu retten. Ein solcher Held würde auch den Deutschen guttun, gerade in dieser Zeit, in der sie zwischen sich unversöhnlich gegenüberstehenden Juden und Arabern ihren Platz suchen. Ein Ägypter wie Mod Helmy könnte eine neue Identifikationsfigur für Araber werden und zur jüdisch-arabischen Annäherung beitragen.

Helmys Geschichte ließ mich nicht mehr los. Ich wollte mehr über ihn und sein Leben herausfinden. Vier Tage nachdem ich die Meldung gelesen hatte, war ich in Israel zur Bar-Mitzwa-Feier meines Neffen eingeladen. Gleich im Anschluss an die Feier machte ich mich auf den Weg nach Jerusalem. In *Yad Vashem* empfing mich Irena Steinfeldt, die Leiterin der Abteilung für Gerechte unter den Völkern.

Steinfeldt hat das Glück, sich um die »Schokoladenseite« der Shoah zu kümmern: Die Geschichten der Judenretter, die dafür von Juden geehrt werden. Sie und ihre Mitarbeiter prüfen Anträge aus ganz Europa, recherchieren und leiten am Ende ein Dossier an die Expertenkommission weiter. Seit einigen Jahren sind es immer mehr Vorschläge geworden, die Steinfeldt bearbeiten muss, erzählt sie mir. Zuletzt waren es jährlich Hunderte Anfragen von Überlebenden, die sich meist an ihrem Lebensabend ihrer Retter erinnern und sich bei deren Kindern und Enkeln bedanken wollen.

14

Von 1962 bis zum Januar 2017 hat die Holocaust-Gedenkstätte *Yad Vashem*, die laut Gesetz »Israels Gedenkbehörde« ist, 26 513 Nichtjuden, die während der NS-Zeit Juden gerettet haben, als »Gerechte unter den Völkern« geehrt. Ich frage Irena Steinfeldt, wie nach dem Yad-Vashem-Gesetz Retter/Gerechte definiert werden, und sie erzählt mir, dass ausgerechnet die Anerkennung des berühmten Oskar Schindler als einer der ersten »Gerechten« 1967, bevor die entsprechenden Regeln definiert waren, heftige Diskussionen in Israel ausgelöst hat: »Vor der Zeremonie beschwerten sich zwei ›Schindler-Juden‹ aus Krakau, die ihn als Nazi beschimpften, der NSDAP-Mitglied war und in Krakau jüdisches Eigentum an sich riss.«

Daraufhin gründete *Yad Vashem* eine unabhängige Kommission, die seitdem anhand von festgelegten Kriterien entscheidet, wem die Auszeichnung zusteht, ein Gerechter zu sein, und wem nicht. Demnach muss der Retter (damit sind natürlich auch Retterinnen gemeint) aktiv zumindest einen Juden vor dem Tod oder der Deportation in ein Konzentrationslager gerettet haben; Retter mussten dabei ihr Leben, ihre Freiheit oder ihren sozialen Status riskiert haben; Zeitzeugen oder die Geretteten selbst müssen die Rettung plausibel beweisen können. Die Geehrten müssen weder Engel noch Übermenschen oder Moralapostel sein. Kriegsverbrecher werden jedoch prinzipiell nicht geehrt, auch wenn sie Juden gerettet haben; ebenso lehnt die Kommission die Ehrung von Menschen ab, die Juden nur gegen Geld retteten. »Wenn die Rettung an erster Stelle stand und die versteckten Juden dem armen Bauern freiwillig Geld boten, damit sie in der Kriegszeit einen weiteren Mund füttern konnten, dann ist das erlaubt«, sagt Steinfeldt. »Wenn aber das Geld die Bedingung für die Rettung war, dann nicht.«

Irena Steinfeldt hat im Laufe der Jahre so viele ergreifende Geschichten gehört, dass ihr nichts Menschliches mehr fremd zu sein scheint. So erzählt sie, dass mehrere polnische Judenretter ihre Schützlinge sogar ermordet haben: »Aus Angst, sie

15

könnten ihre Helfer, wenn sie weiterzogen, an die Deutschen verraten.« Sie schüttelt den Kopf. 26 513 Nichtjuden aber riskierten ihr eigenes Leben, um während der Shoah Juden zu retten. Eine Ausnahme bilden die Retter der 7.200 dänischen Juden, die auf Wunsch des dänischen Untergrunds kollektiv (und nicht persönlich) geehrt wurden.

Gibt es denn etwas, das die Retter vielleicht gemeinsam hatten? »Nichts«, sagt Steinfeldt. »Manche waren Christen oder Muslime, andere Atheisten oder Kommunisten. Sie stammten aus allen Altersgruppen, sozialen Schichten und übten alle möglichen Berufe aus. Intellektuelle, Lehrer, Adelige, Prostituierte. Manche waren hochgebildet, andere Analphabeten. Letztendlich konnte jeder die Wahl zwischen Gut und Böse treffen. Leider trafen nur wenige die erste Wahl.« Ein »Retter-Gen« fanden die Experten nicht: »Hinter jedem Profil eines Retters findet man auch einen Täter.« Letztlich habe jeder für sich allein entschieden, moralisch zu handeln oder nicht.

Mod Helmy rettete die in Rumänien geborene Jüdin Anna Boros und ihre Familie. Er setzte sich für seine jüdischen Bekannten ein, obwohl er selbst von den Nationalsozialisten verfolgt wurde und unter Beobachtung der Gestapo stand. Er tat dies aus freien Stücken, als Privatperson und nicht im Auftrag einer Regierung oder Organisation. Dafür wurde er persönlich geehrt. Steinfeldt betont, dass die Ehrung keinesfalls politisch motiviert gewesen sei – und seine Rettungsgeschichte nicht ungewöhnlicher sei als die der anderen Judenretter. Darunter befinden sich 75 weitere Muslime, zumeist Albaner. Andererseits sei jede Rettung wieder ein Sonderfall, besonders die selbstlosen Taten der muslimischen Retter. Die Muslime, die *Yad Vashem* bislang als Retter eingestuft hatte, stammten alle aus Europa, so beispielsweise Selahattin Ülkümen, der türkischer Generalkonsul auf der Insel Rhodos war, wo er 50 Juden rettete. Helmy hingegen war Ägypter. Daher wartet die Medaille, die jetzt vor Steinfeldt auf dem Schreibtisch liegt, vergeblich darauf, abgeholt zu werden.

Auf der Medaille umklammern die Hände eines KZ-Häftlings einen Stacheldraht, der den Erdball umspannt und ihm den Anstoß zur Rotation gibt: Die Rettungsaktionen sind sozusagen die Existenzberechtigung für die Welt. Darauf steht der Spruch aus dem Talmud:»Wer ein einziges Leben rettet, rettet die ganze Welt.« Auf der dazugehörigen Urkunde bedankt sich »das jüdische Volk« bei»Mohamed Helmy«. Aber niemand wird diese Urkunde und Medaille in *Yad Vashem* in Empfang nehmen, nicht so bald jedenfalls. Schade, denn der jüdische Spruch passt sehr gut zum 33. Vers der fünften Koransure al-Mā'ida (arabisch المائدة ›der Tisch‹):»Wenn jemand einen Menschen tötet ... so soll es für ihn sein, als hätte er die ganze Menschheit getötet.«

Mohamed Helmy, der sich selbst Mod nannte, starb 1982 in Berlin. Er wurde 80 Jahre alt. Der Vorname Mod statt Mohamed steht auch auf seinem Grabstein auf dem Städtischen Friedhof Heerstraße in Berlin-Charlottenburg. Der ägyptische Botschafter in Israel würdigte zwar Helmys »edle Taten«, kann die Medaille aber nicht stellvertretend entgegennehmen, da sie nur dem Retter selbst oder seinen Verwandten ausgehändigt werden darf. Doch Mod Helmys Angehörige in Kairo weigern sich, die Auszeichnung anzunehmen. Sie freuten sich wohl darüber, hieß es in einer ägyptischen Zeitung, aber Mervat Hassan, die in Kairo lebende Ehefrau eines Großneffen von Helmy, hat sich von diesem Ehrentitel distanziert.[1] Sie lobte den Großonkel Helmy, meinte jedoch, dass er allen Patienten geholfen habe – egal welcher Religion oder Nationalität sie angehörten. Sie wolle keine Ehrung aus Israel, weil das Verhältnis zwischen Ägypten und Israel belastet sei, äußerte sie gegenüber einer ägyptischen Journalistin der US-Nachrichtenagentur Associated Press. Somit machte sie Helmys Heldentat zum Politikum. Zugleich sagte sie der Journalistin, dass sie nichts gegen Juden hätte.

Wahrscheinlich reagierten die verbliebenen Verwandten

17

Helmys so aus Angst. Seit Jahren gilt Israel in der ägyptischen Öffentlichkeit als »Lieblingsfeind«. 2016 beschloss das ägyptische Parlament mit einer überwältigten Mehrheit, den Abgeordneten Tawfiq Okasha abzusetzen, nachdem er den israelischen Botschafter in Ägypten, Haim Koren, nach Hause zum Abendessen eingeladen hatte.[2] Die Politikwissenschaftlerin Noha Bakr, die an der Amerikanischen Universität von Kairo lehrt, meint, dass Ägypter, die die Kriege erlebt haben, »Israel immer als den zionistischen Feind betrachten werden«.[3] Andere Ägypter seien von den Medien beeinflusst, die sich häufig auf die Seite der Palästinenser stellten. So kann es durchaus sein, dass Helmys Verwandte Anfeindungen oder Drohungen seitens der allgegenwärtigen Sicherheitsbehörden, der Nachbarn oder der Öffentlichkeit fürchteten, die Kontakte mit Israel strikt ablehnen. Helmys Medaille und Urkunde werden also wohl noch lange in Jerusalem verstauben.

Doch Helmys Geschichte ist auch in Israel ein Politikum. Denn diese Gedenkstätte ist eine staatliche Institution, die auf der Grundlage eines speziellen Gesetzes gegründet wurde. *Yad Vashem* stellt eine klare Verbindung zwischen der Shoah und der Wiedergeburt des jüdischen Volkes in Israel her. Jeder offizielle Besucher in Israel wird in die Gedenkstätte eingeladen und am Holocaust-Gedenktag nehmen an der offiziellen Veranstaltung in *Yad Vashem* der Staatspräsident und der Premierminister sowie die gesamte politische Elite teil.

Irena Steinfeldts Büro in *Yad Vashem* schmücken etliche Fotos von bewegenden Treffen zwischen Judenrettern und den Geretteten oder ihren Nachfahren. Eine solche Zusammenkunft zwischen Helmys Nachfahren und denen von Anna Boros scheint mir in diesem Moment jedoch leider unrealistisch. Aber wer weiß: Vielleicht ist Helmys Mut ja vererbbar.

Hinter fast jedem anerkannten Judenretter steckt ein unermüdlicher Mensch, der die Geschichte dieses Retters mühsam zu

Tage fördert und *Yad Vashem* zur Verfügung stellt. So hätten wir ohne das Ehepaar Dr. Karsten und Sabine Mülder wohl niemals von Mod Helmy gehört. Der Chirurg und die Krankengymnastin stießen auf seine Geschichte, als sie 1991 in Helmys früherem Wohnhaus in Berlin-Moabit ihre Praxen eröffneten, direkt unter Helmys ehemaliger Wohnung.[4] Bei ihrem Einzug erwähnte der damalige Hauseigentümer, der 1945 als Mieter in dieses Haus gezogen war, einen Mitbewohner namens Helmy, mit dem er eine Weile die Wohnung geteilt habe. Durch die vielen Bombenschäden waren die Wohnungen knapp geworden. Sie wurden offiziell zugeteilt, und nur verheiratete Paare durften sich ein Zimmer teilen.[5] Dem jungen Mann wurde ein Zimmer in Helmys intakter Vier-Zimmer-Wohnung zugewiesen.

Helmy hatte dem Mitbewohner erzählt, dass er während der Nazizeit in seiner Wohnung im ersten Stock Menschen illegal medizinisch versorgt habe. Diese Geschichte beeindruckte die Mülders so sehr, dass sie dem benachbarten Gymnasium eine finanzielle Förderung anboten, um über die Geschichte des Hauses zu recherchieren. Die Schüler waren mit dem Auftrag jedoch überfordert und das Ehepaar Mülder hatte selbst zu viel zu tun, um diese Aufgabe selbst zu übernehmen. Den Namen Helmy vergaßen sie nicht, doch erst 20 Jahre später fanden sie die Zeit dafür – nach einer Ermunterung durch ihren Nachbarn, den Psychotherapeuten und Buchautor Wolfgang Krüger.[6]

Wolfgang Krüger machte sich im Jahr 2011 daran, die Geschichte seines eigenen Wohnhauses in Berlin-Moabit aufzuschreiben. Bei der Durchsicht der Akten im Bezirksamt stellte er fest, dass die Jahrgänge 1939 bis 1945 fehlten. Er fand heraus, dass drei Juden aus diesem Haus deportiert worden waren. In einem Buch fand Krüger auch einen Hinweis auf den ägyptischen Arzt Mod Helmy, der einige jüdische Patienten gerettet habe. Mod Helmy hatte schräg gegenüber in der Krefelder Straße 7 gewohnt.

Der Künstler Gunter Demnig verlegt seit 1995 vor den Häu-

19

sern der Nazi-Opfer »Stolpersteine«, in den Boden eingelassene Messingplatten mit den Namen der deportierten Juden. Inzwischen gibt es rund 60 000 in 20 Staaten. In Deutschland sind es derzeit etwa 7000. Am 8. Oktober 2011 tat Demnig das auch vor Wolfgang Krügers Haus in der Krefelder Straße 20, um dort mit drei Stolpersteinen an die Ermordeten zu erinnern. Krüger lud den ganzen Kiez ein. So kamen er und Dr. Mülder ins Gespräch über Mod Helmy. »Beim Kaffeetrinken nach der Zeremonie habe ich gedrängt, dass er etwas tut«, so Krüger. Und dadurch wurde das Interesse der Mülders wieder entfacht.

Das Ehepaar teilte sich die Recherche auf: Sabine Mülder ging den Spuren der früheren jüdischen Bewohner des Hauses nach; Karsten Mülder folgte Helmys Werdegang in Berlin, der nach dem Tod von Helmys Frau Emmy 1998 nur noch aus Akten zu rekonstruieren war. Am 21. August 2012 informierte Mülder die Gedenkstätte *Yad Vashem* darüber, dass er und seine Frau im Rahmen ihrer Recherchen über Opfer der Shoah in ihrem Haus auf Mod Helmys Geschichte gestoßen waren, und dass sie Helmy für eine Ehrung vorschlagen.[7] Die Experten von *Yad Vashem* befanden die Argumente und Recherche-Ergebnisse der Berliner als überzeugend und ehrten am 29. Juli 2013 Mod Helmy und seine Helferin Frieda Szturmann. Frieda Szturmann (1897 – 1962) und Mod Helmy waren gute Bekannte. Sie war auch seine Patientin gewesen, und sie riskierte ihr Leben, indem sie ihm half, seine Schützlinge zu verstecken.

Der Satz, der den Anstoß zu Krügers Recherche und schließlich zu Helmys Ehrung und zu diesem Buch gegeben hatte, stammte aus dem Buch *Widerstand in Mitte und Tiergarten* von Hans-Rainer Sandvoß und lautete: »Dr. Helmy stand besonders in den 1940er Jahren vielen verfolgten Juden bei, besorgte illegale Quartiere, betreute Untergetauchte medizinisch und schaffte Lebensmittel herbei. Darüber hinaus schützte er Deutsche vor der Einziehung zu schwerer Arbeit oder zum Volkssturm und schrieb auch ›Fremdarbeiter‹ großzügig krank.

Überlebende rühmten ihn als einen ›wundervollen Menschen‹.«[8]

An einem trüben Tag Ende November 2013 stehe ich schließlich zusammen mit einer Menschentraube in Berlin-Moabit vor dem Haus der Krefelder Straße 7. An diesem Tag werden vor Mod Helmys Wohnhaus Stolpersteine in den Boden eingelassen. Vor dem Eckhaus werden die Biografien der sieben ermordeten Hausbewohner und der beiden Hausbesitzer verlesen und die Teilnehmer legen Blumensträuße nieder. Sechs jüdische Bewohner dieses Hauses wurden im Frühjahr 1943 in Auschwitz ermordet, eine Bewohnerin im KZ Theresienstadt. Diese Deportationen müssen Helmy und Anna, die sich bei ihm versteckte, also miterlebt haben. Abwechselnd gedenken Karsten Mülder und sein Sohn der Ermordeten. Nach einer Schweigeminute sagt Mülder, er bedauere, dass kein Vertreter der ägyptischen Botschaft seiner Einladung gefolgt sei. Wahrscheinlich wollten die Ägypter einen Auftritt zusammen mit israelischen Offiziellen meiden, die ebenfalls eingeladen wurden.

Es beginnt zu regnen, Schirme werden aufgespannt und bald verabschieden sich die meisten Anwesenden. Da stellt uns Karsten Mülder Annemarie Wamboldt vor. Die Frau mit den glatten weißen Haaren und den großen dunklen Augen stützt sich auf einen Rollator. Sie ist zu dem Zeitpunkt 90 Jahre alt und wurde 1923 in diesem Haus geboren, in dem sie bis 1968 wohnte. »Sie kannte mindestens einige der Ermordeten, mindestens die Vermieter«, sagt Mülder. Annemarie Wamboldt sagt: Nein, sie kannte sie nicht, nur an zwei Familien könne sie sich erinnern. In das nun folgende betretene Schweigen hinein meint sie schließlich, an Dr. Helmy könne sie sich noch gut erinnern. Sie kannte ihn aber nur vom Sehen: »Groß, schlank, dunkelhaarig.« Sie lächelt verlegen. »Ich war doch nur ein junges Mädchen, aber mit dem Krieg war alles vorbei.«

Annemarie Wamboldt war erst vier Wochen nach Kriegsende vom Arbeitsdienst im Umland nach Hause zurückgekehrt, nach einem fünftägigen Fußmarsch. Am Ende traute sie sich nicht in die elterliche Wohnung, aus Angst vor den Russen. Im benachbarten Gemüseladen Gasba musste sie erfahren, dass ihr Vater Adolf Kraus tot war. Zwei Tage vor Kriegsende wurde er in dem Hauseingang, in dem wir gerade stehen und Schutz vor dem Regen suchen, durch einen Granatsplitter tödlich verletzt. Für einen Moment wirkt die hochbetagte Frau wie das Mädchen, das immer noch vergeblich auf seinen Vater wartet.

Im folgenden Jahr, an einem sonnigen, heißen Tag im Juli 2014 wird an der Fassade des Hauses in der Krefelder Straße 7 eine Gedenktafel für den früheren Mitbewohner Mod Helmy enthüllt. Diesmal ist Annemarie Wamboldt nicht mehr dabei. Anders als im November blicken die Teilnehmer dieser Gedenkzeremonie nicht traurig hinab auf die Namen der ermordeten Bewohner. Diesmal schauen sie nach oben, während ich die Laudatio auf den Judenretter halte, hinauf zum ersten Stock, wo Mod Helmy das jüdische Mädchen versteckt hat.

Dieses Mal wirken die Zuhörer positiv bewegt, ja sogar inspiriert. Diese einmalige Geschichte muss man aufschreiben, sagt anschließend ein Herr zu mir und händigt mir seine Visitenkarte aus. Der lange, steinige Weg zu diesem Buchprojekt beginnt.

# Ein Ägypter in der Weimarer Republik

Khartum, die Hauptstadt des Sudan, ist am Ende des 19. Jahrhunderts eine endlose Ansammlung von Lehmhütten am Ufer des Nils. Die Hütten standen im starken Kontrast zum größten Gebäude der Stadt, dem 1899 eingeweihten Gordon's Palace, dem Regierungspalast des britischen Hochkommissars für Ägypten, Herbert Kitchener. Der im venezianischen Stil erbaute Palast erinnert an eine üppige Hochzeitstorte und stand demonstrativ für die erneute britische Herrschaft. Denn 1898 hatten die Briten das frühere Handelszentrum für Elfenbein, Gummi und auch für Sklaven aus Zentralafrika nach der Niederschlagung des Mahdi-Aufstandes zurückerobert.

In dieser Zeit kommt Mohamed Helmy 1901 als Sohn des muslimischen Ägypters Said Ahmad und seiner Frau Aminah in Khartum zur Welt. Vater Said wurde um 1855 im Dorf Koum Bani Miras im Nildelta geboren und war bei Mohameds Geburt etwa 45 Jahre alt. Er war Major und als Besatzungsoffizier der anglo-ägyptischen Armee im Sudan stationiert. Diese Einheiten hatten 1898 den Mahdi-Aufstand gegen die Besatzer niedergeschlagen und überwachten anschließend den Aufbau der zerstörten Hauptstadt Khartum. Später wird Said Helmy zum Generalleutnant befördert. Mohamed Helmy hatte einen viel älteren Bruder und drei Schwestern.[1] Die Familie hielt enge Kontakte zu Ägypten aufrecht, wo sie die Ferien verbrachte.

23

Während Mohameds Kindheit wurde der Vater mehrmals beruflich versetzt. So zogen die Helmys erst nach al-Mansura in Nordägypten und dann nach Tanta im Nildelta. Schließlich ließ sich die Familie in Kairo nieder, wo Mohamed das renommierte Gymnasium Saidieh Secondary School besuchte. Diese staatliche Bildungseinrichtung, eine der ältesten Schulen des modernen Ägypten, liegt im Stadtteil Gizeh direkt neben der Kairo Universität.[2] Die 1908 gegründete Schule (Saidia bedeutet auf Arabisch »glücklich«) befindet sich in einem prächtigen weitläufigen Gebäude und stand damals an der Spitze der arabischen Bildungsbewegung. Sie war ein Symbol für den Aufbruch Ägyptens in das Zeitalter der Moderne.

Die Schule wurde zu einem Hort des politischen Aktivismus. Viele Saidieh-Schüler beteiligten sich an der Revolution von 1919 gegen die britische Kolonialherrschaft. Zu den Absolventen gehörten auch renommierte Persönlichkeiten. Aus der Politik waren es beispielsweise Hussein Sirri Pascha, der mehrmals zwischen 1940 und 1952 Premierminister wurde; Atef Ebeid, Ministerpräsident in den Jahren 1999 bis 2004; Abdel Rahman Azzam, der erste Generalsekretär der Arabischen Liga; aus der Wissenschaft der Physiker Ali Moustafa Mosharafa, der zur Entwicklung der Quantentheorie sowie zur Relativitätstheorie beitrug. Und auch einer der größten Unternehmer des Landes, Osman Ahmed Osman, Gründer der Osman-Gruppe, der die Errichtung des Assuan-Staudamms leitete, war auf diese Schule gegangen – ebenso wie namhafte Schauspieler wie Youssef Wahbi und Ahmed Mazhar.

Mohamed Helmy machte an dieser Schule 1922 Abitur. Anschließend wollte er unbedingt Medizin studieren und beschloss, für das Studium nach Deutschland zu gehen. Zum einen hatte ihm ein Freund, der bereits in Deutschland war, erzählt, dass die Ausbildung an der Medizinschule der Friedrich-Wilhelms-Universität eine der besten der Welt war, und er hatte ihm das Leben in dem fernen Land schmackhaft gemacht. Zum anderen wollte ihn die Familie keineswegs nach England gehen lassen, weil sie die Unabhängigkeit Ägyptens vom britischen Protektorat unterstützte.[3] Da Helmys Familie wohlhabend war, konnte sie seinen Aufenthalt und sein Studium in Berlin finanzieren. Also zog Helmy im September 1922 nach Berlin, wo er zunächst Deutschunterricht nahm, bevor er 1923 das Studium der Medizin beginnt.

Im März 1922, kurz vor Helmys Abitur, wurde Ägypten offiziell unabhängig. Faktisch aber setzten die Briten ihre Kolonialherrschaft verdeckt fort. Sultan Fuad durfte sich zwar nun König Fuad nennen, doch die Engländer kontrollierten weiterhin den Suezkanal und das Militär und bestimmten die Außenpolitik. Es folgten die diplomatische Anerkennung Ägyptens durch Deutschland im April 1922 und die Eröffnung des deutschen Generalkonsulats in Kairo. Diese neu aufgenommenen Beziehungen erleichterten Helmys Reise nach Deutschland. »Die Weimarer Republik lud viele muslimische Studenten ein«, erzählt die Historikerin und Religionswissenschaftlerin Gerdien Jonker vom Erlanger Zentrum für Islam und Recht in Europa. »Diese kamen, weil Deutschland schon während des Ersten Weltkriegs den Widerstand in den muslimischen Staaten gegen die Engländer organisiert hatte.« 1925 studierten rund 400 Ägypter in Deutschland, 150 von ihnen in Berlin an der Berliner Universität (heute Humboldt-Universität), am Universitätsklinikum Moabit und an der juristischen Fakultät oder an einer technischen Hochschule.[4]

Die meisten Studenten waren Söhne gutsituierter ägyptischer Landbesitzer, Beamter, Rechtsanwälte und Ärzte, schreibt der Orientalist Gerhard Höpp. Sie schickten ihre Söhne – nur vereinzelt finden sich junge Frauen unter der muslimischen Studentenschaft – nach Berlin, wo die meisten von ihnen im schicken Westteil der Hauptstadt wohnten. Manche Studenten erhielten aber auch Stipendien des ägyptischen Bildungsministeriums, das ihre politischen Aktivitäten in Berlin durch das

25

ägyptische Konsulat streng beobachten ließ. Junge, gebildete Ägypter hatten in den 1920er Jahren eine hohe Meinung von Deutschland. Dem Bericht eines Angestellten des Orientalischen Instituts der Universität Wien zufolge hat das Kräftemessen Deutschlands im Ersten Weltkrieg mit so vielen Nationen auf die von ihm in Österreich betreuten ägyptischen Studenten einen ungeheuren Eindruck hinterlassen. Diese Ägypter, so der Wiener Forscher, hielten Deutschland trotz seiner Niederlage für das erste aller europäischen Länder. Die meisten wollten unbedingt in Deutschland studieren und lernen, was das Land so unglaublich stark in diesem Krieg gemacht habe. Und auch der ägyptische Exdirektor der Orientbank, Hasan Said Basha, hebt in einem Gespräch mit seinem Dresdner Bankierkollegen die große Begeisterung für Deutschland unter jungen Ägyptern hervor: »Die ganze Jugend« Ägyptens studiere jetzt in Deutschland, und wer noch in England eingeschrieben sei, wechsele an eine deutsche Fakultät.[5] Ganz so viele waren es natürlich nicht. Aber Deutschland war en vogue, so viel steht fest.

So entstand bereits Anfang 1920 in Berlin die Gesellschaft »Brüder der Erneuerung«, gegründet vom Ägypter Ali Ahmed al-Inani, der am Seminar für Orientalische Sprachen (SOS) an der Friedrich-Wilhelms-Universität in Berlin promovierte.[6] Ziel der Organisation war es, in einem künftig unabhängigen Ägypten die Wissenschaften sowie das Studium junger Ägypter im Ausland zu fördern. Die treibende Kraft dieser Gesellschaft war der ägyptische Religionsgelehrte und Professor für arabische Sprache, Abd al-Aziz Schawisch, der Mitarbeiter der Nachrichtenstelle für den Orient (NfO) war. Die NfO war eine deutsche Propagandaeinrichtung, die im Ersten Weltkrieg im Auftrag des Auswärtigen Amtes insbesondere im Nahen Osten tätig war.

Unterstützung erhielten diese »Brüder« vom früheren NfO-Direktor Eugen Mittwoch, der als einer der Begründer der modernen Islamwissenschaften in Deutschland gilt. Dieser deutsch-

26

jüdische Gelehrte und ausgebildete Rabbiner sprach modernes Hebräisch und hielt sich 1924 in Jerusalem auf, um an der dortigen Hebräischen Universität den Lehrstuhl für Semitistik mit aufzubauen.

Im Februar 1920 erschien in der nationalistischen Zeitung *al-Afkar* ein Artikel des Ägypters Salim Abdul Meguid, der sich gerade an der Medizinischen Fakultät der Berliner Universität immatrikuliert hatte. Meguid arbeitete für »die Brüder«. »Es lohnt sich, in Berlin zu studieren«, schreibt er: »Die Umtauschraten für Ausländer sind überaus günstig. Man kann gut und gern für zehn Pfund im Monat seinen Unterhalt bestreiten. Das Ausbildungsniveau ist hoch. Ein Zeugnis der (ägyptischen) Oberschule wird genügen, um Zugang zu einer Berliner Universität zu erhalten. Niemand soll schließlich Scheu davor haben, die deutsche Sprache zu erlernen.« Er stehe gern für weitere Auskünfte zur Verfügung, schreibt Meguid weiter und veröffentlicht sogar seine Adresse in Berlin-Wilmersdorf, Holsteinische Straße 33.[7]

Die Welt ist wirklich ein Dorf. Im Sommer 2015 sitze ich in der Holsteinischen Straße, im Haus Nummer 31, und halte eine Visitenkarte in der Hand. Darauf steht: Salim Abdul Meguid, Stud. Med., darunter die Adresse nur zwei Häuser weiter. Nur bin ich leider 100 Jahre zu spät. Meguid hat das Zeitliche längst gesegnet und das Haus hat den Krieg nicht überstanden. Seine Visitenkarte aber schon – im Familiennachlass von Miriam Mahdi. An diesem Sommertag besuche ich die Enkelin des wohl ersten Ägypters in Berlin: Mohamed Soliman. Der Zauberkünstler und Feuerschlucker kam im Jahr 1900 aus Kairo nach Berlin. Er heiratete eine Deutsche und eröffnete eines der ersten Stummfilmkinos der Stadt.

Miriam Mahdi, gebürtige Berlinerin, eine elegante Frau Jahrgang 1944, ist die erste Deutsche in ihrer ägyptischen Familie und zugleich die Hüterin der 117-jährigen Erfolgsgeschichte. Im

Zentrum ihres wohlgeordneten Familienarchivs steht ein Fotoalbum, das einige Fotos ihres Großvaters Mohamed Soliman enthält. Sie zeigen einen selbstbewussten, kräftigen und modernen Mann mit durchdringendem Blick. Auf einem der Bilder trägt er einen schwarzen Anzug, ein weißes Hemd mit gestärktem Kragen und eine karierte Krawatte mit Krawattennadel. Auf einem anderen Foto trägt er einen Dreiteiler und sitzt mit einer Runde dunkelhäutiger, gepflegter Männer mit Schnurrbart, Krawatte oder Fliege zusammen.

Soliman war ein Pionier des Stummfilms in Berlin, wo er 1906 ein Stummfilmkino eröffnete. Vor dem Kino warben ägyptische Studenten mit rotem Fez für die Aufführungen. Ab 1910 organisierte er als Leiter der Orientalischen Abteilung im Lunapark in Berlin-Halensee sogenannte Völkerschauen. In Solimans nachgebauten »Somalidorf« zum Beispiel wurden Beduinen, Somalis und Sudanesen in Originaltracht ausgestellt – sie trugen weiße Gewänder, Sandalen und Turbane. Einer posierte mit einem Speer in der Hand, manche saßen vor einer Holzhütte mit Strohdach, eine geschmückte, barfüßige afrikanische Frau posierte und hielt ein Kleinkind auf dem Arm. »Somalineger« führten ihre Tänze auf, trommelten und stampften laut auf den Boden, so dass ihr Dorf mit Lärmschutzwänden von den Nachbarn des Lunaparks abgeschirmt werden musste.[8]

1911 präsentierte der Lunapark die »Straße von Kairo« mit Nachbauten einer Moschee, eines Kaffeehauses, eines Basars und eines Harems.[9] Miriam Mahdi weist in unserem Gespräch ausdrücklich darauf hin, dass solche Völkerschauen in der damaligen Zeit nicht als diskriminierend verstanden wurden. »Soliman wollte diese Kultur den Berlinern näherbringen und sah sich als Vermittler zwischen den Kulturen.«

Von 1915 bis zur großen Inflation 1923 leitete Soliman das Passage-Panoptikum, das Passage-Theater, das er nach dem Ersten Weltkrieg in ein Kino umfunktionierte, und das Linden-Cabaret, wo unter anderem die berühmte Sängerin Claire Waldoff auftrat. Diese Einrichtungen befanden sich in der 1873 eingeweihten Kaisergalerie, einer Ladenstraße an der Friedrichstraße, eine der Sehenswürdigkeiten Berlins. Zusätzlich richtete er in den Räumen des ehemaligen Café Keck in der Leipziger Straße eine sogenannte Orientalische Diele ein.[10] Auf diese Weise avancierte Soliman rasch zur wichtigsten Anlaufstelle für alle Ägypter in Berlin, darunter die rund 200 Studenten, die bis 1925 dem Aufruf der »Brüder der Erneuerung« gefolgt waren.

Soliman integrierte sich bestens in die deutsche Gesellschaft. »Er zählte damals zu den großen Persönlichkeiten Berlins«, sagt seine Enkelin, zugleich sei er ein arabischer Patriarch geblieben. »Mohameds deutsche Frau, seine drei Töchter und die beiden Frauen seiner ebenfalls in Deutschland lebenden Brüder wurden Ägypterinnen und verzichteten auf ihre deutsche Staatsbürgerschaft. Aber nur meine Tante Adila war ein Jahr lang in Ägypten, die anderen haben das Land niemals besucht, denn mein Großvater hat sie ziemlich abgeschirmt. Was Heiraten angeht, war ihm kein Anwärter gut genug«, sagt sie. »Viele Studenten aus Ägypten kamen zu ihm. Er hat sie gut betreut, aber wenn einer von ihnen auch nur eine Andeutung machte, dass er sich für eine der drei Töchter interessierte, dann war er sehr strikt«, weiß sie von ihrer Mutter und ihren Tanten. Es kann gut sein, dass auch Mod Helmy zu Solimans Gästen gehörte, als er mit seinen 21 Jahren das Berliner Leben zu erkunden begann. Mohamed Helmy nannte sich in Deutschland »Mod«, vielleicht weil er dadurch betonen wollte, dass er ein säkularer, moderner Ägypter war und sich vor Islamophobie schützen wollte. Sein Leben lang wird er in Formularen die Rubrik »Konfession« frei lassen.

Im selben Jahr wie Helmy kam auch ein anderer junger Mann an die Spree: Der Kunststudent Eugen Krytski, Miriam Mahdis Vater. Dieser war ein häufiger Gast bei Familie Soliman. Er kam gut mit Soliman aus, aber seine Tochter hat er auch erst nach dem Ableben des Patriarchen geheiratet.

Der erfolgreiche Filmproduzent Soliman unterstützte auch nationalistisch gesinnte Ägypter, die aus dem deutschen Exil heraus den Widerstand gegen die Briten organisierten. In Miriam Mahdis Fotoalbum findet sich die Aufnahme einer großen Versammlung. Im Hintergrund weht die Fahne der nationalistischen ägyptischen Wafd-Partei. An langen Tischen sitzen zahlreiche elegante arabische Männer neben wenigen europäischen Frauen, offensichtlich deren Freundinnen oder Ehefrauen. Ganz vorn ist Soliman zu sehen. »Er hat sich nicht wirklich politisch engagiert, aber er behielt seine ägyptische Staatsangehörigkeit ein Leben lang«, sagt Miriam Mahdi. Dieter Gosewinkel, Spezialist für die Geschichte der deutschen Staatsangehörigkeit und Einbürgerung im 19. und 20. Jahrhundert, erläutert: »In der Zeit der Weimarer Republik erhielt eine Deutsche bei der Eheschließung die Staatsangehörigkeit ihres ausländischen Mannes, aber eine ausländische Frau wurde durch die Eheschließung mit einem deutschen Mann Deutsche.«

Offiziell waren die orientalischen Studenten erwünschte Gäste in Deutschland. Ein Grund dafür war, dass ausländische Studenten wie Helmy seit 1921 doppelt so hohe Studiengebühren zahlten wie ihre deutschen Kommilitonen und auch darüber hinaus viele Devisen ins Land brachten, die in den Jahren der Inflation sehr begehrt waren. So mussten seit 1922 die ausländischen Studenten neben Deutschkenntnissen auch finanzielle Mittel oder ein Stipendium aus ihrem Heimatland nachweisen, um überhaupt zum Studium zugelassen zu werden. Mit den arabischen Studenten kamen auch politisch engagierte Ägypter nach Deutschland. Bereits 1919 fand eine antibritische Protestkundgebung im Hotel Adlon statt. Im November 1921 feierten ägyptische Nationalisten im Orient-Club den Jahrestag der Revolution. Zum Jahresende zogen Unabhängigkeitskämpfer in dreißig Autodroschken in einem Korso vor die britische Botschaft in der Wilhelmstraße und skandierten: »Nieder mit England! Ägypten soll frei leben!« Anschließend fuhr der Korso vom Brandenburger Tor über den Boulevard Unter den Linden und die Insassen warfen Flugblätter aus den Fenstern.

Doch die Deutschen wollten zwar das Geld der arabischen Studenten, aber den ägyptischen Freiheitskampf wollten sie nicht auf den Straßen Berlins ausgetragen wissen.[11] Zunehmend bekamen die ägyptischen Studenten auch den wachsenden Rassismus der Deutschen zu spüren, der sich nicht nur gegen Juden richtete. Die Weimarer Republik war mit den Reparationslieferungen, die nach dem Versailler Vertrag an die Siegermächte des Ersten Weltkrieges zu leisten waren, im Rückstand. Daraufhin waren französische und belgische Truppen 1923 in das Ruhrgebiet einmarschiert. Die Soldaten sollten die dortige Kohle- und Koksproduktion als »produktives Pfand« sichern.

Die Besatzung löste einen Aufschrei nationaler Empörung aus. Vor allem die Bilder afrikanischer und arabischer Soldaten in französischer Uniform, die an der Besatzung beteiligt gewesen waren, erregten öffentlichen Unmut. Deutsche Nationalisten traten eine rassistische Kampagne »Wider die schwarze Schmach« los, der sich bald auch bürgerliche Parteien und Medien anschlossen. Unter diesem Schlagwort riefen sie zum Kampf für die Rettung der »weißen Rasse« auf. Die farbigen Franzosen wurden auf Plakaten, in Karikaturen, in Romanen und in parlamentarischen Reden als Menschen mit gesteigertem Sexualtrieb dargestellt, die deutsche Frauen vergewaltigten. Diese Diffamierungskampagne führte dazu, dass in Berlin und anderen deutschen Städten auch ägyptische Studenten und andere Araber tätlich angegriffen wurden.

Die Ironie der Geschichte war, dass sich die in Berlin lebenden Ägypter, die sich ja selbst als Opfer der Kolonialmacht Großbritannien empfanden, mit den Betroffenen der französischen Besatzung ausdrücklich solidarisiert hatten. Sie sammelten auf ihren Kundgebungen sogar Geld für die sogenannte Ruhrspende – zur Errichtung von Suppenküchen.

1924 musste sich auch der Medizinstudent Mod Helmy anhören, dass seine Landsleute in Berlin radikale Unruhestifter seien. Ein ägyptischer Student in Berlin, der in seine Heimat zurückgekehrt war, hatte in Kairo ein Attentat auf Premierminister Saad Zaghlul verübt. Abdul Khaliq ad-Dabaschani hatte nach seiner Ankunft in Kairo mehrmals versucht, vom Ministerpräsidenten empfangen zu werden, um angeblich Grüße von ägyptischen Studenten aus Deutschland zu übermitteln. Khaliq, ein Mitglied der ägyptischen Nationalpartei, wollte mit dem Attentat Zaghluls Reise zu Verhandlungen nach London verhindern. Schließlich lauerte er dem Politiker am Hauptbahnhof auf, schoss auf ihn und verletzte ihn. Er wurde sofort inhaftiert.

Weil die ägyptischen Behörden davon ausgingen, dass die Mordpläne auch in Berlin entwickelt worden waren, ließen sie auch einige Redakteure verhaften, die nationalistisch aktiv waren und erst vor kurzem ihr Studium in Deutschland absolviert hatten. Zudem übermittelte die ägyptische Regierung eine Liste an Deutschland. Darauf waren die Namen von überwiegend in Berlin studierenden Ägyptern und die deutschen Behörden wurden aufgefordert, bei ihnen Hausdurchsuchungen vorzunehmen. Der ägyptische Konsul in Berlin handelte gar eigenmächtig. Zusammen mit seinem Sekretär durchwühlte er die Wohnung zweier ägyptischer Studenten, trotz des Protests ihrer deutschen Vermieterin. Er schleifte die beiden zum Polizeipräsidium und ließ sie als Verdächtige verhaften. Damit löste der Konsul eine zwischenstaatliche Krise aus, die erst mit seiner Abberufung beigelegt werden konnte.

Wie abhängig Studenten von den eigenen Diplomaten waren, das konnte Helmy im August 1925 erfahren. Der Medizinstudent Taha Dinana wird auf Ersuchen der ägyptischen Gesandtschaft aus Preußen ausgewiesen. Ob Ägypten damit einen unliebsamen politischen Oppositionellen als Revolutionär diskreditieren wollte oder ob es ein persönlicher Racheakt des Sekretärs der Gesandtschaft, Ali Umar Sirri, war, ist unklar. Sirri drohte jedenfalls, die Post aller ägyptischen Studenten überwachen und ihr Geld kurzerhand beschlagnahmen zu lassen.

Dies war eine ernst zu nehmende Drohung, denn Stipendien der ägyptischen Regierung wie Zuwendungen der Eltern liefen allesamt über die Gesandtschaft. Ägypten forderte die Ausweisung des Studenten. Im September musste Taha Dinana Berlin verlassen. Er tauchte in Leipzig unter. Erst als das ägyptische Parlament eine allgemeine Amnestie für politische Verbrechen erließ, hob die Berliner Polizei 1927 Dinanas Ausweisung wieder auf.

Eine weitere Begebenheit zeigt, unter welch strenger Beobachtung die ägyptischen Studenten in Deutschland standen: Im Juni 1929 kam der ägyptische König Fuad auf Staatsbesuch nach Berlin. Während der Vorbereitungen sprach der ägyptische Außenminister Haziz Afifi mit Eberhard von Stohrer, dem deutschen Gesandten in Kairo, auch über die ägyptischen Studenten in Berlin. Er bat den Diplomaten, alles zu unternehmen, um unerwünschte Demonstrationen der »zum Teil recht unbotmäßigen« Studenten in Deutschland zu verhindern.[12] Von Stohrer informierte das Auswärtige Amt über die innere Struktur der Studentenschaft in Deutschland, ihre politischen Ziele und Aktivitäten. Er teilte sie in drei Gruppen ein: diejenigen, die von der ägyptischen Regierung selbst entsandt und »völlig der hiesigen amtlichen Studentenmission« unterstehen; Stipendiaten, die von dieser Mission kontrolliert werden, die auf die Studenten einen gewissen Einfluss ausübt, und drittens völlig unabhängige Studenten, unter welchen sich »gewisse schwarze Schafe« befänden, die man beaufsichtigen müsse. Sie könnten, so der beflissene Gesandte, »von deutschen Kommunisten, Sowjets oder Indern« zu Untaten gegen den ägyptischen König angestiftet werden.

Weder ist Mod Helmy auf einem der Fotos in Miriam Mahdis Familienarchiv zu finden noch trat er nachweislich einem der vielen ägyptischen Vereine der Stadt bei. Wenn man die Stimmung gegenüber den ägyptischen Studenten in Berlin bedenkt, ist es gut möglich, dass sich Mod Helmy bewusst von politischen Aktivitäten fernhielt, weil er die Überweisungen seiner Familie über die ägyptische Gesandtschaft erhielt, und nicht an dem Ast sägen wollte, auf dem er saß.

Mohamed Soliman, der Unternehmer, und Mod Helmy, der Medizinstudent, lebten beide in Berlin, aber in ganz verschiedenen Welten. Wir wissen nicht, ob sich die Wege dieser beiden Ägypter, die sieben Jahre gemeinsam in Berlin Teil einer winzigen Minderheit waren, jemals kreuzten, ob sie sich vielleicht im Orient-Restaurant Schark in der Uhlandstraße 20 begegneten, einer multikulturellen Gaststätte, die für sich als »Sammelpunkt der Araber und Orientalen Berlins« warb.[13]

Leider wissen wir es nicht, aber was wir wissen, ist: Während Soliman 1929 als geladener Gast eines Empfangs anlässlich König Fuads Berlin-Besuch mit diesem feierte, hatte auch Mod Helmy einen Grund zum Feiern: Er hat sein Staatsexamen mit einem »Gut«, bestanden. Helmy war fleißig gewesen und auch die Inflation kam ihm dabei zupass. Denn er konnte mit seiner Apanage in fremder Währung ziemlich bequem seinen Lebensunterhalt bestreiten, er musste sich um seinen Lebensunterhalt keine Gedanken machen und konnte sich auf sein Studium konzentrieren.

Kurz nach dem Besuch des ägyptischen Königs in Berlin stirbt Soliman. Er wird auf dem muslimischen Friedhof in Berlin-Neukölln beigesetzt, dessen Gründung er großzügig mitfinanziert hatte. Erst nach Solimans Tod heirateten seine Töchter. Mahdis Mutter Myriam heiratet 1935 den russischen Kunstmaler Eugen Krytski, der zuvor zum Islam konvertiert war. Die Hochzeit fand in der Moschee in Berlin-Wilmersdorf statt.

Und Jahre später wird Helmy doch noch einen der Solimans begegnen – im Internierungslager.

# Der dunkle Mann im weißen Kittel

Das Städtische Krankenhaus Moabit im Norden Berlins lernt Mod Helmy bereits als Student kennen. Es wurde aufgrund seiner ausgezeichneten medizinischen Leistungen 1920 als einziges städtisches Krankenhaus Berlins zum Universitätsklinikum erhoben. Dank international renommierter Ärzte avanciert Moabit zum wichtigsten Berliner Krankenhaus nach der Charité. Helmy tritt dort nach seinem Staatsexamen im Juli 1929 ein einjähriges Praktikum an. 1930 wird er als Assistenzarzt eingestellt.

Das Krankenhaus im Arbeiterviertel an der Turmstraße besteht damals aus einem Haupthaus, verschiedenen Nebengebäuden und unzähligen einstöckigen Baracken, die sich über ein riesiges Terrain erstreckten. Auf dem großen Gelände trifft der Praktikant Helmy eine Hierarchie, die er von den Erzählungen seines Vaters aus dessen Militärzeit gut kennt. Nur sind die »Uniformen« hier weiß und der junge Mann steht ganz unten in der Rangordnung. In den Berichten eines Mitpraktikanten Helmys findet sich eine Kostprobe: »Bei den Mahlzeiten herrschte eine strenge Rangordnung, nach der wir unsere Plätze einnahmen. Am oberen Ende des Tisches saß einer der unverheirateten Oberärzte, der aus diesem Grund im Krankenhaus wohnte. Nun folgte eine hierarchische Stufenleiter den ganzen Weg bis zu uns hinunter. Der Chef erschien bei den Visiten auf den Stationen wie ein Gott, umringt von seinen jüngeren Assistenten, die seine Aussprüche eifrig auf Schreibblöcke notierten. An Arbeit mangelt es hier nicht. Das Krankenhaus ist ständig überbelegt und es gibt viel zu wenige Assistenzärzte. Es blieb den Assistenten mitunter kaum Zeit für wissenschaftliche Arbeit. Der Dienst fing morgens um 8 Uhr an und hörte nie auf. Man wohnte in der Klinik. Wenn man heiraten wollte, wurde einem nahegelegt zu gehen.«[1]

Auch der junge Arzt Helmy wohnt im Personalwohnhaus auf dem Gelände des Hospitals. Der nüchterne, viergeschossige Backsteinbau mit den zwei Türmen auf beiden Seiten des Portals wirkt wie eine Burg. Daher auch die interne Bezeichnung: die »rote« Burg, in Anspielung darauf, dass das Pflegepersonal im Haus gewerkschaftlich organisiert war.

Vor allem dank der Leistungen der jüdischen Ärzte erlebt das Krankenhaus Moabit seine Blütezeit. Zwei der neun Abteilungen, die Innere und die Chirurgische, erhalten den Status von Universitätskliniken. Als die Nazis an die Macht kommen, sind rund 70 Prozent der Ärzte jüdisch. Die meisten Pförtner und Küchenfrauen sind in der SPD oder KPD und zehn Prozent des Pflegepersonals gewerkschaftlich organisiert. Nur zwei Abteilungen sind »arisch«, schreiben Christian Pross und Rolf Winau in ihrer Geschichte des Krankenhauses Moabit während der NS-Zeit *Nicht misshandeln*. Die dortigen Assistenten seien überwiegend deutschnational oder nationalsozialistisch eingestellt. Auf Helmys Innere Abteilung trifft das nicht zu.

Im November 1931 erklimmt Helmy eine Stufe auf der Rangleiter des Krankenhauses: Er erhält seine Approbation als Arzt für das Deutsche Reich. Noch wird das Haus vom renommierten, liberalen und getauften jüdischen Arzt Georg Klemperer geleitet, dem Bruder des Schriftstellers Victor Klemperer. Helmy ist jetzt Assistenzarzt in der Inneren Abteilung, aber er bekommt immer noch kein Gehalt und muss sich selbst finanzieren. Um seinen Lebensunterhalt zu bestreiten, vertritt er andere Ärzte, zum Beispiel 1933 einen Monat lang den Abteilungs-

36

leiter der Inneren Station im Kurkrankenhaus Deisterhort im niedersächsischen Bad Münder.

Helmy ist ein stattlicher Mann. Er hat in seiner Jugend viel Sport getrieben: Tennis, Fußball, Rudern, sogar Boxen.[2] Er ist 1,82 Meter groß, kräftig, schlank, er wiegt 74 Kilo. Während seines Studiums fehlte ihm die Zeit zum Sport. Als Arzt nimmt er seine sportlichen Aktivitäten wieder auf, jetzt meistens zu zweit, denn 1932 begegnet er der 16-jährigen Emmy Ernst.

Emmy Ernst wurde am 19. März 1916 in Berlin-Schöneberg geboren. Sie wuchs dort in einfachen Verhältnissen auf. Ihre Eltern stammten aus Brandenburg. Emmys Vater Richard war gläubiger Lutheraner, aber Emmy wurde außerehelich geboren. Bei ihrer Geburt war Richard bereits 49 Jahre alt und schon zweimal verheiratet gewesen, die Mutter Anna war 34. Es war ein gewolltes Kind, aber uneheliche Kinder hatten es damals schwer. Fanden sich hier zwei Außenseiter, die sich gegenseitig helfen und unterstützen wollten?

Das junge Paar spielt gern zusammen Tennis und unternimmt Bergwanderungen. Emmy, die angehende Schneiderin, ist stolz auf den jungen Arzt an ihrer Seite, auch wenn sie dafür wohl zunehmend herablassende Blicke und sogar Beschimpfungen ertragen muss. Die letzten Monate der Weimarer Republik sind stürmisch, vor allem im »roten Moabit«. Fast täglich provoziert die SA Saalschlachten mit Kommunisten und Sozialdemokraten. Die Opfer landen anschließend in der Notaufnahme des Krankenhauses. Meist sind es Nazi-Gegner, die übel zugerichtet wurden.

Am 30. Januar 1933 wird Adolf Hitler Reichskanzler. Am Abend feiern Tausende das Ereignis mit einem Fackelzug durch das Brandenburger Tor. Joseph Goebbels, der den Siegesmarsch der Nazis organisiert hat, notiert in sein Tagebuch: »Gleich an die Arbeit. Reichstag wird aufgelöst.« Einen Monat später brennt der Reichstag. Mod Helmy muss sich nun mit der nationalsozialistischen Diktatur arrangieren.

Der deutsche Rassismus trifft vor allem die Juden, aber gelegentlich auch Muslime: In Tübingen wurden 1934 Ägypter tätlich angegriffen und in Oranienburg wurden Türken zusammengeschlagen, die man für Juden hielt. Die neuen Machthaber gehen umgehend ans Werk. Sie schließen arabische und muslimische Institutionen in Deutschland oder schalten sie gleich. Die *Moslemische Revue* ist die letzte zugelassene Zeitung, die von Muslimen in Berlin herausgegeben wird, von der Moschee in Berlin-Wilmersdorf. Bis Dezember 1940 erscheint sie dreimal jährlich. Fast alle Texte haben religiöse Inhalte. Man liest hier über die Hoffnung aus islamischer Perspektive, das Fest Id al-Fitr in Berlin oder die Moschee als Bauwerk. Aber gelegentlich demonstriert man auch Solidarität mit den Arabern in Palästina, ganz im Einklang mit der offiziellen zunehmend araberfreundlichen Politik der Nazis. Am 4. Dezember 1937 wünschen die Herausgeber beispielsweise, dass es ihnen gelingen möge, ihre nationale Unabhängigkeit zu erringen, ihren eigenen Staat zu errichten und Palästina ungeteilt für den Islam zu erhalten. Am 23. November 1938 findet in dieser Moschee eine festliche Veranstaltung für Palästina statt, bei der auch ein Vertreter des Arabischen Studentenklubs spricht und Spenden »für unsere arabischen Glaubensbrüder« gesammelt werden.

Unterdessen bemühen sich die ägyptische Regierung wie ansässige ägyptische Organisationen, zunächst mit den neuen nationalsozialistischen Herren zusammenzuarbeiten. 1934 wird die ägyptische Handelskammer in Berlin gegründet und der Generalsekretär erklärt Nazi-Deutschland zur »befreundeten Nation«.[3] Und auch von deutscher Seite zeigt man großes Interesse, die Beziehung zwischen den beiden Ländern zu pflegen. Im Januar 1938 schenkt Hitler dem jungen ägyptischen König Faruk zur Hochzeit ein Sport-Cabriolet von Mercedes-Benz. Im Juni 1938 empfängt Hitler den scheidenden ägyptischen Gesandten Hasan Nashat. Und der Handelskammer-Präsident Aziz Cotta, der ein Freund von Mod Helmy ist, erklärt: »Deutsche dürfen stolz sein auf das, was der nationalsozialistische Staat in den letzten fünf Jahren hervorbrachte.« Hitler verleiht dem ägyptischen Geschäftsmann, der seit 15 Jahren in Deutschland lebt, das »Verdienstkreuz des Ordens vom deutschen Adler«. Anschließend lädt Außenminister Joachim von Ribbentrop Vertreter der Handelskammer zum Frühstück ins Hotel Adlon.

Auch das Krankenhaus Moabit ist von den politischen Umwälzungen betroffen. Dem inzwischen pensionierten ärztlichen Direktor Georg Klemperer wird Hausverbot erteilt. Ab 1933 herrscht im Ärztekasino eine gespannte Atmosphäre. Die jüdischen und die Nazi-Ärzte sitzen an getrennten Tischen. Viele der Nationalsozialisten sprechen plattdeutsch oder bayerisch, damit die jüdischen Kollegen am Nachbartisch sie nicht verstehen. Manchmal kommt es zu heftigen Beschimpfungen: »Sie kriechen dem Führer so in den Arsch«, hört man einen jüdischen Kollegen in einem Schlagabtausch; »das Krankenhaus ist total verjudet« schimpft ein Nazi-Arzt.[4]

Alle jüdischen Praktikanten des Krankenhauses werden am 20. März 1933, an dem Tag, als Heinrich Himmler die Eröffnung des Konzentrationslagers Dachau bekanntgab, entlassen. »Einer der Portiers stand hämisch unten, als wir das Gelände verließen«, erinnert sich einer von ihnen.[5] Am Morgen des 1. April, dem Tag des Boykotts gegen jüdische Einrichtungen, fahren Lastwagen der SA auf das Gelände des Klinikums. Die SA-Männer stürmen die Stationen und holen nach vorgefertigten Listen jüdische Ärzte aus ihren Arbeitszimmern, Operationssälen und Krankenzimmern. Man lässt ihnen keine Zeit, ihre persönliche Habe mitzunehmen, geschweige denn ihre Patienten an einen Nachfolger zu übergeben. Sie werden noch in ihren Kitteln abgeführt, auf Lastwagen verladen und abtransportiert. Ähnliche Razzien folgen, so dass im ersten Jahr der Nazi-Herrschaft insgesamt 30 der 47 jüdischen Ärzte entlassen werden, überwiegend Chef- und Oberärzte. Die neuen Nazi-Ärzte, die sie ersetzen sollen, bringen einen militärischen und überheblichen Ton in das einst liberale Krankenhaus.

Dank des Ärztemangels erhalten die dienstältesten jüdischen Assistenzärzte der Inneren Abteilung noch eine Gnadenfrist, da man die Entlassenen nicht so schnell ersetzen konnte. Die Assistenten helfen den geschassten Kollegen, ihre Koffer zu packen. Am Ausgang des Krankenhauses stehen sie mit ihren Bündeln, was selbst die arischen Ärzte mit Abscheu erfüllt.[6]

Der jüdische und sozialistische Oberarzt Max Leffkowitz, Helmys Kollege in der zweiten Inneren Abteilung, wird im April 1933 im Krankenhaus, wo er mit seiner Frau wohnte, verhaftet und im SA-Gefängnis misshandelt und gedemütigt: Auf allen vieren muss er auf dem Boden kriechen, wie ein Hund bellen und Heil Hitler rufen. Nach seiner Freilassung wagt sein Chef kaum, ihn zu empfangen, weil er wohl Konsequenzen für sich selbst fürchtet. Leffkowitz verlässt Deutschland nach diesen traumatischen Erlebnissen im Mai 1933 und wandert mit seiner Frau nach Palästina aus.[7]

Aber Helmy konnte in der Turmstraße auch Zivilcourage erleben. »Einige Medizinalpraktikanten und Famuli (Hilfskräfte), die die Nazis verabscheuten, organisierten einen Warndienst, der die jüdischen Ärzte informierte, wenn die SA anrückte. Sie hielten die SA-Männer am Eingang auf oder schickten sie in die falsche Abteilung, während andere den jüdischen Ärzten über Hinterausgänge und Fenster zur Flucht auf die Straße verhalfen.«[8] Diese Helfer gingen ein hohes Risiko ein. So musste ein »arischer« Oberarzt, der an seiner Freundschaft mit jüdischen Kollegen festhielt, gehen.

Für Helmy selbst beginnt das Jahr 1933 zunächst sehr gut. Zum ersten Mal in seinem Leben hat er eine bezahlte Stelle. Jetzt hat der junge Arzt endlich eine gewisse finanzielle Sicherheit. Er profitiert davon, dass Ärztestellen frei werden, »da alle Juden entlassen wurden«, wie er selbst schreibt.[9] Diese Stellen werden meist mit Ärzten besetzt, die Mitglieder der SS, SA

40

oder NSDAP sind. Nur zwei Außenseiter dürfen bleiben: der jüdische Assistenzarzt Fritz Stern und der Araber Helmy.[10] Beide haben einen gemeinsamen Gönner: Professor Schilling, den Krankenhausdirektor. Der ist zwar NSDAP-Mitglied, schätzt aber seine beiden Kollegen und braucht sie angesichts des Ärztemangels. Bald muss Stern dennoch gehen (er wandert in die USA aus) und Helmy bleibt als einziger »Nichtarier«.

Im Juli 1934 beendet Helmy seine Ausbildung als Internist. Ab November 1934 wird er für ein Jahr Stationsarzt in einer gemischten Inneren und Urologischen Station, anschließend wechselt er in die zweite Innere Abteilung. Zu seinem Glück hatte Helmy sehr positive Empfehlungsschreiben von seinen bisherigen Chefs bekommen, die ihm nun in dieser kritischen Zeit sehr hilfreich sein sollten. Als einziger Nichtarier erhielt er daher ein Stipendium des Ministeriums für Wissenschaft, Kunst und Volksausbildung.[11]

Währenddessen beginnen die Nazis, »nichtarischen« Ärzten zu verbieten, als Kassenärzte tätig zu sein. Betroffen sind neben Juden auch Kommunisten und Sozialisten. Ab April 1933 dürfen »deutschstämmige und fremdrassige« Ärzte zudem einander nicht mehr vertreten. »Deutschstämmige« Ärzte dürfen Patienten-Überweisungen von »fremdrassigen« Kollegen nicht mehr annehmen. Davon war Helmy zunächst noch nicht betroffen, weil er noch keine eigene Praxis betrieb.

Die Nürnberger Rassengesetze von 1935 beschleunigen die Verdrängung jüdischer Ärzte. Der Anteil der »nichtarischen« Ärzte war in Berlin im Oktober 1933 mit fast 60 Prozent besonders hoch[12]. Im Oktober 1933 waren rund 60 Prozent der Berliner Ärzteschaft nach Nazi-Kriterien jüdisch – ein sehr hoher Anteil, wenn man bedenkt, dass die Juden nur dreieinhalb Prozent der Berliner Bevölkerung ausmachten. 2018 der insgesamt 2077 jüdischen Ärzte in Berlin waren Kassenärzte; im Juli 1934 waren 46 Prozent der 3052 Kassenärzte »nichtarisch«, 1936 waren es nur noch 39 Prozent.[13] In absoluten Zahlen hieß das: Die

Gesamtzahl der »nichtarischen« Ärzte in Berlin sinkt von rund 1400 im Jahr 1934 innerhalb von zwei Jahren auf knapp 1150. Im September 1938 erlischt die Approbation aller jüdischen Ärzte in Berlin. Sie durften sich nicht mehr »Arzt« nennen und jede ärztliche Tätigkeit war ihnen verboten.

Diese abstrakten Zahlen nehmen auch im Krankenhaus Moabit eine ganz reale und brutale Gestalt an. Als der Reichstag brennt, versammeln sich auf dem Dach des Ostpavillons Schwestern, Pfleger, Ärzte und Küchenpersonal. Sie sehen den lodernden Flammen zu. Man redet aufgeregt durcheinander. Einige reden zu viel. Schon am nächsten Tag werden sie abgeholt. Die Stunde der Spitzel und Denunzianten hat geschlagen.

Die Stellen werden meist mit Ärzten besetzt, die Mitglieder der SS, der SA oder der NSDAP sind, aber weniger qualifiziert. Helmy macht der Rassismus seiner Kollegen zu schaffen. Er hört Bemerkungen wie: »Es ist unerhört und beleidigt unsere Rassengefühle, wenn ein Schwarzer noch dazu als Urologe blonde Frauen behandeln darf.«[14] Solche Beschwerden kommen jedoch nicht von den Patienten. Sie sind mit dem dunkelhäutigen Arzt zufrieden.

Mod Helmy ist ein stolzer Mensch mit einer klaren politischen Meinung und gerät daher mit einigen der neuen Kollegen in Konflikt. Er selbst spricht vom Neid zweier Nazi-Kollegen, die ihn denunzieren wollten. Einige Kollegen sammelten Unterschriften für ein Schreiben, um ihn loszuwerden, denn sie könnten nicht mitansehen, wie er deutsche Frauen behandle und abfällige politische Bemerkungen mache. Infolge dieser Anschuldigungen, so Helmy, wurde 1937 seinen Vertrag als Assistent nicht verlängert.

Es ist durchaus vorstellbar, dass diese Intrigen, wenn es sie denn gab, persönlich und nicht politisch motiviert waren, so wie Helmys Freund und Kollege Herbert Borchert es darstellt[15]. Nach dem Krieg bezeichnete Borchert Oberarzt Dr. Georg Groscurth als einen politischen Intriganten. Dies erscheint umso merkwürdiger, als Georg Groscurth im Widerstand war.

Der Fall des Dr. Georg Groscurth ist auch deshalb bemerkenswert, weil er zeigt, dass gefragte Ärzte viel für Naziopfer bewegen konnten – eben weil sie auch prominente Nazis zu ihren treuen Patienten zählten und manche für ihre Rettungsaktionen gewinnen konnten. Seit Kriegsbeginn war Groscurth de facto Leiter der 1. Inneren Abteilung des Krankenhauses Moabit.[16] Zu seinen Privatpatienten zählten Hitlers Stellvertreter Rudolf Heß und dessen Bruder Alfred sowie der Staatssekretär im Außenministerium, SS-Obergruppenführer Wilhelm Keppler. Rudolf Heß war ein fanatischer Naturheilkundler und ließ sich von Groscurth die neuesten Behandlungsgeräte besorgen und vorführen. Groscurth hingegen nutzte die Vertrauensbasis und gab die Informationen, die er so aus der NSDAP-Parteispitze erfuhr, an Widerstandsgruppen weiter. Darüber hinaus versteckten Groscurth und seine Frau Anneliese in ihrer Charlottenburger Wohnung die Jüdin Elisabeth von Scheven. Andere Untergetauchte versteckte er im Krankenhaus oder in seiner Privatpraxis und für ein jüdisches Ehepaar besorgte er falsche Papiere.

Als Heß ihn um Aufputschmittel bat, besorgte er sie ihm, ohne zu wissen, dass Hitlers Stellvertreter diese für seinen »Englandflug« benutzen wollte. Am 10. Mai 1941 flog Heß in Richtung Schottland, um mit Douglas Douglas-Hamilton, den er irrtümlich für den Anführer der britischen Friedensbewegung hielt, über Frieden zu verhandeln, und kam in britische Kriegsgefangenschaft.

Daraufhin wurde Groscurth verhört und Alfred Heß wurde festgenommen und aus seinem Amt als stellvertretender Leiter der NSDAP-Auslandsorganisation entlassen. Groscurth hatte damit den gewissen Schutz durch seinen prominenten Patienten verloren. Die Gestapo bobachtete seine Aktivitäten schon länger. »Meine stärkste Kanone ist nach hinten losgegangen«, sagte er damals. Dennoch kümmerte er sich weiterhin um den schwer erkrankten Vater von Heß. Im September 1943 wurde Groscurth verhaftet. Als man sich um einen Gnadenakt für ihn bemühte, wurde auch Alfred Heß angeschrieben. Aber Heß wollte nicht helfen. Am 8. Mai 1944 wurde Georg Groscurth 1944 wegen Hochverrats enthauptet.[17] 2005 wurden er und seine Frau Anneliese von der israelischen Gedenkstätte *Yad Vashem* posthum als Judenretter geehrt.

Warum hätte Georg Groscurth andere wegen nazifeindlicher Einstellung denunzieren sollen? Oder ging es hier um Helmys Kampf um eine Entschädigung als Opfer des Nationalsozialismus? Den ersten Antrag dafür hatte er bereits 1951 gestellt. Und in dieser Zeit des Kalten Krieges war es nicht schwierig, Menschen wegen Kommunismus-Verdacht in ein schlechtes Licht zu setzen. Genauso war es der Witwe Anneliese Groscurth ergangen, die mit ihrem Mann im Widerstand aktiv gewesen war. 1951 wurde sie aus politischen Gründen aus dem öffentlichen Dienst entlassen. Sie hatte sich in einem von der SED-Führung angeleiteten Ausschuss gegen die Wiederbewaffnung engagiert. Daraufhin wurde sie als Kommunistin diffamiert und ihr wurde der Reisepass entzogen, den sie erst in den 1960er Jahren zurückerhielt.

Aber Helmy ist auch ein geschickter Netzwerker, und er kämpft um seinen Posten im Krankenhaus gegen alle Anfeindungen. Er begreift, dass für Nichtarier wie ihn medizinische Leistungen allein nicht mehr ausreichen. Er muss kämpfen. Der dunkle Mann im weißen Kittel sucht nach Verbündeten. Auf Empfehlungsschreiben seines früheren Chefarztes Georg Klemperer, in dem steht, Helmy habe sich sehr gut »in die deutsche Sprache und Sitten und die Sinnesart unserer Bevölkerung eingefunden«[18], kann er nicht mehr setzen. Klemperer ist längst in die USA emigriert.

Die neuen Sitten sind für Helmy bedrohlich. 1934 erklärt ihm

Krankenhausdirektor Schilling unter vier Augen, dass er sich um ihn Sorgen mache. Kollegen im Krankenhaus wollten ihn, den einzigen Nichtarier, den »Hamit«, wie die Nazis Menschen wie ihn nannten, loswerden. Schilling hilft Helmy, dennoch bleibt der Ägypter für die NSDAP-Funktionäre ein Mensch zweiter Klasse, wie aus seinem, eigentlich positiv gemeinten, Zeugnis hervorgeht: »Obwohl Ausländer, bewies Herr Dr. Helmy in seinem ganzen Verhalten eine durchaus prodeutsche Gesinnung und beteiligte sich an allen nationalen Bestrebungen, so weit es ihm möglich war, in sympathiefördernder Weise.« Er kann Helmy zwar nicht einstellen, weil er kein Deutscher ist, wohl aber für ihn ein Stipendium und eine Wohnung organisieren.[19] Helmy ist seit 1931 ein approbierter Arzt, aber, obwohl er noch nicht promoviert hat, nennt ihn auch sein Chef »Doktor«, die umgangssprachliche Bezeichnung für einen Arzt.

Als auch Schilling 1934 Berlin verlässt, kommen harte Zeiten auf Helmy zu. Die Kollegen werfen ihm vor, er habe Reichsminister Rudolf Heß beleidigt. Helmy dementiert. Neuer Direktor wird Professor Helmut Dennig, der 1935 der NSDAP beitrat. Es kommt zu Spannungen mit Helmy, der ihm eigenwillige Behandlungsmethoden vorwirft, die gar das Leben von Patienten gefährdeten. Helmy ist bereit, seine Entlassung zu riskieren: »Ich weigerte mich, diese Methoden anzuwenden und suchte Unterstützung beim Stadtarzt«, schrieb er 1953 in einer eidesstattlichen Erklärung.[20] Der von der Stadt Berlin in der Vor- und Fürsorge angestellter Nazi-Stadtarzt, Jost Walbaum, ergreift überraschend Partei für Helmy, der daraufhin innerhalb des Krankenhauses zur Abteilung seines Doktorvaters wechselt. Er darf vorerst bleiben – aber es ist unklar, wie lange noch.

Helmys Arbeitstage in der Urologischen und Inneren Station sind lang, zumal er parallel an seiner Doktorarbeit schreibt. Darüber hinaus verfasst er immer wieder Bittbriefe, um seine Position zu sichern. So ersucht er beim Hauptgesundheitsamt um eine Beurteilung seiner Person, insbesondere hinsichtlich seiner

»Einstellung während der Zeit der politischen Erneuerung«. In dem Schreiben über ihn ist zu lesen: »Obwohl er abstammungsgemäss mehr Ägypter als Deutscher ist«, sei seine Einstellung und Weltanschauung nicht nur durchaus deutsch, sondern auch »im Sinne der nationalsozialistischen Prinzipien«.[21]

Die PR in eigener Sache funktioniert vorerst. Helmy wird bei der »Personalbereinigung« sogar kurze Zeit Stationsleiter. Die Berliner Oberschwester, die in ihrer Beurteilung ihre NSDAP-Mitgliedsnummer nennt, schreibt: »Dr. Helmy machte in der Kampfzeit Propaganda für unsere Sache, und das trotz Anpöbelungen und Drohungen.«[22]

Wie es zu dieser Beurteilung kam, wissen wir nicht. Wollte Helmy sich nur vor Entlassung schützen oder war das seine Methode, sich gegen den Rassismus der Kollegen zu wehren? Er selbst erinnert sich nach dem Krieg: »Tatsache ist, dass ich zu jener Zeit die nationalsozialistische Regierung wiederholt kritisierte.« Er habe beim Betreten der Toilette mit »Heil Hitler« gegrüßt, an diesem Ort wohl hämisch gemeint, seine Patienten habe er wiederum mit »Heil Hitler – Guten Morgen« begrüßt. Er habe aber auch BBC London gehört und darüber mit Kollegen diskutiert. »Ich nannte Hitler einen Paralytiker, habe Göring als kurzsichtiges, eitles Großmaul bezeichnet und vor allen Dingen die Politik, die zur Isolierung Deutschlands führte, verurteilt.«[23]

Im Frühjahr 1937 wird Helmys Stipendium nicht erneuert. Die ägyptische Gesandtschaft erwirkt immerhin eine dreimonatige Verlängerung seines Assistenzvertrags, diesmal bezahlt ihn das Kultusministerium – »aus außenpolitischer Rücksichtnahme«. Ende Juni, in der Abschlussphase seiner Promotion, kurz nach seiner mündlichen Prüfung, muss Helmy jedoch gehen, wahrscheinlich, weil das Krankenhaus keine freie Stelle für einen Facharzt hat. Man spricht offiziell von einer allgemeinen Zulassungssperre, aber der Ägypter stellt enttäuscht fest, dass diese für seine deutschen Kollegen offenbar nicht gilt. Nach all den Jahren Studium und Ausbildung ist das für Mod Helmy sehr bitter.

Warum der fleißige, motivierte und kompetente Arzt letztendlich rausgeworfen wurde, ist nicht zu klären. Es ist möglich, dass seine Vorgesetzten neidisch auf seine Erfolge waren und den politischen Handlungsspielraum nutzten, um den Nichtarier einfach loszuwerden, oder vielleicht hat auch der Streit über Behandlungsmethoden unter zwei eigenwilligen Ärzten dazu geführt, dass der Untergebene den Kürzeren ziehen musste. Die Berliner Senatsverwaltung für Gesundheit stellte dazu nach dem Krieg fest, dass Helmy gehen musste, weil sein Vertrag als Assistenzarzt »grundsätzlich« nur auf zwei Jahre befristet gewesen sei.[24] Eine Verlängerung auf neun Jahre wäre möglich gewesen, war aber nicht zwingend. »Es bestand weder die Absicht noch die Möglichkeit«, eine Beamtenstelle (für Helmy) zu schaffen. Er hätte zudem vor seiner Entlassung gar nicht zu einer Habilitation zugelassen werden können, weil er erst später, im Herbst 1937, promoviert worden ist. Helmys Doktorvater, Abteilungsleiter Werner Siebert, schreibt in einer offiziellen Beurteilung, dass Helmys Kollegen sich über dessen Überheblichkeit beschwerten, über sein rechthaberisches und »unkameradschaftliches« Wesen, über seine Geheimnistuerei sowie über verschiedene Diagnosen und Therapien.[25]

Noch schwieriger wurde es unter dem neuen Direktor der Medizinischen Universitätsklinik am Krankenhaus Moabit, Helmut Dennig. Öfter erfährt Helmy »eindringliche Zurechtweisungen«. Dennig vermischt rassistische Argumente mit sachlicher Kritik. So bezeichnet er Helmy als »ein ausgesprochen orientalisches Wesen«. Helmy intrigiere gegen seine Vorgesetzten und kanzle sie vor den Augen der Patienten und des Pflegepersonals ab, so Dennig. Er sei eben nur ein »Gast«, der die deutsche Sprache mangelhaft beherrsche und nicht fähig sei, Schriftstücke in deutscher Sprache abzufassen. Und weiter: »Dr. Helmy konnte sich als Orientale nicht an Ordnung, Disziplin und Berufsauffassung deutscher Ärzte gewöhnen.«[26] Dieser Vorwurf muss den Offizierssohn empfindlich getroffen haben.

Helmy ist 36 Jahre alt und muss sich die Frage stellen, welche Perspektiven er überhaupt noch in seiner Wahlheimat hat.

Im Oktober 1937 kann Helmy zumindest für kurze Zeit glücklich sein. Der Arzt erhält die Promotion. Seine Arbeit trägt den Titel ›Über das Vorkommen sterilen Eiters in der Harnblase bei echter (renaler) Anurie‹. Worum geht es eigentlich? »Wenn jemand über die Niere keinen Urin ausscheidet, soll sich ein Eiter bilden, der steril ist, ohne Bakterien«, erklärt der Berliner Allgemeinmediziner Dr. Günther Schellinger. »Dieses Thema spielt heute keine große Rolle, denn heute behandeln wir ein solches Nierenversagen durch Dialyse oder Blutwäsche.«

Der frisch gebackene Doktor Helmy fasst einen neuen Plan: Er will jetzt Hochschuldozent werden und bemüht sich um seine Habilitation. Aber die Nazis erlauben dem arabischen Arzt nicht, an der mündlichen Abschlussprüfung teilzunehmen. Er darf sich nicht habilitieren. Doch am 10. Dezember wird er immerhin von der Reichsärztekammer als Facharzt für Innere Medizin und Spezialist für Nieren- und Blasenheilkunde anerkannt.

Dennoch muss sich Helmy weiter damit herumschlagen, dass seiner Abstammung eine solche Bedeutung beigemessen wird. Der staatlich verordnete Rassismus verändert auch das Gesundheitswesen. So müssen seit 1936 alle Ärzte im deutschen Reich in einem zentralen Verzeichnis erfasst werden. Neu ist, dass sie Angaben zu ihrer »Abstammung« machen müssen. Zuerst ignoriert Helmy diese Meldepflicht offenbar, aber am 10. Dezember 1937, parallel zu seiner Anerkennung als Facharzt, kommt er nicht mehr darum herum, telefonisch Angaben zu seiner Abstammung zu machen. Helmy gibt an, dass seine Mutter deutsch sei und sein Vater Ägypter.[27] Diese Behauptung hielt er während der gesamten Zeit des Nationalsozialismus aufrecht. Er hoffte wohl, dass er es mit einer deutschen Mutter etwas leichter im nationalsozialistischen System haben würde und dass die Nazis diese Angaben nicht überprüfen könnten. Denn beweisen kann er das nicht. Gleich nach Kriegsende jedenfalls, als er sich im Sowjetischen Sektor befand, verwischte Helmy wieder jede Spur seiner Mutter.

Nachdem er weder im Krankenhaus weiterarbeiten noch die akademische Laufbahn einschlagen kann, sieht Helmy beruflich nur noch einen Ausweg: Er eröffnet eine private Praxis. 1938 richtet Helmy sich in einer Vier-Zimmer-Wohnung in der Krefelder Straße 7 in Berlin-Moabit ein.

Aber auch dieses Unterfangen ist ein Drahtseilakt. Er bekommt einen Telefonanschluss und in den Fernsprechbüchern der Jahre 1938 bis 1941 findet sich folgender Eintrag: Helmy M. Dr. med., Facharzt für Innere Krankheiten (Nieren-Blasenkrank.), Berlin NW21, Krefelder Str. 7, Telefon: 39 88 64. So wie heute, musste auch damals ein Privat- oder Kassenarzt ein Schild am Hauseingang anbringen, das Auskunft gibt über Titelbezeichnung, Namen, die Sprechzeiten und ob Privat- oder Kassenpatienten behandelt werden. Damals war es üblich, dass Ärzte ihre Praxis in den eigenen Wohnräumen einrichteten und auch am Samstag arbeiteten. Nach dem Krieg schreibt Helmy, er habe seine Praxis »ohne Zulassung praktisch insgeheim« geführt.[28] Das erscheint aber kaum möglich. Als zugelassener Facharzt brauchte er zudem gar keine Genehmigung, um eine eigene Privatpraxis zu führen. Aber er brauchte Patienten und konnte seine ärztliche Tätigkeit gar nicht geheim halten. Und er hätte wohl kaum verhindern können, dass auch Nazis seine Praxis besuchten und die Gestapo darüber informierten.

Schon vorher, seit 1936 zählt auch eine jüdische Familie zu Helmys Patienten. Die erfolgreiche Unternehmerin Cecilie Rudnik, ihre beiden Kinder, ihr Schwiegersohn und ihre Enkelin Anna Boros vertrauten dem ägyptischen Arzt. Und er sympathisiert mit seinen jüdischen Patienten, wohl auch aufgrund seiner eigenen Erfahrungen mit der Diskriminierung von Juden im Krankenhaus.

Zugleich profitiert Helmy von der Verdrängung der jüdischen Ärzte sowie jener, die als politische Gegner der Nazis gelten. Das wird wohl seinen Einstieg ins Berufsleben als Facharzt erleichtert haben. Bereits 1933 waren jüdischen und politisch missliebigen Ärzten per Verordnung die Kassenzulassungen entzogen worden. Bis 1937 kamen weitere sechs Verordnungen hinzu, etwa ein Gesetz, das die Kündigung der Mietverträge ausgeschlossener »nichtarischer« Ärzte ermöglichte. Jüdische Ärzte wurden daraufhin systematisch aus ihren Wohnungen vertrieben. Trotz dieser Schikanen praktizierten in Berlin im Mai 1937 noch über 1000 »nichtarische« Kassenärzte, die ein Drittel der Ärzteschaft ausmachten. Im September 1938 wurde vielen jüdischen Ärzten auch die Approbation entzogen.[29] Juden durften sich nicht mehr »Arzt« nennen. Rund 200 jüdische Ärzte betreuten von nun an als »Krankenbehandler« ausschließlich jüdische Patienten.

Im September 1939 begann mit dem Einmarsch der Deutschen in Polen der Zweite Weltkrieg. Noch wenige Tage vor Kriegsausbruch hatte das ägyptische Generalkonsulat alle Ägypter in Deutschland dazu aufgerufen, das Land so bald als möglich zu verlassen. Die Diplomaten wiesen darauf hin, dass der Dampfer »Kawser« eigens für Ägypter in Marseille ablegen würde. Aber Mod Helmy bleibt in Berlin. Hier ist seine Verlobte, hier sind seine Patienten, die der pflichtbewusste Arzt in diesen Zeiten nicht im Stich lassen will.

Die Verfolgung der jüdischen Ärzte hatte bereits 1938 zu einem massiven Ärztemängel geführt. Es fehlten in Berlin mindestens 500 bis 600 Ärzte. Zusätzlich wurden ab Kriegsbeginn immer mehr Berliner Ärzte zum Kriegsdienst eingezogen. Von rund 1550 Allgemeinpraxen in Berlin blieben 400 vertretungsweise durch junge Hilfskassenärzte besetzt, die mangels Erfahrung aber nur beschränkt praktizieren konnten. 50 Praxen mussten komplett schließen. Weitere 200 Wehrmachtärzte konnten ihre Praxis nur nachmittags ausüben, 200 Fachärzte nur eingeschränkt praktizieren, 40 Facharztpraxen waren nur nachmittags oder abends geöffnet. Im April 1942 waren bereits über 500 der insgesamt vor Kriegsausbruch rund 2800 Berliner Praxen geschlossen worden, weitere 260 wurden von Vertretern in der Regel nur halbtags weitergeführt. 66 Praxen konnten nicht wiederbesetzt werden, weil ihre Ärzte den »Heldentod« gefunden hatten. Bei Fliegeralarm wurden weitere 350 Ärzte halb- oder ganztätig abberufen. Rund 1500 jüdische Ärzte wurden ausgeschlossen, vertrieben oder verschleppt. Aber nur 200 neue Ärzte kamen hinzu.[30]

Um die erheblichen Lücken in der medizinischen Versorgung zu schließen, wurden Privatärzte zur Behandlung in Krankenhäusern und Ärzte in Privatpraxen zur Versorgung von Kassenpatienten verpflichtet. Verheiratete Ärztinnen, denen 1934 die Kassenzulassung entzogen worden waren, weil ihre Ehemänner ein anderweitiges Mindesteinkommen für die Versorgung der Familie hatten, durften wieder praktizieren. Kein Wunder, dass angesichts dieser medizinischen Notlage auch der »Nichtarier« Mod Helmy dienstverpflichtet wurde, einen eingezogenen »deutschblütigen« Arzt zu vertreten. So wird Helmy ab dem 14. Juni 1942 und bis Kriegsende zwangsverpflichtet, Dr. Johannes Wedekind in dessen Praxis in Berlin-Charlottenburg, Kaiser-Friedrich-Str. 7, zu vertreten. Der Chirurg war im August 1939, kurz vor Kriegsbeginn, einberufen worden.

Die Nazis brauchen Helmy, dennoch verfolgt ihn die Gestapo. Immer wieder schnüffeln Polizisten in der Praxis, in der er Dienst leistet, und stellen ihm und seinen Patienten Fragen. Der Grund: Er habe Fremdarbeiter krankgeschrieben und einigen geholfen, in ihr Heimatland zurückzukehren. Fakt ist: Dr. Mod Helmy schrieb auch deutsche Patienten krank, um sie vor der Zwangsrekrutierung zu schwerer Arbeit oder gar zum »Volkssturm« zu bewahren, als gegen Kriegsende Jugendliche ab 16 und Männer bis 60 zu Bauarbeiten und zur Verteidigung eingezogen wurden.

51

Die Bombenangriffe auf Berlin verschärften den Ärztemangel noch. Mit Beginn der Luftangriffe auf Berlin im August 1940 wuchs die Zahl der Verletzten und Kranken, die medizinisch versorgt werden mussten. Immer mehr Krankenhäuser waren zerstört oder beschädigt. Ab 1943 waren auch immer mehr Strom-, Gas- und Trink- und Abwasserleitungen von Bomben getroffen worden. Die Seuchengefahr stieg. Um die kommunale Hygiene war es immer schlechter bestellt. Daher wurden sogar nichtjüdische Patienten aus Berlin-Wedding zur Erstversorgung vorläufig ins benachbarte Jüdische Krankenhaus eingeliefert, »Mischlingsärzte« wurden eingesetzt, sogar im Militär. Und notgedrungen durften auch die noch verbliebenen jüdischen Ärzte auch »deutschstämmige« Patienten behandeln.

Im Frühjahr 1945 brach im »Endkampf« um Berlin das kommunale Gesundheitssystem vollkommen zusammen. Es gab weder materiell noch personell die Mittel, den Ausbruch von Seuchen zu verhindern. Flüchtlinge und Heimkehrer trafen auf eine ausgehungerte Bevölkerung. Ruhr, Typhus und Fleckfieber breiteten sich epidemisch aus und kosteten Tausende Berlinern das Leben.

# »Feindliche Ausländer« – die erste Verhaftung

Eines Samstags im Oktober 1939 geht Mod Helmy zusammen mit seinem ägyptischen Freund Aziz Cotta in Berlin spazieren. Sie treffen einen alten Bekannten, Alfred Heß. Der jüngere Bruder des Reichsministers Rudolf Heß ist ein glühender Nationalsozialist und hat unter anderem die NSDAP in Ägypten aufgebaut. Ob sie da bereits geahnt haben, welche schwerwiegenden Folgen diese Begegnung für sie haben wird?[1]

Der Name Heß verfolgt Helmy seit seiner Entlassung aus dem Krankenhaus. Im Zuge dieser Entlassung war ihm vorgeworfen worden, dass er den Minister Rudolf Heß, den älteren Bruder, angeblich diffamiert habe. Alfred Heß meldet sich sofort nach der Begegnung auf der Straße im Auswärtigen Amt bei Staatssekretär Ernst von Weizsäcker und herrscht ihn an. Um 15 Uhr desselben Tages bestellt Ernst von Weizsäcker den Leiter der Orientabteilung Werner Otto von Hentig zu sich. Er macht es dringend. Der Diplomat besteigt an jenem sonnigen Tag sofort sein Rad und ist nach nur fünfzehn Minuten in der Behörde. Wieso Helmy und Cotta noch auf freiem Fuße seien, habe Heß ihn, von Weizsäcker, gefragt. Heß sei sehr erregt gewesen, die beiden auf offener Straße spazieren zu sehen, schließlich sei er gerade erst nach einer kurzen Internierung aus Ägypten zurückgekehrt.

Hentig erinnert Weizsäcker daran, dass laut einem zwischenstaatlichen Abkommen mit dem Irak und Ägypten, das vor Kriegsbeginn unterschrieben worden war, die Bürger dieser Länder in Deutschland auch im Kriegsfall ungehindert ihren Geschäften oder ihrem Studium nachgehen konnten. Es seien schließlich die herrschenden Engländer in Ägypten gewesen, die Heß und die anderen 30 Deutschen als »feindliche Ausländer« festgesetzt hätten. Auch in anderen Ländern wurden Angehörige von Feindstaaten interniert. Mit seiner Logik kann sich der Diplomat Hentig, der sogar vor einem Wortbruch warnt, aber nicht gegen die Wut und Rachsucht des prominenten Nazi-Funktionärs Alfred Heß durchsetzen: Helmy wird laut Hentig noch in jener Nacht von der Gestapo verhaftet, zusammen mit weiteren 124 Arabern, Irakern, einem Palästinenser und zehn Ägyptern. Laut Helmy allerdings geschah das erst am darauffolgenden Dienstag, den 3. Oktober 1939.² Er wurde aus seiner Praxis regelrecht »herausgerissen«, schreibt er nach dem Krieg.³

Nach Hentigs Erinnerung lagen am Montagmorgen schon Beschwerden und verzweifelte Hilferufe der meist deutschen Ehefrauen »unserer arabischen Freunde« vor.⁴ Helmys Freund Cotta, ein erfolgreicher Filmproduzent und Präsident der ägyptischen Handelskammer für Deutschland, wird aus dem Eden-Hotel abgeholt. Das Hotel lag gegenüber vom Zoologischen Garten, illustre Persönlichkeiten wie Heinrich Mann und Marlene Dietrich hatten dort verkehrt. Cotta wird ins Polizeipräsidium gebracht und zusammen mit Schwerverbrechern in eine Zelle gesperrt. Mit großer Mühe gelingt es Hentig, eine bessere Behandlung der Inhaftierten durchzusetzen. Hentig hatte wohl vergeblich damit argumentiert, wie wichtig die Freilassung der Inhaftierten für die Rundfunkpropaganda Deutschlands in die arabische Welt und für das Vertrauen der Araber in Deutschland ist, und dann diesen Kompromiss mit Heß getroffen: nach drei Wochen kommt Cotta frei.

Der Diplomat trifft sich im Eden-Hotel mit den freigelasse-

54

nen arabischen Gesandten zum Tee. Dieses Treffen rügt der Nazi-Funktionär Ernst Wilhelm Bohle, Leiter der Auslandsorganisation der NSDAP und Vorgesetzter von Alfred Heß, und bezeichnet es als »würdelos«. Diese Haltung bekommt auch Helmy zu spüren. Auch er wird von Hentig Schützenhilfe bekommen, aber momentan kann sich Bohle durchsetzen, weil er das goldene Parteiabzeichen trägt und Hentig nicht einmal NSDAP-Mitglied ist: Helmy bleibt erst mal in Haft.

Fast zwei Monate lang sitzt Mod Helmy im Gefängnis. Der 39-Jährige leidet sehr und er setzt Himmel und Hölle für seine Freilassung in Bewegung. So wendet er sich aus der Haft an den iranischen Gesandten in Berlin, der Ägypten vertritt, mit der Bitte, seine Befreiung »zu bewerkstelligen«.[5] Er sei ohne Schuld aus seiner Praxis heraus gefangen genommen worden, und das, obwohl seine Mutter Deutsche sei, was er in seinem Schreiben unterstreicht. Helmy war offenbar verzweifelt. In dem handgeschriebenen Brief bittet er darum, ihn »vor der Vernichtung« zu retten. Diesen moralischen Appell ergänzt er mit einem praktischen Vorschlag. Der iranische Diplomat solle ihn als Arzt der iranischen Gesandtschaft »reklamieren« und notfalls eine hohe Bürgschaft stellen. Denn alle reklamierten Häftlinge seien bisher freigekommen. »Ich bin bereit, freiwillig und unentgeltlich in einem Berliner Lazarett halbtägig zu arbeiten«, versichert er. Der ägyptische Generalkonsul könne Auskunft über ihn erteilen.

Außerdem erwähnt Helmy in diesem Schreiben zwei anonyme Zeugen. Diese könnten bezeugen, dass er sich seit 1929 »für die nationalsozialistische Bewegung aktiv betätigt« habe, schreibt Helmy und bittet um Mitleid. Die Internierung bedeute für ihn die »Zertrümmerung« seiner mühevoll aufgebauten Praxis, dazu eine enorme materielle Not und den Verlust medizinischen Wissens. Außerdem leide er unter einer Magen-Darm-Krankheit, die ihn seit fünf Jahren zu einer Diät zwinge, die er in der Haft unmöglich einhalten könne.

Helmy zeigt in diesem Brief an die iranische Gesandtschaft sogar Verständnis dafür, dass Deutschland Ägypter zum Austausch gegen deutsche Gefangene in Ägypten interniere. Aber warum ausgerechnet ihn? Er scheut auch nicht davor zurück, auf andere mögliche Inhaftierungen hinzuweisen: »Wenn die deutsche Regierung unbedingt neun Ägypter internieren will, dann kann sie einen anderen Ägypter, der weniger gefährdet ist, an meiner Stelle internieren.« Er schlägt Angestellte oder junge Studenten vor. Angestellte verfügten über »laufende Gehälter«, Studenten könnten wohl ein bis zwei Jahre in Haft aushalten. Bereits am Tag darauf greift Helmy wieder zur Feder. Diesmal wendet er sich an Werner Otto von Hentig. Wieder betont er, dass seine Mutter deutsch sei. Er hofft, dass das bei den Nazis Wirkung hat und dass sie seine Herkunft nicht überprüfen werden.

Darüber hinaus versucht Helmy Hentig mit seinen beruflichen Erfolgen zu beeindrucken. Er glaubt offenbar, das könne dazu beitragen, dass er gegen einen »weniger wichtigen« Ägypter ausgetauscht werde. »Am 7.7.1938 wurde ich per Flugzeug nach Budapest zur Konsultation bestellt«, behauptet er und listet penibel mehrere Firmen auf, für die er als Betriebsarzt tätig gewesen sei, so die Versicherung Barmenia und den Wehrwirtschaftsbetrieb Lindner Maschinenbau in Berlin. Auch die ägyptische und die iranische Gesandtschaft nennt Helmy hier.

Sodann gibt er sich volksnah und wohltätig. Er helfe Menschen aus allen sozialen Schichten und oft unterstütze er sie auch materiell, nennt aber keine Namen. Schließlich zieht er noch die braune Karte. Er erwähnt, dass er bei einem Einsatz für die Nationalsozialisten 1931 sogar von deren Gegnern verletzt worden sei. Noch zehn Tage vor seiner Verhaftung habe er dem Ministerialrat im Propagandaministerium Wilhelm Knothe angeboten, in einer Radiosendung an die Ägypter zu appellieren, die »deutschen Kameraden« zu befreien. Knothe war jedoch in der »Abteilung Islamische Welt« des Propagandaministeriums für das Filmwesen auf dem Balkan zuständig.

Was mehr könne ein Mensch tun, fragt Helmy und berichtet über seine laufenden Kosten für Wohnung und Praxis. Sogar seine Vermählung mit seiner »deutschen Braut« sei so zunichtegemacht worden. Warum werde er in einer Zeit des Ärztemängels eingesperrt? Warum hindere man ihn, seinen Dienst am deutschen Volk zu erbringen? »Ich bin Deutsch-Ägypter, englischer Gegner«, schreibt er und bittet um eine Gelegenheit, dem deutschen Volk »treu und gewissenhaft« zu dienen. Seinen Brief unterschreibt er mit »Heil Hitler«.

Hinter den Kulissen tobt ein Kampf um das Schicksal der Inhaftierten. Die NSDAP-Funktionäre fordern eine harte Linie. Die Diplomaten hingegen erachten die Interessen Deutschlands im Nahen Osten als wichtiger. Allen voran der prominente Orientexperte und Bestsellerautor von Hentig. Er versucht immer wieder zu erklären, dass die Inhaftierung der Araber nichts bringe, schließlich hätten die Briten das Sagen in Ägypten und im Irak. Die Nazi-Funktionäre kontern mit dem Gleichnis »Auge um Auge, Zahn um Zahn«, eine Gangart, die von Hentig offiziell allerdings begrüßen muss.[6] Er gibt aber zu bedenken, dass die meisten der Inhaftierten über zehn Jahre in Deutschland lebten, überwiegend deutsche Frauen oder eine deutsche Mutter hatten und Deutschlands Politik unterstützten. Durch ihre Verhaftung vergräme man sie nur und gefährde zudem das restliche Vertrauen in der arabischen Welt.

Helmy sucht indessen weiter Hilfe überall und bekommt sie schließlich auch von seinem Freund Kamal Eldin Galal, der einige Jahre später den Übertritt von Anna zum Islam in seiner Wohnung durchführen wird. Der Ägypter und Islam-Gelehrte ist gut vernetzt in der Nazi-Führung, für die er Propaganda betreibt.

Galal war zur gleichen Zeit wie Helmy als Student nach Deutschland gekommen und hatte 1939 an der Philosophischen Fakultät der Friedrich-Wilhelms-Universität Berlin über die Entstehung und Entwicklung der Tagespresse in Ägypten promoviert. In diesem Werk demonstrierte er seine guten Kenntnisse der Politik Ägyptens sowie eine im damaligen Berlin willkommene antibritische Haltung. Das schien seiner Karriere dienlich. Schon in den 1930er-Jahren während des Studiums war er im Studentenverband aktiv und arbeitete als Korrespondent der wichtigsten ägyptischen Zeitung *Al Ahram*. Ab 1939 ist er Rundfunkredakteur für einen Sender in Zeesen bei Berlin, der im Auftrag des Auswärtigen Amts Nazi-Propaganda in der arabischen Welt verbreitet. Er wird Chefredakteur des 1939 gegründeten Magazins in arabischer Sprache *Barid al-Schark* (Orient Post), das die Nazis finanzieren und das antibritische, antikommunistische und antisemitische Hetze verbreitet. Galal berät sogar Hitlers Propagandaminister Goebbels.

Anfang November 1939 wendet sich Galal direkt an Hitler und bittet darum, im Namen der ägyptischen Kolonie zu Berlin, die Internierten in der Woche des bevorstehenden Ramadan-Festes freizulassen. Die Ägypter seien gegen die Internierung von Deutschen in ihrem Land, wo aber leider die »englische Gewalt« herrsche.[7]

Helmy hat jedoch einen mächtigen Gegner, der seine Freilassung unbedingt verhindern will: Alfred Heß. Heß weiß offenbar, dass Helmys Ersuchen nun SS-Chef Heinrich Himmler vorliegt. Der Bruder von Hitlers Stellvertreter Rudolf Heß warnt die Gestapo, dass Helmy, den er seit Jahren genau kenne, »unter keinen Umständen« zu entlassen sei. Er sei jederzeit bereit, schreibt der Vize-Gauleiter der NSDAP-Auslandsorganisation, dies zu erklären.[8]

Außenminister Joachim von Ribbentrop beschließt einen Kompromiss: Die zehn ägyptischen Gefangenen werden freigelassen, aber nur für 30 Tage! In dieser Zeit müssten sie »durch Aufbietung ihrer Beziehungen und ihres Einflusses« die Befreiung der internierten »Reichsdeutschen« in Ägypten erwirken. Sollte ihnen das nicht gelingen, würden sie sofort wieder inhaftiert.[9] Welche Chance haben aber in diesem zynischen Spiel die zum Teil kranken und traumatisierten Ägypter, die aufgrund des Krieges zumeist in keinerlei Kontakt mehr zu ihrer Heimat stehen, in der ohnehin die Briten die Macht haben? Sie sind von vornherein die sicheren Verlierer. Nur wissen sie das noch nicht.

Einen Häftling nennt Ribbentrop namentlich: Mohamed Helmy. Ihm solle die Arbeit in seiner Arztpraxis fortan untersagt bleiben, wie es der Stellvertreter Hitlers persönlich verlange, Rudolf Heß, der ältere Bruder von Alfred Heß.

Vier Wochen verbringt Helmy im Polizeigefängnis am Alexanderplatz, weitere drei Wochen im Lager der Wehrmacht Gaismannshof bei Nürnberg. Ende November werden er und die anderen inhaftierten Ägypter endlich freigelassen. Laut Helmy kommen sie am 8. Dezember 1939 in Berlin an.[10] Bereits am Folgetag sprechen die Ägypter »seiner Exzellenz, dem Führer und Reichskanzler des Großdeutschen Reiches« ihren »ergebensten Dank« aus.[11] Aus ihrer Ohnmacht heraus übertreiben sie maßlos. Acht von ihnen, aber auch der von der Haft verschonte Propagandist Kamal Galal, bedanken sich herzlich für »die Gastfreundschaft Deutschlands«, die durch Hitler persönlich gekrönt worden sei. Sie sprächen nicht für sich, sondern quasi als Repräsentanten »des ganzen ägyptischen Volkes«. Sie beenden ihr Telegramm mit dem Aufruf: »Es lebe Deutschland und sein Führer!« Zur Feier ihrer Entlassung laden die Ägypter auch den Gesandten Werner Otto von Hentig ein, der sich so stark für sie eingesetzt hat.

Dieser einflussreiche Diplomat half nicht nur Helmy und den anderen Ägyptern, sondern beispielsweise auch dem jüdischen Religionshistoriker Hans-Joachim Schoeps, 1938 nach Schweden auszureisen. Der junge Lehrer wurde von der Gestapo zunehmend unter Druck gesetzt. Nachdem er erfahren hatte, dass seine Ausreise von höchster Stelle verboten worden war, wandte er sich über einen Bekannten an Hentig mit der Bitte um Hilfe.[12] Hentig erfuhr bei der Geheimpolizei, dass Schoeps auf einer Geheimliste von 100 Staatsfeinden stand, die die Kanzlei des

59

Führers zusammengestellt hatte. Diese Personen wurden genau beobachtet und durften unter keinen Umständen Deutschland verlassen. Der Diplomat rief daraufhin Hitlers Kanzlei direkt an und behauptete, er bräuchte »für eine geheime Reichssache einen jungen Juden von unzweifelhaft nationaler Gesinnung«. Nun habe er ihn in der Person des Dr. Schoeps gefunden. Er, Hentig, verbürge sich für seine Wiederkehr binnen einer Woche. Daraufhin durfte Schoeps ausreisen. Ein Visum wurde sofort bewilligt. Am nächsten Tag fragte Schoeps bei Hentig besorgt nach, ob er sich selbst nicht in eine schwierige Lage bringe, denn er wüsste ja, dass er, Schoeps, nicht zurückkomme. Daraufhin Hentig: »Das lassen Sie mal meine Sorge sein.«

Im Februar 1945 verhalf der Diplomat dem Mufti von Jerusalem, den er gegen Kriegsende von Amts wegen betreuen musste, zur Flucht aus Deutschland (über Österreich) in die Schweiz.[13] Was bewog Hentig, sowohl Juden als auch dem judenfeindlichen Araber zu helfen?

Sein zu dem Zeitpunkt 90-jähriger Sohn Hartmut von Hentig war bereit zu einem Gespräch mit mir. Dem Erziehungswissenschaftler und Publizisten ist das Geschichtsbild seines Vaters, den er »einen Helden« nennt, offensichtlich sehr wichtig. Hentig beschreibt das Erfolgsrezept seines Vaters so: »Wenn er jüdische Freunde oder arabische Freunde freizukämpfen versuchte, dann sagte er: ›Ich übernehme die volle Verantwortung‹. Das wollten diese Beamten hören.« Zum Glück kannte Schoeps einen Assistenten von Hentig, der seine Bitte vermittelte. Hentig bescheinigte daraufhin Schoeps amtlich, für sechs Monate zum Studium nach Frankreich zu reisen. Als Schoeps beschloss, nach Schweden zu emigrieren, erweiterte Hentig seine Bescheinigung kurzfristig für Dänemark, Island und Schweden.[14] Am Heiligen Abend 1938 reiste Schoeps aus und konnte so in Schweden überleben. Seine Eltern blieben in Deutschland zurück. Sein Vater starb im Ghetto Theresienstadt, seine Mutter wurde in Auschwitz-Birkenau ermordet. »Hentigs Rettungseinsatz war ein Widerstandsakt«, sagt sein Sohn Julius Schoeps. »So gesehen verdanke auch ich ihm mein Leben«.

Als ich Hentig aus der Autobiografie seines Vaters vorlese, kommen die Erinnerungen hoch. Er kann sich zum Beispiel an Helmys Freund erinnern, Dr. Aziz Cotta: »Er war ein rundlicher, gepflegter Mann, wie man sich einen Levantiner vorstellt. Er war mit einer Deutschen verheiratet.« Zu seiner Konfirmation bekam Hartmut von Hentig von dem wohlhabenden Geschäftsmann Cotta einen gewaltigen Topf mit einem Rhododendron geschenkt.

Konnte sich der Diplomat Hentig so viele Freiheiten nehmen, weil er seinerzeit der bekannteste Orient-Experte Deutschlands war? »Er war nicht entfernt so bekannt, wie er gerne gewesen wäre. Aber er war mutig. Er ist auch nie der NSDAP beigetreten. Das war in der Zeit und in der Stellung, in der er war, eine Gefahr.« Auch die Besuche jüdischer Freunde bei ihm Zuhause, die Hentig vor seinem Hauswart zu verheimlichen versuchte, waren riskant. »Ein Portier war oft ein Mann des Volkes, meist NSDAP-Mitglied, der die reicheren oder gebildeteren Leute kontrollieren musste.« Ihr Hauswart, Herr Langner, sei ein unangenehmer Mann gewesen, erinnert sich Hentig. Um unangenehmen Gesprächen aus dem Weg zu gehen, sei es daher meistens seine Aufgabe gewesen, die jüdischen Gäste des Vaters zu empfangen und zu verabschieden. »Eines Tages hat mein Vater das selber gemacht, und als er nach oben ging, kam Langner auf ihn zu und sagte: ›Sie haben eben einen Juden zu Gast gehabt.‹ Er hatte den gelben Stern erkannt. Hentig konterte, das sei seine Dienstaufgabe und das gehe ihn nichts an.« Er drohte sogar mit einer Beschwerde bei der Partei. Der Gast Löwenstein, ein Veteran des Ersten Weltkriegs, war Leiter des jüdischen Hilfskomitees und ein Freund der Familie. Er überließ dem Diplomaten seinen Wohnungsschlüssel für den Notfall.

Werner Otto von Hentig war ein deutscher Patriot mit einer Abneigung gegen den Nationalsozialismus. Er unterstützte 1937 die Verlängerung des Abkommens mit den Zionisten, das deutschen Juden die Auswanderung nach Palästina erleichtert hatte (das »Haavara-Abkommen«). Bereits am 10. November 1938 sagte er bei einer offiziellen Unterredung mit einem jüdischen Vertreter – »fast in Reichweite der Ohren des Führers«: »Ich schäme mich für mein Volk.« Diese Worte nach der Pogromnacht blieben im Gedächtnis des deutsch-jüdischen Verbindungsmannes der jüdischen Gemeinde Berlin zum Auswärtigen Amt haften.[15] Die Nazis wussten, dass Hentig national und konservativ war, aber sie brauchten einen sprachkundigen Orientexperten im Auswärtigen Amt und er wurde von einflussreichen Offizieren und Politikern unterstützt.

Als Leiter der Orientabteilung im Außenministerium musste Hentig andererseits auch Prominente betreuen, die sein Vorgesetzter für wichtig hielt. »Mein Vater lud immer die Gäste nach Hause ein, um sie am Familienleben teilnehmen zu lassen. Das sparte Zeit und war auch sicherer als im Auswärtigen Amt, wo mein Vater vermutete, er könnte abgehört werden. Wenn ich beim Mittagessen mit einem Gast nicht geredet hatte, wurde ich getadelt.« Eines Tages informierte er seine Kinder: »Heute kommt ›der Fuchs‹ wieder.« Der »schlaue Mann mit dem Fuchsgesicht«, der einen langen schwarzen Rock trug, war Mohammed Amin al-Husseini, der Mufti von Jerusalem.

Der 16-jährige Hentig fand den Araber mit dem kleinen Bärtchen und dem »sorgfältig aufgebauten Turban« interessant. Er trug Schuhe, die ihn und seine jüngeren Geschwister beeindruckten, »denn statt der Schnürsenkel hatten sie eine Gummidecke, auf der die Schnürsenkel nur abgebildet waren. Somit konnte er schneller herausschlüpfen, um mehrfach am Tag sein Gebet zu verrichten. Er hat auch bei uns zu Hause gebetet, mein Vater überließ ihm ein Zimmer, wo er das machen konnte.« Vater und Sohn spazierten häufig mit den Gästen ein Stück durch den angrenzenden Tiergarten. »Auf dem ›Großen Weg‹, dem einzigen asphaltierten Weg, spielten wir Medizinball. Der Mufti machte mit, die anderen Honoratioren auch,« erinnert sich Hartmut von Hentig.

Wie schaffte es der Diplomat Hentig, zwischen seinen jüdischen Bekannten und Hitlers Helfer al-Husseini hin und her zu manövrieren? »Über die Judenfrage wurde bei Tisch nicht geredet. Mein Vater sagte, die Feindschaft zwischen Arabern und Juden wurde von den Nazis für ihre Zwecke ausgenutzt. Jahrhunderte seien Muslime und Juden gut miteinander ausgekommen. Auch dem Mufti bedeutete er: von deutscher Seite habe er keine Unterstützung zu erwarten. Araber und Juden seien alle Semiten. Hitler sei am Rassenkampf interessiert. Religionen seien ihm gleichgültig.« Nun lebte aber einer der größten Feinde der Juden ausgerechnet in Berlin. Und gegen Kriegsende wurde Hentig vom Amt beauftragt, »für die Betreuung und Unterbringung des Gastes des Führers Sorge zu tragen« – es ging wieder um den Mufti von Jerusalem, al-Husseini.[16] Ich frage Hentig beim Abschied, ob sein Vater dem Mufti im April 1945 tatsächlich zur Flucht aus Deutschland verholfen hatte. »Hätte er ihn an die Alliierten ausliefern sollen?«, sagt er.

Nach dem Krieg wurde al-Husseini in mehreren europäischen Staaten als Kriegsverbrecher gesucht und nach seiner Festnahme in der Schweiz an die französischen Behörden übergeben. Nachdem Frankreich, England und die USA aus strategischen Gründen darauf verzichteten, Husseini als Kriegsverbrecher anzuklagen, fand er 1946 in Ägypten Asyl. Jahre später beendete der jüdische Philosoph Gershom Scholem ein langes Gespräch mit Hartmut von Hentig über den Mufti mit folgender Bemerkung: »Ihr Vater hätte ihn erschießen sollen.«

In einem Punkt jedoch waren sich der deutsche Diplomat und der arabische Propagandist jedenfalls einig. Im August 1952 protestierte der nunmehr im Exil in Kairo lebende Ex-Mufti al-Husseini unter Berufung auf gemeinsame deutsch-arabische Interessen in einer Note an Bundeskanzler Konrad Adenauer gegen die Wiedergutmachungszahlungen an Israel. Einige

63

Monate später drohte er gar mit Vergeltungsmaßnahmen. Im Februar 1952 wurde bekannt, dass Hentig, damals deutscher Botschafter in Indonesien, den Mufti in Kairo besuchte, erzählt sein Sohn. 1955 fand Hentigs Nachfolger im Amt eine 1952 von Hentig gefertigte Aufzeichnung, die er dem ägyptischen Gesandten in Jakarta übergeben hatte. Darin forderte Hentig die arabischen Staaten auf, mit ihren Protesten gegen die Bonner Wiedergutmachung fortzufahren, um die ohnehin schwache Position der Adenauer-Regierung weiter zu untergraben. Israel und die »unter jüdischem Einfluss stehenden amerikanische Presse« machten das deutsche Volk in verleumderischer Weise für die NS-Verbrechen verantwortlich, so Hentig.[17]

# Ein Brief an Hitler – die zweite Inhaftierung

Mod Helmy hat kaum Kraft, um seine Freilassung am 20. November 1939 zu feiern. Er hat in der Haft acht Kilo abgenommen, leidet unter einer Magen-Darm-Entzündung sowie einer Kieferhöhlen- und Stirnhöhlenvereiterung. Die letzten 16 Tage seines Arrests verbrachte er im Lazarett. Seine Patienten warten schon auf ihn, aber Helmy muss zuerst selbst wieder gesund werden. Die Rechnungen und Briefe stapeln sich, seine Ohren sind verstopft und er kann seine Freiheit nicht genießen, denn er musste annehmen, dass sie nicht von Dauer ist. Wann wird die Gestapo wieder an seine Tür klopfen? Alfred Heß will ihm schaden. Doch Helmy will auf keinen Fall erneut hinter Gitter. Also schreibt er wieder einen Brief, diesmal direkt an Hitler.

Deutschland sei inzwischen seine Heimat, nicht Ägypten, versichert Helmy »seiner Exzellenz, dem Führer und Reichskanzler des Großdeutschen Reiches«. Er lebe seit nunmehr 18 Jahren in Deutschland und in dieser Zeit sei er nur ein einziges Mal wieder in Ägypten gewesen – zwei Monate für die Beerdigung seines Vaters 1925. »Ich habe also die Beziehung zu Ägypten verloren, außerdem habe ich keine Angehörigen mehr dort.« Weil er auch »völlig deutsch« denke und fühle, sei er der ägyptischen Regierung sicher nicht mehr willkommen. Zudem würden ihn die Engländer wohl sofort internieren, sobald er in Ägypten ankäme. Sein Fazit: »Meine Internierung ist völlig zwecklos.« Falls Hitler weitere Auskünfte über ihn benötige, listet Helmy fünf penibel ausgesuchte Personen auf: einen Chefarzt, der bei der SS ist, sowie vier NSDAP-Mitglieder.[1]

Wird ihm Hitler helfen?

Sicherheitshalber wendet sich Helmy auch an das Auswärtige Amt. Diesmal stellt er sich als »Halbdeutscher« vor. Als solcher sei er als Druckmittel gegen Ägypten völlig ungeeignet, zumal er schwer krank sei.[2] Er hatte sich rasch einen Termin im Krankenhaus organisiert und der Chefarzt attestierte ihm eine Magen-Darm-Übersäuerung sowie Asthma. Er empfiehlt ihm, unbedingt Diät zu halten.

Helmy ist ein freier Mann, aber nur vorübergehend. Dass die Freigelassenen 30 Tage Zeit haben, die Befreiung der internierten Deutschen in Ägypten zu erwirken, schwebt wie ein Damoklesschwert über ihm. Denn er tippt unermüdlich einen Brief nach dem anderen und bittet um Hilfe, wo er nur kann. Er schreibt dem iranischen Gesandten in Berlin, der nach dem Abbruch der diplomatischen Beziehungen zu Ägypten auch sein Heimatland vertritt: Eine erneute Inhaftierung würde seine Gesundheit vollends ruinieren, und als »Aktivist der NSDAP« sei er für die ägyptische Regierung doch nutzlos.[3]

Mod Helmy war mit seinen 38 Jahren bereits ziemlich krank, sagt der Berliner Facharzt Dr. Günther Schellinger, der den Brief seines ägyptischen Kollegen begutachtet. »Er konnte aufgrund seines Asthmas schlecht durchatmen und hustete viel. In jener Zeit gab es wenig passende Medikamente und auch die damaligen Untersuchungen waren sehr eingeschränkt. Er litt unter dem sogenannten ›Etagenwechsel‹: Nachdem seine Nasennebenhöhlen ausgeheilt waren, erkrankten seine Atemwege, so dass es durch einen nur kleinen Infekt zu einer schweren Bronchitis kam. Helmys Inhaftierung und die durch die Nazis erlittenen Schikanen mögen seine Krankheit verstärkt haben, denn Angst spielt eine große Rolle bei der Entwicklung von Asthma«.[4]

Die bedrückenden Lebensumstände lagen Helmy in jener

66

Zeit wohl auch auf dem Magen. Über die Weihnachtstage ruht Helmys Schreibmaschine. Er erholt sich langsam, versucht seine Hustenanfälle in den Griff zu bekommen, hält strenge Diät und meidet Aufregung – so gut es geht. Denn die schlechten Nachrichten wollen einfach nicht abreißen. Nun ist seine Tätigkeit als Arzt in Gefahr. Er wendet sich erneut an den iranischen Gesandten. Man wolle seine Praxis verbieten, wegen jenes alten Streits im Krankenhaus vor mehr als zwei Jahren, als er den Minister Rudolf Heß angeblich beleidigt habe. Warum lasse man ihn nicht in Frieden leben? »Immer von neuem wird die Angelegenheit aufgerollt, immer aus mir unbekannten Gründen, um mir neuen Schaden zuzufügen.« Seine Stelle habe er verloren, seine akademische Laufbahn sei beendet worden und nun wolle man auch noch, dass er Berlin oder gar Deutschland verlasse? Er, Helmy, wünsche sich doch lediglich, dass dieses »einzige Missverständnis in meinem ganzen Leben« endlich auf sich beruhe, damit er in diesen schweren Zeiten seinem »Mutterland« helfen könne.[5] Helmy organisiert sogar ein Schreiben der NSDAP, das bestätigt, dass er seit Jahren monatlich drei Reichsmark für das Winterhilfswerk spendet, für jene Stiftung, die die materielle Not der »Volksgenossen« lindern sollte, von der er als Nichtarier aber selbst nicht profitierte.[6] Die Bestätigung legt er dem Brief bei. Dann greift Helmy zum letzten Strohhalm: Er sei Arzt, und in Deutschland herrsche Ärztemangel.

Zwei Tage nach diesem Appell meldet sich nicht der iranische Gesandte, sondern Alfred Heß aus der Leitung der NSDAP-Auslandsorganisation in einem offiziellen Schreiben zu Wort. Helmy sei auf Befehl des Reichsaußenministers aus politischen Gründen verhaftet worden, nicht primär aufgrund seiner Persönlichkeit. Helmys positive Zeugnisse seien »eine bestellte Arbeit«, so Heß. Dass er als Ausländer überhaupt Arzt bei einem Wehrwirtschaftsbetrieb gewesen sei, erachte er als unverständlich.[7]

Doch warum verfolgte Alfred Heß eigentlich den vier Jahre

67

älteren und eigentlich recht unbedeutenden Ägypter derart? Eine mögliche Antwort ist in Alfred Heß` Biografie zu finden. Er wuchs im britisch regierten Ägypten als Spross einer sehr reichen deutschen Familie auf. Die Ägypter, mit denen er zu tun hatte, waren alle Diener. Alfred und sein älterer Bruder Rudolf waren Kinder eines Unternehmers, der ein großes Handelshaus in Alexandria geführt hat. Sie wuchsen in einer prächtigen Villa in Alexandria am Meer auf, mit einem schönen Garten »zwischen dem Wasser und der Wüste«.[8] Noch in seiner Zelle in Berlin-Spandau schwärmte Rudolf Heß: »Und wie schön war es doch an unserem Strand – damals, als noch kein Quai entlangführte, sondern die herrliche Natur uns umgab.« Die Eltern verkehrten in der deutschsprachigen Gesellschaft der Stadt. Die Brüder wurden von einem deutschen Hauslehrer unterrichtet und hatten wenig Kontakt mit Einheimischen oder Briten.

Wie sein Bruder kämpfte auch Alfred Heß im Ersten Weltkrieg und schloss sich 1920 der NSDAP an. Während Rudolf am Hitlerputsch teilnahm und Hitlers Privatsekretär wurde, kehrte Alfred 1924 nach Alexandria zurück, wo er in der elterlichen Firma arbeitete. In Kairo baute er zugleich die ägyptische Gruppe der NSDAP auf, deren erster Leiter er wurde. Der fanatische Nationalsozialist war als Gauleiter Ägyptens vorgesehen. Die Rechnung ging nicht auf, weil er nach Kriegsausbruch in Kairo festgenommen wurde und das Land verlassen musste. Wollte er sich deshalb an einem Ägypter rächen, der zur gleichen Zeit in Berlin frei herumlaufen durfte?

Der kranke Arzt ist ein Spielball im Kampf der Großmächte über die Inhaftierten auf beiden Seiten, in dem die Ägypter in Deutschland nur wenig zu melden haben. Denn Kairo und Berlin setzen den Streit über die Inhaftierten fort. Zum Jahresende lässt Ägypten immerhin als Geste des guten Willens den Dampfer »Palästina« mit über 300 Deutschen aus Ostafrika den Suezkanal passieren. Auch ein Mitarbeiter des deutschen Konsulats darf weiterreisen.[9] Daraufhin beschließt Außenminister von Ribbentrop, die Angehörigen der ägyptischen Gesandtschaft in einem Dorf in Niedersachsen anständig unterbringen zu lassen. Die Diplomaten dürfen tagsüber zu bestimmten Zeiten das Haus verlassen, aber sich nicht zu sehr entfernen. Die anderen rund 500 in Deutschland lebenden ägyptischen Bürger hingegen sollen auf der bayerischen Festung Wülzburg gefangen gehalten werden. Die Nazi-Arithmetik ist einfach: Für jeden in Ägypten internierten Deutschen sollen zwei Ägypter inhaftiert werden, allen voran die Botschafter und wichtigsten Persönlichkeiten.

Helmys Bittbriefe, Empfehlungsschreiben und Atteste interessierten Außenminister von Ribbentrop herzlich wenig. Vier Tage vor Helmys Freilassung stand seine erneute Inhaftierung bereits fest, noch bevor der Arzt, seine Mithäftlinge und Freund Kamal Galal ihre begeisterten Telegramme an Hitler schickten. Von Ribbentrop und die SS hatten damals bereits beschlossen, dass »der Arzt Mohammed Helmy nach Ablauf der Frist wieder interniert wird«.[10] Mod Helmy war von Hitlers Außenminister, der ihm und seinen Mithäftlingen so großzügig 30 Tage in der Freiheit gewährte, wieder zu Mohammed gemacht geworden. Kamal Galal, der Ballettmeister Abdul Asis Soliman, Miriam Mahdis Onkel, sowie einige wenige Ägypter sollten von der Internierung von Beginn an ausgenommen werden, verfügte die SS.[11] Galal war Propagandist der NSDAP und Soliman stand kurz vor seiner Eheschließung: »Diese ist erwünscht, weil seine deutsche Braut ein Kind von ihm hat und ein zweites erwartet«, vermerkt der Außenminister. Warum aber wird Mod Helmy hier als einziger der Inhaftierten, die nach Ablauf der Frist wieder eingesperrt werden sollen, namentlich genannt? Hatte er durch seine Wichtigtuerei seinen Wert als Häftling vielleicht noch gesteigert? Oder hatte Heß hier seine Finger im Spiel?

Helmy liegt mit Atemnot, Hustenanfällen und chronischen

69

Bauchschmerzen im Bett. Am 5. Januar 1940 soll er zusammen mit weiteren 39 Ägyptern, meist jungen Studenten, auf die bayerische Festung Wülzburg gebracht werden.

# Der arabische Patient

Am Abend des 2. Januar 1940 klingelt das Telefon in Mod Helmys Wohnung in Berlin-Moabit. Ein Polizeibeamter verrät Helmy, dass er am nächsten Morgen um sechs Uhr früh erneut verhaftet werden soll. Er rät dem Arzt, im Bett zu bleiben und den Gestapo-Beamten zu sagen, er wäre krank. Helmys Verlobte Emmy Ernst ist während des Telefonats bei ihm und will ihm im Kampf gegen die Gestapo helfen. Mod und Emmy setzen sich umgehend mit verschiedenen Ärzten in Verbindung. Helmy bittet sie, eine Bescheinigung auszustellen, in der seine Haftunfähigkeit bestätigt würde. »Zwei Ärzte machten mit und stellen entsprechende Bescheinigungen aus«, sagt Emmy Ernst vor Gericht aus. »Sie diagnostizierten Krankheiten, die man nicht ohne weiteres feststellen kann, wie Rheumatismus, Hexenschuss und Magenbeschwerden.«

Diese Tage lassen sich aus den Akten eines Berliner Gerichtstermins rekonstruieren, der mehr als 30 Jahre später stattfand. Mod Helmy klagte insgesamt 18 Jahre lang in mehreren Instanzen gegen das Entschädigungsamt, das ihn nicht als Opfer der Nazis anerkennen wollte. An einem der Prozesstage sagte Emmy Ernst als Zeugin aus. Es ist das erste und einzige Dokument, in dem wir ihre Stimme »hören« können: Sie geht recht detailliert auf diese Zeit ein.[1]

Am Morgen des 5. Januar, einem der kältesten Tage in Berlin

71

seit Jahren, klingelt es an der Tür. Ein Beamter der Geheimpolizei zückt einen Haftbefehl, unterschrieben von Gestapo-Chef Heinrich Himmler persönlich. Emmy und Mod verhandeln mit dem Beamten, Helmy darf den Amtsarzt anrufen. Aber dieser will sich nicht gegen die mächtige Gestapo stellen. Nun muss Helmy »den eingebildeten Kranken« spielen, mit ihr selbst in der Nebenrolle. Helmy sagt, er könne sich nicht bewegen. Daraufhin wird ein grauer Krankenwagen angefordert, Helmy auf eine Trage gehievt, die Treppen zur Straße hinuntergetragen und abtransportiert. Kurz darauf befindet er sich im Polizeigefängnis am Alexanderplatz.

Die Gestapobeamten auf der Polizeistation sind misstrauisch. Sie glauben zwar nicht, dass ihr Häftling ein Hypochonder ist, wohl aber, dass er ein Krankenzimmer der Gefängniszelle vorzieht. Helmy hat Glück im Unglück: Infolge des schlechten Essens, das er im Laufe der nächsten Tage vorgesetzt bekommt, erbricht er mehrfach und bekommt Durchfall. Daraufhin erscheinen der Gestapo die Atteste seiner Ärztefreunde auf einmal glaubhafter. Am 20. Januar wird er in die Gefangenen-Abteilung des Staatskrankenhauses der Polizei in Berlin-Mitte verlegt. Hier soll er untersucht werden und wenn er wieder genesen sei, sollte er wieder eingesperrt werden.

Unterdessen wendet sich Emmy Ernst an den Berliner Polizeirat Merkel. Sie bemüht sich, eine Erlaubnis zu bekommen, ihren Verlobten besuchen zu dürfen. Diese bekommt sie auch, aber als Emmy auf dem Präsidium am Alexanderplatz erscheint, erfährt sie, dass ihr Verlobter bereits ins Polizeikrankenhaus verlegt wurde. Daraufhin vereinbart sie einen neuen Besuchstermin.

An jenem Abend des 20. Januar registriert ein Polizist um 21.20 Uhr die Angaben des neu angekommenen arabischen Patienten. Familienname: Helmy. Vorname: Mohammed. Bürgerlicher Beruf: Arzt. Dienstgrad: Schutzhäftling.² Ein Arzt untersucht ihn und macht sich ein Bild von Helmys langer Krankheitsgeschichte. Aus Helmys Krankenakte (von Dr. Schellinger entziffert und erläutert) geht hervor, dass er mit 18 Jahren in Ägypten an einer leichteren Form der Malaria gelitten hat, die jedoch wenig Komplikationen auslöst hatte.[3] In seinem ersten Berliner Winter 1922 erkrankte der 21-Jährige an einer Lungenentzündung. Im Alter von 24 Jahren hütete der Student wieder das Bett, diesmal mit Masern. 26-jährig litt er unter einer Amöbenruhr, einer Infektion des Magens und Darms. Zudem hatte er immer wieder Angina, eine Mandelentzündung, die ihm Halsschmerzen und Schluckbeschwerden bereitete, sowie einmal eine Stirnhöhlenentzündung. Daraufhin wurden seine Mandeln entfernt. Mit 33 Jahren musste er das Tennisspielen und die Bergwanderungen mit Emmy zeitweise aufgeben, weil sich durch eine rheumatischer Erkrankung Flüssigkeit in seinem linken Kniegelenk sammelte und er Schmerzen beim Gehen hatte, vor allem bei feuchtem und kaltem Wetter. Seit seiner ersten Verhaftung Anfang Oktober 1939 war nun die Bronchitis mit asthmatischen Anfällen hinzugekommen, die Atemnot und Husten auslösten. Er hatte seit seiner Internierung weiter abgenommen und wog nur noch 73,5 Kilo – insgesamt zehneinhalb Kilo weniger als vor der ersten Haft.

Helmy ist also körperlich wirklich angeschlagen. Die Diagnose des untersuchenden Arztes des Staatskrankenhauses der Polizei lautet: schwere entzündliche Erkrankung der Atemwege, eine Magenentzündung sowie eine chronische Erkrankung des Verdauungstraktes und ein Zwölffingerdarmgeschwür. Nun darf Mod Helmy in die Gefangenenabteilung.

Die Behandlungsräume im dreistöckigen Backsteingebäude des Staatskrankenhauses mit dem großen Vorgarten in der Burgstraße 29 (das heute das Bundeswehrkrankenhaus in der Scharnhorststraße ist) sind gerade modernisiert worden. Diese Räume sind aber nur Polizisten und deren Familien vorbehalten, Günstlingen der Nazis. Seit Kriegsausbruch werden dort auch verwundete Soldaten untergebracht. Die Gefangensta-

73

tion hingegen ist karg und sollte möglichst ausladend wirken, denn hier werden politische Gefangene gepflegt – nach Misshandlungen durch die Gestapo oder einem misslungenen Selbstmordversuch. Die Patienten sollen lediglich für die nächste Vernehmung, den Prozess oder ihre Hinrichtung wieder einigermaßen hergestellt werden. Auch verletzte und erkrankte Untersuchungshäftlinge wie Helmy werden in den kargen Zimmern behandelt. Ihm ist klar: Im Falle seiner Genesung würde man ihn wohl gleich in das Nachbargebäude in der Burgstraße 28 verfrachten. Darin befindet sich die Leitstelle der Gestapo. In deren Keller »waren durch Holzverschläge zellenartige Räume geschaffen worden, in denen die Häftlinge auf etwas Stroh lagen, teilweise mit Ketten an den Händen gefesselt und an der Wand angeschmiedet«.[4]

Inzwischen bekommt Emmy die ersehnte »Sprecherlaubnis«.[5] Beim ersten Wiedersehen mit Mod nach eine Woche glaubt die junge Frau, dass er gesund sei: »Das mit dem Simulieren hatte geklappt. Er war noch nicht erkältet«, sagt sie drei Jahrzehnte später vor Gericht aus. Helmy bestand ja darauf, dass er erst im Polizeigefängnis und im Krankenhaus erkrankt sei. Der Richter glaubt das aber nicht. Helmy sei nach eigenen Angaben und sämtlichen ärztlichen Attesten der Nachkriegszeit zufolge bereits bei seiner Verhaftung schwer an Asthma erkrankt gewesen.[6] Es ist nicht ganz einfach, nachzuvollziehen, wie schwer, denn in der Nazizeit versuchten Ärzte oft, ihre Patienten durch übertriebene Atteste vor der Verfolgung zu schützen. Und es gibt keine Hinweise darauf, dass Helmy in der Nachkriegszeit wegen seines Bronchialleidens je in Behandlung war.

Helmys Aufenthalt in der Krankenstation zieht sich in die Länge. Immer wieder wird Helmy untersucht und es wird ein Röntgenbild angefertigt. Man verschreibt ihm Schonkost und Medikamente, dennoch leidet er laut Bericht wieder unter Atemnot und zu viel Magensäure. Emmy darf ihren Verlobten jetzt einmal in der Woche sehen. Als sich sein Zustand infolge

74

einer Erkältung offenbar noch verschlechtert, erlaubt ihr die Ausländerpolizei, ihn zweimal wöchentlich jeweils für eine halbe Stunde zu besuchen. Mehr als 30 Jahre später berichtet sie detailliert über seine Haftbedingungen: »Mein Verlobter war in einem Raum untergebracht, der durch ein Gitter in zwei Teile geteilt war. Er lag hinter dem Gitter zusammen mit einem katholischen Pfarrer namens Kreschan. Hinter einer halbhohen Wand befanden sich die Toiletten und daneben die Waschräume. Man konnte also die Häftlinge, die die Toiletten benutzten, vorbeigehen und wenn sie standen, noch ihre Köpfe sehen. Gegenüber dem Fußende der Betten befand sich ein großes Fenster, und die Häftlinge betraten die Toiletten und den Waschraum von dem besagten Raum aus. Das Fenster in dem Raum blieb ständig offen – wegen des starken Geruchs von den Toiletten. Die seitliche Tür, durch die die Häftlinge zu den Toiletten und Waschräumen gingen, stand ebenfalls offen. Dadurch zog es in dem Raum ständig, das heißt, es war kalt. Kurz vor der Entlassung wurde mein Verlobter in einen anderen Raum verlegt. Dort waren die Verhältnisse besser. Ich kann nichts darüber sagen, ob diese Unterbringung auf der Überfüllung des Polizeikrankenhauses beruhte. Ich habe lediglich später gehört, dass unbeliebte Häftlinge dort untergebracht wurden.«[7]

Helmy muss unentwegt unangenehme Untersuchungen über sich ergehen lassen. So bekommt er durch eine Magensonde alle zehn Minuten ein koffeinhaltiges Getränk und ein Kontrastmittel verabreicht. Danach wird Magensaft abgesaugt, um den Säuregehalt zu bestimmen. Eine Darmspiegelung war damals noch nicht möglich. Aber das scheint immer noch ein kleineres Übel zu sein: Am 21. März geht ein Schreiben der Gestapo im Krankenhaus ein. SS-Chef Heinrich Himmler interessiert sich für den Gesundheitszustand des Ägypters. Er fragt, ob er transportfähig sei und man ihn endlich nach Nürnberg bringen könne.[8]

In dieser Stunde der Not steht Helmy ein mutiger Arzt zur Seite, Albrecht Tietze, Leiter der Inneren Abteilung. »Es war ein gewisses Mitgefühl bei diesem Arzt geweckt worden, da er sah, dass ich durch die Haftzeit schwer krank geworden war. Ich hatte mich diesem Arzt anvertraut, da ich von den übrigen Patienten erfahren hatte, dass der Arzt kein Pg. [NSDAP-Mitglied] war«, schreibt Helmy.

Albrecht Tietze (1901–68) hatte bis 1933 als Internist am Krankenhaus im Berliner Westend gearbeitet. Als dort im April 1933 die jüdischen Kollegen entlassen wurden, protestierte Tietze. 1936 begann er seine Tätigkeit im Staatskrankenhaus der Polizei. Er half politisch Verfolgten und untergetauchten Juden. Dafür wurde er 1970 posthum als »Gerechter unter den Völkern« von der israelischen Gedenkstätte *Yad Vashem* geehrt. Charlotte Pommer, eine Ärztin, die ab April 1943 ebenfalls in diesem Krankenhaus arbeitete, berichtete von einer ganzen Gruppe von Ärzten, Krankenschwestern und Pflegern, die Verbindungen zu Berliner Widerstandskreisen hatten und Hilfe für Verfolgte leisteten. Sie versuchten, die Patienten der Haftabteilung so gut es ging zu pflegen und ihren Aufenthalt möglichst in die Länge zu ziehen, um die Ermittlungen zu verschleppen und Verhöre abzuwenden. Sie handelten in der Hoffnung, dass der Krieg nicht mehr lange dauern würde und sie die Menschen vielleicht sogar vor dem Tod retten konnten.

Zwei Tage nach Eingang des Schreibens der Gestapo besucht Kamal Eldin Galal Helmy auf der Krankenstation. Helmys ehemaliger Kommilitone arbeitet inzwischen als Propagandist für die Nazis. Sollte er ihn ausspähen? Oder interessierte er sich wirklich für Helmy? Tatsache ist, dass er von der Gestapo im Krankenhaus angekündigt wurde, denn mit der Bitte, Galal am 23. März zwischen 9 und 13 Uhr vorzulassen, »falls nicht dortseits vom ärztlichen Standpunkt« etwas dagegenspräche.

Am 29. März antwortet Stabsarzt Dr. Thomas auf den Brief der Gestapo mit der Frage nach Helmys Gesundheitszustand und lässt den Brief sowohl vom Oberfeldarzt als auch vom Krankenhausdirektor absegnen. Das Trio führt Helmys bekannte Krankheiten auf und ergänzt sie durch eine neue Malaise: »Helmy ist in seiner augenblicklichen Lage auch psychisch stark alteriert und neigt zu Depressionszuständen.« Ihre Prognose: »Der Zeitpunkt der Transportfähigkeit des Helmy nach Nürnberg ist deshalb ebenfalls noch nicht abzusehen, da im augenblicklichen Zustand die Haftfähigkeit aufgehoben und ärztliche Behandlung erforderlich ist.«

Helmy wird alle drei bis vier Wochen erneut untersucht, aber die Behandlung hilft ihm nicht und sein Gesundheitszustand verschlechtert sich. Im April 1940 klagt Helmy über immer öfter auftretende Asthmaanfälle. Er hat kaum Appetit, leidet an Durchfällen und Ende April ist Helmys Stimmung »sehr gedrückt«, heißt es im Krankenblatt. Der Oberarzt der Polizei, Dr. Wenzel, informiert die Gestapo darüber, dass Helmy immer noch nicht haftfähig sei; er unterstreicht diesen Satz und bittet die Polizei um Helmys Haftentlassung. Am 4. Mai 1940 berichten die Ärzte, dass Helmys Zustand sich weiter verschlechtere und bitten erneut darum, seine Haftfähigkeit aufzuheben. Die Gestapo schweigt. Helmys Lunge pfeift und brummt. Die Ärzte schicken ein Bittschreiben nach dem anderen an die Berliner Polizei. Am 7. Juni 1940 schließlich, nach viereinhalb Monaten, wird der kranke Arzt auf freien Fuß gesetzt. Damit endet sein Krankenblatt.

Neun Monate hatte Helmys Praxis geruht und seine finanzielle Situation ist deshalb prekär. Er und seine Freundin Emmy sind nun seit sieben Jahren ein Paar, aber sie wohnt noch immer bei ihren Eltern in Berlin-Schöneberg. Nach Helmys Entlassung verloben sie sich. Ende Juli beantragt das Paar beim Standesamt seine Eheschließung. Doch das gestaltet sich als schwierig: Helmy kann das Ehefähigkeitszeugnis, das er aus seiner Heimat braucht, um es den deutschen Behörden für die Eheschließung vorzulegen, nicht organisieren. Seine Kontakte nach Ägypten

77

sind seit dem Kriegsbeginn abgebrochen. Denn Ägypten hatte am 4. September 1939 unter britischem Druck die diplomatischen Beziehungen zu Deutschland abgebrochen.

# Drei Migrantinnen in Berlin

Am 10. März 1942 steht Anna Boros vor dem vierstöckigen Eckhaus in Berlin-Moabit, das sie seit einigen Jahren gut kennt. Das jüdische Mädchen und ihre Familie sind in den letzten Jahren gelegentlich in die Praxis in Mod Helmys Wohnung gekommen, wenn der Arzt bei ihnen keinen Hausbesuch abstattete. Die 16-Jährige sucht aber diesmal keinen ärztlichen Rat, sondern einen sicheren Unterschlupf vor den Nazis. In ihrer Not wendet sie sich an den Ägypter, der das volle Vertrauen ihrer Familie genießt. Aber wie kam es dazu?

Annas Geschichte ist Teil einer Trilogie: drei jüdische Frauen, drei osteuropäische Migrantinnen aus drei Generationen, die in der deutschen Hauptstadt der Weimarer Republik ein Zuhause finden, ein erfolgreiches Familiengeschäft aufbauen, sich integrieren – und durch die Nationalsozialisten alles verlieren.

Die Matriarchin der Familie ist Cecilie Rudnik, eine selbstbewusste, starke Frau. Sie wurde als Cecilie Klein 1874 in der ungarischen Kleinstadt Hódmezővásárhely an der rumänischen Grenze geboren. Nach dem Besuch einer Fortbildungsschule kam sie im Alter von 17 Jahren nach Berlin, wo ihr Bruder einen Obst- und Gemüsehandel mit ungarischen Waren betrieb. Cecilie lernte Deutsch, leitete bald die Einfuhr ungarischer Paprikaschoten und Melonen und wurde Geschäftsführerin. Bei dieser Arbeit begegnete sie Moritz Schwarz, den sie bereits aus ihrem Heimatort kannte, und die beiden heirateten. Nach der Eheschließung eröffnete Cecilie in der Neuen Friedrichstraße 77, unweit des Alexanderplatzes, ihr eigenes Geschäft für ungarische Waren. »Mein Ehemann war in meinem Geschäft tätig«, schreibt sie stolz. Seine Aufgabe war es, die von ihr eingeführten Waren an Grossisten abzusetzen. Cecilie brachte zwei Kinder zur Welt: Julianne (Julie) und Berthold. Als Moritz 1912 starb, führte sie das Geschäft drei Jahre lang allein weiter. Am 13. Juli 1914 heiratete Cecilie den rumänischen Kaufmann Moise Rudnik. Sie verlor damit die ungarische Staatsangehörigkeit und wurde Rumänin. Mit 43 Jahren gebar sie 1918 den Sohn Martin. Er wurde ihr Lieblingskind. Durch »eisernen Fleiß und größte Sparsamkeit«, wie sie schreibt, gelingt es den Rudniks, ein »erhebliches« Vermögen aufzubauen.[1] Die 1929 gegründete »Obstgroßhandlung M. Rudnik GmbH« lieferte an Berliner Restaurants frisches Obst, Gemüse und Südfrüchte: Ananas aus Portugal, Paprika und Kirschen aus Ungarn und Weintrauben aus Frankreich.[2]

Bereits 1928 erwarben die Rudniks eine zweistöckige Villa in Schöneiche-Fichtenau bei Berlin mit Blick auf den Kurpark und Wald unweit der S-Bahn-Station. Anfang der 1930er erwarb das Ehepaar auch das große Mietshaus in der zentralen Neuen Friedrichstraße 77, wo sich der Laden befand und wo sie selbst eine große Wohnung bezogen. Cecilie stellte den Nichtjuden Otto Buja als Verwalter der Immobilien ein. Er wurde in der Nazizeit zu ihrem Vertrauensmann.

Die Rudniks genossen den Komfort ihrer neuen geräumigen Wohnung im zweiten Stock. Sie bestand aus Herrenzimmer, Wohn-, Schlaf-, Speisezimmer und Küche. Im Wohnzimmer gab es neben dem Sofa, den Klubsesseln und der Bibliothek ein Electromophon – ein Grammophon mit elektrischem Antrieb. Im Speisezimmer standen Lederstühle um den Ausziehtisch, es gab ein Küchenbuffet für Tischdecken und Tafelgeschirr sowie eine Anrichte. Im Schlafzimmer stand eine Wasch- und eine

Friseurtoilette. Wertvolle Teppiche und Läufer bedeckten alle Böden, von den Decken hingen üppige Leuchter.

Cecilie Rudnik war eine elegante Frau. Sie besaß Kleidungsstücke und Pelzmäntel im Wert von 50 000 Reichsmark, den Wert ihrer Brillanten ließ sie auf 200 000 RM schätzen. Als Gesamtvermögen gab sie rund eine Million Reichsmark an. Auf einer Fotografie aus dieser Zeit blickt Cecilie selbstbewusst in die Kamera. Ihre Enkelin Anna sieht sie an und versucht ihre Körperhaltung nachzuahmen, wirkt aber leicht verschüchtert.

Anna Boros wurde 1925 in der westrumänischen Stadt Arad in eine wohlhabende jüdische Familie geboren. Als Anna zwei Jahre alt war, ließ sich ihre Mutter Julie Boros scheiden und zog mit der zweijährigen Tochter nach Berlin zur Großmutter Cecilie. 1929 heiratete Julie, die sechs Sprachen beherrschte und Klavier spielte, den nichtjüdischen Kaufmann Georg Wehr, der aus Westpreußen stammte.[3] So wurde sie deutsche Staatsbürgerin. Die kleine Familie wohnte zunächst in der Villa der Rudniks, 1931 zog sie in das Haus in der Neuen Friedrichstraße. Dort mussten sie keine Miete bezahlen und Georg Wehr bekam zudem 200 Mark monatlich für Anna. Seine Stieftochter hätte jetzt auch den Nachnamen Wehr tragen können, tat dies aber zu keiner Zeit. Georg arbeitete als Partner in Cecilies Unternehmen sowie in der Verwaltung der beiden Häuser mit, Julie als Kassiererin und Verkäuferin.

1930 erkrankte Moise Rudnik an Magenkrebs und wurde operiert. Nach seiner Heimkehr pflegte ihn Stieftochter Julie Wehr zwei Jahre in der Rudnik-Villa und Cecilie kümmerte sich allein weiter um das Geschäft.[4]

»Für uns Juden begann es damals sehr schlecht zu werden«, schreibt Anna Boros in ihrem Bericht vom Juli 1945, und meint damit Hitlers Machtergreifung 1933. Verzweifelt versuchte Cecilie, ihr Familienunternehmen und ihre Immobilien vor den Nazis zu retten. Ihre Tochter Julie lebte in einer Mischehe und hatte somit zunächst gewisse Privilegien. Im September 1935 wurde das »Gesetz zum Schutz des deutschen Blutes und der deutschen Ehre« erlassen. Prominente Nazis forderten die Zwangsscheidung von Mischehen. Ab Juli 1938 nutzten immer mehr deutsche Männer die neuen Gesetze, um sich aus rassischen Gründen von ihren jüdischen Frauen scheiden zu lassen. Aber Anna vertraute ihrem Stiefvater Georg. Sie drückte das so aus: »Mein Stiefvater war Christ, gehörte aber der jüdischen Religion an.«[5] In ihrem Nachkriegsschreiben meint Anna vielleicht, dass er als judenfreundlich galt, weil er sich zum Beispiel trotz Diskriminierung nicht von seiner jüdischen Frau scheiden ließ. Einen Übertritt zum Judentum hätte Wehr in seinem Entschädigungsantrag sicherlich erwähnt.

Der erste Kontakt der Familie zu Mod Helmy kam über Cecilie zustande. 1936 wurde die resolute Powerfrau krank, und Helmy war ihr als Arzt empfohlen worden, berichtet Anna Boros.[6] Cecilie und ihre Tochter Julie begannen bald, den Ägypter zu umwerben, luden ihn zum Tee oder zum Essen ein, denn Helmy war wohl einer der wenigen nichtjüdischen Ärzte, die jüdische Patienten behandelten. Er wurde ein Freund der Familie und beriet sie auch finanziell. Dieses Hofieren konnte die damals elfjährige Anna natürlich nicht verstehen.[7]

Im Juli 1938 folgte schließlich das Aus: Die Rudniks mussten ihr Großhandelsgeschäft für Obst und Gemüse auflösen. Es wurde »arisiert«, aus dem Handelsregister gelöscht und auf die Firma »Transdanubia Ein-und Verkaufs-GmbH« übertragen für knapp 10 000 RM, eine symbolische Summe.[8] Die Nazis hatten Georg Wehr, dem Deutschen in der Familie, sogar untersagt, das Geschäft zu erwerben. Obwohl Nichtjude, durfte er weder als Angestellter weiter im Geschäft arbeiten, noch erlaubte man ihm, sich selbstständig zu machen. Ein Jahr lang suchte Wehr vergeblich nach Arbeit, bis er schließlich eine schlecht bezahlte Stelle bei einem befreundeten früheren Arbeitgeber bekam. Cecilie Rudniks jüdische Mitarbeiter wurden ebenfalls alle sofort entlassen.

82

Im Januar 1939 waren die Rudniks dank des einst florieren-
den Geschäfts, der Obstgroßhandlung M.Rudnik, noch immer
ein vermögendes Ehepaar. Sie besaßen Anteile am Mietshaus
wie an der Villa, Bauland in Berlin-Marienfelde, Wertpapiere,
Geldanlagen verschiedener Bankhäuser, Bargeld, Einrichtungs-
gegenstände und Schmuck und es gab auch noch ausstehende
Forderungen. Ihr Vermögen betrug im April 1938 immer noch
435 000 Reichsmark.[9] Nach dem Novemberpogrom 1938 mussten die Rudniks, wie alle Juden in Nazi-Deutschland, die berüch-
tigte »Judenvermögensabgabe« zahlen – als »Sühneleistung« für
»die feindliche Haltung des Judentums gegenüber dem deutschen Volk«. Laut Cecilie Rudnik hatte die Familie Zahlungen
von insgesamt 66 300 Reichsmark zu leisten.[10] Auch ihre Gold-
und Silbersachen musste Cecilie abgeben. Im Januar 1939 besaßen die Rudniks nur noch knapp 220 000 Reichsmark, wie sie
der Oberfinanzdirektion mitteilten. Im April vertrieb der lokale
Bürgermeister, ein SS-Offizier, die Rudniks aus Schöneiche und
im Juli 1939 starb Moise Rudnik im Jüdischen Krankenhaus in
Berlin. Cecilie war seine alleinige Erbin. Ihr restliches Vermögen verwandte sie nach Kriegsausbruch dafür, das Überleben
der drei Frauen zu sichern.

Cecilie, Julie und Anna waren Mitglieder der Jüdischen Gemeinde zu Berlin. Anna hatte bis 1937 eine deutsche Volksschule
besucht und anschließend zwei Jahre die Jüdische Mädchenschule in der Auguststraße, denn ab November 1938 war jüdischen Kindern der Besuch deutscher Schulen untersagt. Anna
muss diese Zeit als sehr belastend empfunden haben, denn sie
schreibt später: »Es würde ein zu langer Lebenslauf werden, um
all die Demütigungen und Verfolgungen, denen wir jüdische
Kinder in der Schule und außerhalb derselben ausgesetzt waren, einzeln aufzuführen.«[11]

Kurz nach Kriegsbeginn 1939 wurde Anna ohne Abschluss
aus der Schule entlassen und 1940 wurde die Mädchenschule,
wie alle jüdischen Institutionen, geschlossen. Aber die drei

83

Frauen gaben nicht auf. Julie meldete Anna zur Ausbildung als Kinderkrankenschwester bei der Jüdischen Gemeinde an.[12] Die Kurse sollten in einem jüdischen Kinderheim in einem Vorort von Berlin stattfinden. Darauf freute sich Anna, weil auch ihre Freundin Regina Brauer an dieser Ausbildung teilnehmen sollte. Ende Mai 1939 erfuhr Julie Wehr jedoch, dass die Gestapo diese Ausbildungsstätte geschlossen hatte. Anna hätte auch gerne eine kaufmännische Lehre im Unternehmen der Großeltern gemacht – aber die jüdische Firma war ja arisiert worden. Weil sie keine Arbeit fand, blieb sie bis 1942 zu Hause.

Weil Annas jüdische Schule geschlossen wurde und damit sie eines Tages ihren Wunsch erfüllen könnte, Krankenschwester zu werden, arrangierte ihre Mutter, dass sie eine Ausbildung in Helmys Praxis in der Krefelder Straße machen konnte.[13]

Im Dezember 1940 trat Anna aus der jüdischen Kultusgemeinde aus.[14] Viele Juden in Nazi-Deutschland glaubten irrtümlich, dass die Tilgung ihrer jüdischen Zugehörigkeiten ihnen mehr Sicherheit verschaffen könnte. Sie konnten nicht wissen, dass die Nazis über die Gestapo und mit Hilfe der Volkszählung vom Mai 1939 eine zentrale Judenkartei erstellt hatten, die auch Angaben über die Religionszugehörigkeit der Großeltern enthielt. Diese Informationen wurden vermutlich Ende 1941 an das Reichssippenamt geliefert, das in der Nazizeit lebensrettende Nachweise über die »arische« Rassenzugehörigkeit erstellte.

Ab September 1941 mussten alle Juden den sogenannten Judenstern tragen, deutlich sichtbar auf der linken Brustseite. Und mit dem Beginn der »Judendeportationen« nur einen Monat später bedeutete der Stern direkte Lebensgefahr. Am 18. Oktober 1941 verließ der erste »Osttransport« mit 1013 Juden den Bahnhof Berlin-Grunewald in Richtung Litzmannstadt (Lodz). Bis Januar 1945 folgten weitere Transporte mit insgesamt knapp 56 000 Berliner Juden vom Güterbahnhof Moabit und dem Anhalter Bahnhof.

Anna musste anfangs, wie sie selbst schreibt, als rumänische

Staatsangehörige keinen Judenstern tragen, obwohl sie der Reviervorsteher Polizeioberleutnant Ludwig einmal dazu aufgefordert hatte.[15] Auch Julie blieb es aufgrund ihrer »privilegierten Mischehe« mit dem Nichtjuden Georg Wehr erspart, den Stern anzulegen, und die Wehrs mussten auch nicht in ein »Judenhaus« umziehen. Julie durfte ihr Vermögen ihrem Ehemann überschreiben, hatte allerdings fortan den Namen »Sara« zu führen, so wie ihr Halbbruder Martin den Namen »Israel«. Am 5. Februar 1940 erwischte ein Polizist Julie »Sara« Wehr bei einer Ausweiskontrolle um 8.40 Uhr in der zentralen Markthalle in der Neuen Friedrichstraße. Sie habe die Hinweisschilder an den Eingängen, wonach Juden der Zutritt erst ab 12 Uhr gestattet war, missachtet. Daraufhin wurde sie zu einer Geldstrafe von 25 Reichsmark wegen »unbefugten« Betretens der Markthalle verurteilt. Je länger der Krieg dauerte, desto brüchiger wurde der Schutz der »privilegierten Mischehen«. Im April 1943 wurde Julie als Arbeiterin bei einer Großhandlung zwangsverpflichtet – zu einem Hungerlohn. Ab April 1944 hatte sie in einer Werkstatt als Schreiberin zu arbeiten. Ihr Bruder Berthold ging zurück nach Budapest – und starb dort mit 42 Jahren an einer Lungenentzündung.

Im März 1942 tauchte Cecilie, diese starke Frau, die 15 Jahre lang die Stütze der Familie gewesen war, unter. Nun war sie definitiv auf die Hilfe anderer angewiesen.

# Überlebenskampf
## zwischen Berlin und Bukarest

Cecilie Rudnik war durch ihre Eheschließung mit Moise Rudnik rumänische Staatsbürgerin geworden, ihre Enkelin Anna war Rumänin durch Geburt. Somit hing ihre Situation als verfolgte Juden auch von der wechselnden Judenpolitik in Bukarest ab.

Das Königreich Rumänien war im Sommer 1940 international isoliert und von Feinden umgeben. Ende Juni erzwang die Sowjetunion von Rumänien durch ein Ultimatum die sofortige Abtretung der Nordbukowina sowie Bessarabiens, die infolge des Ersten Weltkriegs ein Teil »Großrumäniens« geworden waren. Nazi-Deutschland wiederum zwang Rumänien, den Norden und Osten Siebenbürgens an Ungarn abzutreten. Am 8. August 1940 führte Rumänien eine neue, noch striktere Definition als die Nazis darüber ein, wer »Jude« war.[1] Das entsprechende Gesetz stellte die Staatsbürgerschaft der meisten rumänischen Juden in Frage, weil sie nicht »blutmäßig« Rumänen seien. Vor dem Hintergrund dieser Regierungskrise musste König Carol II. abdanken und ernannte am 4. September 1940 General Ion Antonescu zum Ministerpräsidenten mit unbeschränkten Vollmachten.

Mit der Unterstützung der faschistischen *Eisernen Garde* errichtete der General eine Diktatur, die Rumänien an die Seite der Achsenmächte führte. Infolge der neuen, aggressiveren antisemitischen Politik wurden ausgelaufene Pässe rumänischer Juden im Ausland nicht verlängert. Somit wurden Cecilie Rudnik und ihr Sohn Martin staatenlos. Cecilie hatte zwar nach eigener Darstellung während der Weimarer Republik auch die deutsche Staatsbürgerschaft erlangt. Jedoch wurde sie am 14. Juli 1933 ausgebürgert. Durch diese Maßnahme wurden mehrere Tausend Juden, die überwiegend aus Osteuropa stammten, formell staatenlos. Ab 1941 wurden dann alle Pässe rumänischer Juden so markiert, dass die rumänischen Beamten sie leicht erkennen konnten, ohne darin das Wort »Jude« stempeln zu müssen.

Die Bedrohung für Anna wuchs ab dem 23. November 1940, als Rumänien dem Dreimächtepakt zwischen Deutschland, Japan und Italien beitrat. Und ab März 1942 zog sich die Schlinge immer enger zusammen. Die Gestapo zwang rumänische Staatsbürger in Deutschland und Österreich, den Judenstern zu tragen. Zu diesem Zeitpunkt fand wohl Annas Begegnung mit dem besagten Polizisten statt, die sie veranlasste, in die Illegalität zu gehen. Alarmiert wird sie durch die Nachricht, dass in Böhmen und Mähren jüdische Familien mit rumänischen Pässen im KZ-Theresienstadt inhaftiert wurden.

Bereits im November 1941 hatten der rumänische Diktator Ion Antonescu und sein Außenminister Mihai Antonescu dem deutschen Botschafter Manfred von Killinger ihre Zustimmung dafür gegeben, die rumänischen Juden in den vom Dritten Reich kontrollierten Gebieten ähnlich wie die einheimischen Juden zu behandeln.[2] Das änderte aber nichts an dem Schutz dieser Juden, denn die rumänischen Gesandtschaften setzten sich weiterhin für sie ein. Das lag daran, dass das Auswärtige Amt am 11. November 1941 von der eigenen Regierung ermächtigt wurde, »alle rumänischen Staatsbürger im Ausland ohne Unterschied zu schützen«. Dieser Schutz galt zum Beispiel für Anna Boros, aber nicht für ausgebürgerte rumänische Juden wie Cecilie und Martin Rudnik, die staatenlos geworden waren. In den Jahren 1938 bis 1940 wurden rund 225 000 rumänische Juden ausgebürgert.

Mit dem Judenstern ist auch die einst wohlhabende Unternehmerin Cecilie Rudnik sofort als Jüdin erkennbar und daher vogelfrei. Sie wird Anfang 1942 denunziert und man wirft ihr vor, verächtlich über die Politik der Naziregierung gesprochen zu haben. Sie wird verhaftet und von einem Schnellgericht zu einer Haftstrafe von 21 Tagen verurteilt, die sie im Gefängnis am Alexanderplatz verbüßt. Sicher ist sie von nun an nirgendwo mehr in Berlin. Zu diesem Zeitpunkt wohnt Cecilie mit ihrem 24-jährigen Sohn Martin in ihrer alten Wohnung.

Martin Rudnik ist groß, schlank und charmant, ein Überlebenskünstler. Der gebürtige Berliner, Jahrgang 1918, beginnt nach der Mittelschule eine Lehre in einer Stadtküche, die jüdische Einrichtungen mit Essen belieferte. Als diese arisiert wird, ist er ab April 1938 als Kaufmann im Familiengeschäft tätig und bis Februar 1939 Lehrling bei einem jüdischen Zahnarzt.[3] Anfang 1940 wird Martin zur Zwangsarbeit in einer Blechwaren-Fabrik verpflichtet. Ab April 1940 fordert ihn die Polizei wiederholt auf, Deutschland zu verlassen, was er ignoriert. Als die Deportationen beginnen, erscheint er einfach nicht mehr zur Arbeit. Im März 1942 erhält Martin von der Jüdischen Gemeinde eine Vorladung zu seiner bevorstehenden Deportation. Daraufhin geht er in den Untergrund. Der junge Mann findet Zuflucht und Verpflegung in Berlin-Schöneberg bei seinen nichtjüdischen Bekannten Hildegard Ulbrich und ihrer Schwägerin Irmgard Ulbrich. Martin verkauft Zigaretten und Seide auf dem Schwarzmarkt – in der Wohnung der Maßschneiderin, die er aus Angst nicht verließ. Durch die Einnahmen kann er dort für seine Beschützerinnen und sich Lebensmittel kaufen. Auch eine Freundin in Halensee hilft ihm.[4]

Im Oktober 1943 wird Martin denunziert und verhaftet. Die Gestapobeamten richten ihn »auf bestialische Weise« zu. Er verliert dadurch (wohl teilweise) sein Gehör, und seine unteren Schneidezähne werden beschädigt. Die Gestapo karrt ihn auf einem Lastwagen zum Sammellager in der Synagoge in Berlin-

Moabit. Obwohl er unterwegs von jüdischen Polizisten begleitet wird, gelingt es ihm, mit Hilfe eines ihm bekannten Ordners am Großen Stern vom Wagen zu springen.

Im Frühjahr 1944 wird Martin zum zweiten Mal verraten, diesmal durch einen früheren Angestellten einer Firma, die einst im Haus seiner Familie eine Filiale unterhielt. Wieder bringt ihn die Gestapo in die Synagoge Levetzowstraße in Moabit. Eine abenteuerliche Geschichte: Das Bethaus wurde zum letzten Mal am 12. März 1943 als Sammellager vor Transporten benutzt. Wieder kann er fliehen – er schlüpft durch ein Fenster und entkommt. Er muss ein neues Versteck finden und zwischendurch hält er sich bei Cecilies Hausverwalter Otto Buja auf. Immer wieder hilft ihm auch Helmy.[5] Er findet Zuflucht bei Vera Köhler in der Königsallee 30/32 in Berlin-Grunewald, die er im Oktober 1944 kennenlernt. Sie versteckt Martin und versorgt ihn mit Lebensmitteln bis zum Einmarsch der Roten Armee. Köhler hat sich in dieser Zeit wohl in den großgewachsenen Mann verliebt, denn sie heirateten zum Jahresende 1945.[6]

Cecilie Rudnik erfährt bald nach ihrer Freilassung aus dem Gefängnis am Alexanderplatz Anfang 1942, dass sie nach Rumänien abgeschoben werden soll. Es ist ihr klar, dass die Transporte in den sicheren Tod führen. Wieder kommt die Familie in Helmys Sprechstunde. Annas Familie lud Helmy ein, der die misstrauische Frau mühsam überreden konnte, unterzutauchen, denn ihrem Arzt vertraute die alte Dame wohl sehr.[7] Cecilie Rudnik kann sich ein Leben in der Abhängigkeit von anderen zunächst nicht vorstellen. Aber welche Alternative hat sie mit 67 Jahren mitten in Nazi-Berlin? Schließlich willigt sie ein und handelt sofort.

»Frau Rudnik verließ ihre Wohnung unter Mitnahme der allernotwendigsten für den persönlichen Bedarf erforderlichen Bekleidungsstücke«, berichtet Hausverwalter Buja. »Die Korridortür wurde abgeschlossen und der Schlüssel der im selben

Hause wohnenden Tochter der Frau Rudnik übergeben.«[8] Ende März versiegelt die Gestapo die Wohnung der Rudniks.

Es ist unklar, wann genau Cecilie Rudnik in die Illegalität ging. Sie selbst behauptete, am 5. März 1942. Georg Wehr datierte das Untertauchen auf den 1. April.[9] Es sind widersprüchliche Aussagen über eine Zeit, in der man kein Tagebuch führen konnte. Sie wurden zudem erst Jahre später gemacht.

Cecilie Rudniks eigene Angaben erscheinen am plausibelsten, schon allein, weil die Gestapo nur Tage brauchte, um Rudniks Familienangehörige ausfindig zu machen.[10] So werden Anfang März 1942 die Wehrs und Anna zwei Tage und zwei Nächte von der Gestapo im Judenreferat in der Burgstraße 28 festgehalten. Sie sollen im Verhör erklären, wo sich Annas Großmutter und ihr Onkel versteckt halten. Die Familie hält aber dicht. »Da sie von uns nichts erfahren konnten, entließ man uns und forderte mich auf, Deutschland so schnell wie möglich zu verlassen«, schreibt Anna.[11] »Bei Nichtbefolgung dieser Anordnung würde man mich an dem richtigen Ort abliefern«, womit wohl das Konzentrationslager Sachsenhausen gemeint war. An anderer Stelle ergänzt Anna, die Gestapo habe sie aufgefordert, ihren Pass zur Ausreise im rumänischen Konsulat stempeln zu lassen und Deutschland innerhalb von drei Tagen in Richtung Rumänien zu verlassen.[12]

Am 10. März 1942 macht sich Anna Boros auf den Weg, um Schutz bei ihrem Familienarzt Mod Helmy zu suchen. In den letzten zwei Monaten hatte es keine nächtlichen Luftangriffe auf Berlin gegeben, aber um sicherzugehen, verabschiedet sie sich von ihren Eltern bereits am frühen Abend. Sie geht allein. Sie will keine emotionale Trennung vor den Augen des Familienarztes. Anna läuft die Treppen ihres Zuhauses hinunter.

Da sie keinen Judenstern trägt, traut sie sich, mit der Stadtbahn zu fahren. Auf den Bahnsteigen geben die Glühbirnen der Lampen nur ein mattblaues Licht von sich, um nicht die Aufmerksamkeit feindlicher Flugzeuge auf sich zu ziehen. Eisenträger und Gebäudekanten sind bis auf eine Höhe von zwei Metern über dem Boden weiß markiert, damit die Reisenden nicht dagegen stoßen.[13] Den Weg kennt Anna gut. Sie kann die Stationsschilder auch im Dunkeln erkennen: Börse, Friedrichstraße, Lehrter Bahnhof und schließlich Bellevue. Das waren die Stationen laut S-Bahn-Plan des Jahres 1943.

Was bedeutete ein Leben im Untergrund? Das kann sich die 16-jährige Anna auf dieser Fahrt sicherlich nicht wirklich vorstellen.

# Versteckt in Moabit

Die Hauptstraße Alt-Moabit ist wie die meisten Berliner Straßen nachts kaum befahren, erinnert sich Wolfgang Golücke, der damals als Siebenjähriger in der Krefelder-Straße 20 wohnte, nur wenige Häuser von Helmys Wohnhaus entfernt. Viele Privatwagen sind von der Wehrmacht beschlagnahmt worden. Dennoch muss Anna aufpassen. Die wenigen noch fahrenden Autos sind kaum zu sehen. Wegen der vorgeschriebenen Verdunkelung sind die Wagenlampen bis auf einen schmalen Streifen von rund anderthalb Zentimeter zugeklebt oder dunkel gestrichen. Anna biegt in die ruhige Krefelder Straße. Auf der rechten Straßenseite läuft sie am Gemüseladen Gasba vorbei, an einem Bäcker und einem Fleischer.

In Helmys Eckhaus bietet der Salon Hackbarth Haarschnitt und Rasur an. Das Zigarrengeschäft des jüdischen Tabakhändlers Markus Lesser hat bereits schließen müssen. Die Konditorei in der Essener Straße 25 ebenso. Vor dem Krieg saß man hier unter Bäumen bei Kaffee und Kuchen, aber nun sind fast alle Männer weg und die meisten Schulkinder und Mütter mit Kleinkindern per Kinderlandverschickung in sicherere Gebiete gebracht worden. Als Anna auf dem Weg zu Mod Helmys Wohnung ist, um dort Schutz zu finden, wäre sie bereits um ein Haar in den sicheren Tod gegangen. Dass es nicht dazu kam, hat sie einem rumänischen Konsularbeamten zu verdanken.

Nachdem die Gestapo Anna Boros dazu aufgefordert hatte, meldete sie sich beim rumänischen Konsulat in Berlin, wohl in Begleitung ihrer Eltern. Da erlebte Anna eine Überraschung: »Der Beamte riet mir beim Stempeln des Passes, auf keinen Fall nach Rumänien zu reisen, denn ich würde nie dort ankommen und der Tod wäre mir gewiss.«[1] War das ein spontaner Akt der Menschlichkeit oder des Mitleids eines rumänischen Diplomaten?

Denn Rumänien ließ in den Jahren 1941 bis 1944 einen Großteil der jüdischen Bevölkerung nach Transnistrien deportieren, einen 200 Kilometer schmalen Landstreifen östlich des Flusses Dnister. Transnistrien bedeutete für die meisten Juden den sicheren Tod. Insgesamt starben dort über 250 000 rumänische und sowjetische Juden. Sie wurden ermordet oder sie starben durch Terror, Hunger und Seuchen sowie auf Todesmärschen.[2] Anna stammte aus der westrumänischen Stadt Arad. »Nur wenige rumänische Juden aus Arad wurden nach Transnistrien deportiert«, sagt mir der Historiker Radu Ioanid, ein Experte für den Holocaust in Rumänien. »Fast alle von ihnen waren entweder solche, die trotz Aufforderung nicht zur Zwangsarbeit erschienen, oder solche, denen man kommunistische Aktivitäten vorgeworfen hat.«[3] Aber das konnte Anna nicht wissen.

Warum warnte der rumänische Diplomat in Berlin Anna und ihre Eltern vor den Folgen der rumänischen Judenpolitik? Als sie am 10. März 1942 Zuflucht bei Helmy findet, versucht Rumänien noch, Juden wie sie vor der Verfolgung durch die Nazis zu schützen. Und das, obwohl Diktator Ion Antonescu bereits im Herbst 1940 ein enges Militärbündnis mit Deutschland einging.

Eine wichtige Rolle spielte dabei Constantin Karadja, der laut Ioanid nach dem rumänischen Bürgermeister Traian Popovici der zweitwichtigste Retter rumänischer Juden war. Der Diplomat war von 1931 bis 1941 Generalkonsul Rumäniens in Berlin, danach bis 1944 Leiter der Konsularabteilung im rumänischen Außenministerium in Bukarest.

»Bis August 1942, als Staatschef Antonescu ihm anderslautende Anweisungen gab, konnte Karadja die rumänischen Juden in Deutschland schützen«, schreibt Ioanid.[4] »In dieser Zeit wurden 5000 von ihnen von den Deutschen getötet. Auch danach, als die Deportationen rumänischer Juden aus Westeuropa begannen, behauptete Karadja, dass Antonescus mündliche Zustimmung an die deutsche Regierung keinerlei juristische Gültigkeit hat. Er schrieb ausdrücklich, dass er die rumänischen Juden vor dem Tod bewahren will. Aus den vielen Mitteilungen an seine Vorgesetzten geht klar hervor, dass er Sympathie für die mit der Deportation bedrohten Juden hatte und dass er hart arbeitete, um ihre Deportationen zu verhindern. Tausende rumänische Juden aus Frankreich überlebten dank seiner Bemühungen.« Aufgrund von Karadjas Interventionen kehrten einige Dutzend rumänische Juden aus Deutschland (bis Juli 1942), etwa 600 aus Frankreich und über 50 000 aus Ungarn zurück nach Rumänien, zwischen Januar und Mai 1944, wenige Tage, bevor die Juden dort ins Vernichtungslager deportiert wurden. Ungarische Juden waren von der Deportation nicht betroffen, bis die Wehrmacht am 19. März 1944 Ungarn besetzte. Für seine Verdienste um die Rettung rumänischer Juden wurde Karadja 2005 von *Yad Vashem* als »Gerechter unter den Völkern« geehrt.

Anna hatte wohl Glück, als sie im Frühjahr 1942 das rumänische Konsulat besuchte. Im Zuge bevorstehender Deportationen rumänischer Juden in Amsterdam hatten die rumänischen Diplomaten in Berlin und Wien um eine Erklärung bezüglich der neuen Maßnahmen gegen rumänische Juden gebeten. Es begann eine Korrespondenz zwischen Bukarest und Berlin, während erste rumänische Juden aus Böhmen und Mähren ins KZ-Theresienstadt deportiert wurden. Rumänien protestierte gegen die deutsche Judenverfolgung – jedoch nicht aus moralischen Gründen, sondern aus Sorge um Rumäniens internationalen Ruf. Der erste Sekretär der rumänischen Gesandtschaft in Berlin, Caius Valeanu, machte im deutschen Auswärtigen Amt deutlich, dass Rumänien niemals der Verfolgung rumänischer Juden zugestimmt habe. Er hatte von seinen Vorgesetzten keine anderslautenden Anweisungen erhalten. Möglicherweise war Valeanu der Mann, der der 16-Jährigen den guten Rat gab, nicht nach Rumänien zu reisen. Er handelte nach Anweisung des Generalkonsuls George-Traian Gallin. »Dass dieser von Karadja beeinflusst wurde, ist unwahrscheinlich«, davon ist Ioanid überzeugt. Valeanu und Gallin folgten lediglich den Anweisungen des Außenministers.

Der rumänische Diplomat Gallin kannte Anna Boros zweifellos. Er korrespondierte mit ihr, während sie im Untergrund lebte, über ihre frühere Adresse im Elternhaus. Der Kurier war wohl Rudniks Hausverwalter Otto Buja. »Gallin half verfolgten Juden, aber er hatte nicht so viele Kompetenzen wie Karadja«, sagte mir der rumänische Historiker Stelian Obiziuc.

Am 21. August 1942 fiel der Schutz für rumänische Juden im Dritten Reich weg. Das Auswärtige Amt in Bukarest informierte alle konsularischen Vertretungen über die neue Vereinbarung der Staatsführung. Von nun an durften die Nazis rumänische Juden wie die Juden auf dem eigenen Gebiet behandeln. Das war praktisch deren Todesurteil. Einen Tag später wurde die Rückkehr rumänischer Juden in ihre Heimat gestoppt. In den folgenden acht Monaten wurden 1600 rumänische Juden aus Deutschland und Österreich, knapp 3000 aus Frankreich und viele aus anderen besetzten Gebieten deportiert und fast alle ermordet.[5] Karadja alarmierte Außenminister Mihai Antonescu, zum Beispiel am 27. März 1943, dass »die Lage der Juden in Deutschland und Mitteleuropa immer kritischer wird, denn sie werden massendeportiert zu ›unbekannten‹ Standorten. Die Gesandtschaft in Berlin und das Generalkonsulat in Wien fordern dringend Anweisungen, ob sie zugunsten der rumänischen Juden intervenieren dürfen«.

Diese Mahnung Karadjas wirkte sofort, zumal sie nach der deutschen Niederlage von Stalingrad und der sich langsam abzeichnenden Kriegswende kam. Bereits am 2. April 1943 führte Außenminister Antonescu den Schutz der rumänischen Juden im Ausland wieder ein, die in ihre Heimat zurückkehren durften. Die rumänische Führung änderte ihre Judenpolitik, weil sie erkannte, dass Nazi-Deutschland bald den Krieg verlieren würde.

Im diplomatischen Archiv des Auswärtigen Amtes in Bukarest fand der Historiker Florin Stan Anna Boros' Namen in einem bisher unbekannten Bericht, den Gallin am 16. September 1942 an den rumänischen Außenminister Mihai Antonescu entsandte. Darin stehen »rumänische Staatsbürger mit jüdischem Blut, die beim rumänischen Generalkonsulat in Berlin angemeldet [sind], die die Formulare der Volkszählung erhalten haben«. Die Liste A besteht aus 40 Namen, deren Pässe verlängert wurden. Auf Platz 25 findet man Anna Boros, Angabe: ohne Beruf. Unter ihrem Namen hatte der Beamte mit einem roten Stift eingetragen: »Hat die zugesandten Unterlagen nicht zurückgeschickt.« Warum ihr Pass dennoch verlängert wurde, und das noch in einer Zeit, in der Rumänien seine Juden den Nazis auslieferte? War das nur Glück?

Während Anna Zuflucht bei Helmy suchte, lösten ihre Eltern Julie und Georg Wehr für sie eine Fahrkarte nach Rumänien – zur Täuschung. Die Gestapo glaubte ihnen wohl nicht, wie Anna später schreibt, aber die Polizisten hatten keine Beweise. Die Gestapo war misstrauisch. Eines Morgens um sechs Uhr früh klopften die Beamten bei Annas Großmutter Cecilie Rudnik, die just am Abend zuvor untergetaucht war. Diesmal verhörten sie die Wehrs, die behaupteten, sie hätten Anna zum Zug gebracht und sie sei abgereist. Bei Helmy meldeten sie sich nicht. Die Beamten wussten zwar, dass Helmy der behandelnde Arzt der Familie war, aber eine arabisch-jüdische Solidarität konnten sie sich offenbar nicht vorstellen.

96

Als Anna Boros zu Mod Helmy flüchtet, ist es immer noch sehr kalt. Der Frühling lässt 1942 auf sich warten. Seit zwei Monaten leiden die Berliner unter der längsten Frostperiode der letzten Jahre. In Berliner Gaststätten gibt es wegen der mangelnden Lebensmittelversorgung an zwei Tagen in der Woche nur noch »Feldküchen-Essen«: Gulasch, Suppen und Eintöpfe aus Erbsen, Bohnen und Linsen. Musikfans leiden unter Propagandaminister Goebbels, der die Jazzmusik aus dem Rundfunk verbannen will; Erwachsene müssen sich nun »Raucherkarten« besorgen, wenn sie Zigaretten kaufen wollen – immerhin dürfen Männer pro Monat 40 Zigaretten konsumieren, Frauen nur 20. Anna hat andere Sorgen, auch wenn sie nichts von der Wannsee-Konferenz weiß, bei der im Januar die sogenannte Endlösung der Judenfrage organisiert wurde.

In Helmys vierstöckigem Wohnhaus mit der eindrucksvollen Zinkkuppel über dem Eckturm hatten Ärzte, Lehrer, Kaufleute, Beamte, Banker und eine Klavierlehrerin gewohnt, einige von ihnen waren jüdisch. Einer der Bewohner, wohl als Untermieter, war jedoch ein belesener Nazi gewesen: Dr. Wolfgang Herrmann. In einem Brief an den »Kampfbund für deutsche Kultur« hatte er am 26. Mai 1933 diese Adresse angegeben.[6]

Der 29-jährige Bibliothekar versandte 1933 die ersten »schwarzen Listen« der Bücher, die bei der Bücherverbrennung am 10. Mai 1933 auf dem Berliner Opernplatz, dem heutigen Bebelplatz, »der Flamme übergeben wurden«. Hätte Herrmann nur die Verbannung von Autoren wie Lion Feuchtwanger, Alfred Kerr, Egon Erwin Kisch und Heinrich Mann aus deutschen Bibliotheken empfohlen, wäre er wohl noch länger in der Krefelder Straße 7 wohnen geblieben. Leider hatte er sich jedoch bei einem Buchautor vergriffen.

Kurz nach Hitlers Machtübernahme hatten die Nationalsozialisten den sogenannten »Ausschuss zur Neuordnung der Berliner Stadt- und Volksbüchereien« gebildet.[7] Das Ziel: Kampf ge-

97

gen bolschewistische, marxistische und jüdische Literatur in deutschen Büchereien. An der Spitze standen der Leiter der Spandauer Stadtbücherei, Dr. Max Wieser, sowie der Historiker Dr. Wolfgang Herrmann, der seit Kurzem die Berliner Geschäftsstelle der »Deutschen Zentralstelle für Volkstümliches Büchereiwesen« des Volksbibliothekar-Verbandes leitete. Jetzt war der große Moment im Leben des Wolfgang Herrmann gekommen, in dem ihm die Entscheidungsmacht darüber zufiel, welche Bücher in Gegenwart und Zukunft als deutsch zu gelten hätten und welche nicht. Er nutzte die Gelegenheit.

1931 war Herrmann von Breslau in die Stadtbücherei nach Stettin gewechselt, wo er jedoch noch im Oktober desselben Jahres wieder entlassen wurde. Er war eine Zeitlang arbeitslos und im Dezember beantragte er die Aufnahme in die NSDAP. Er schrieb Artikel für Nazi-Zeitschriften, lag aber, wie er selber sagte, »krank und unterernährt mit 29 Jahren« seinen Eltern »auf der Tasche«. Das war die Zeit, in der er seine ersten Listen erstellte. Und diese sollten sich später als verhängnisvoll für den Bibliothekar erweisen. Denn Herrmann gehörte zu den Sympathisanten des Nationalsozialisten Gregor Strasser, der Hitlers Rivale im Kampf um die Macht wurde, 1932 von allen Ämtern zurücktrat und 1934 während des »Röhm-Putsches«, einer von Hitler veranlassten politischen Säuberungsaktion, schließlich ermordet wurde. Herrmann hatte auf seine »schwarze Liste« nicht nur Schmähschriften wie *Hitler – ein deutsches Verhängnis* von Ernst Niekisch und *Adolf Hitler, Wilhelm der Dritte* von Weigand von Miltenberg gesetzt, sondern auch eine Bemerkung zu Adolf Hitlers *Mein Kampf* gemacht: »Hitlers Selbstbiographie enthält keine geistig originellen und ›theoretisch‹ durchdachten Gedanken.«

Am 19. Mai 1933, knapp anderthalb Wochen nach der Bücherverbrennung, veröffentlichte der Großdeutsche Pressedienst unter der Überschrift »Eine Fehlbesetzung?« eine Polemik gegen Herrmann, in der diese frühe Einschätzung von Hitlers

*Mein Kampf* zitiert wurde. Damit war Wolfgang Herrmanns große Stunde vorbei. Ein Parteiverfahren blieb ihm erspart, weil er am 26. Mai beim NSDAP-nahen *Kampfbund für deutsche Kultur* einen Treueschwur auf Hitler leistete. 1934 wurde er aufgefordert, sich um die Stelle des Direktors der Stadtbibliothek Königsberg zu bewerben, und erhielt die Stelle auch. Somit endete seine Zeit in Berlin in der Krefelder Straße 7 – zum Glück für Anna Boros.

Als sie im Frühjahr 1942 dorthin kommt, gehört das 1906 errichtete Doppelhaus noch dem jüdischen Weinhändler und Weinbergbesitzer Philipp Feibusch Klag. Er hatte es 1929 erworben. Gegen eine erste Zwangsenteignung hatte er sich erfolgreich gewehrt.

Mehr als 70 Jahre später stehe ich mit der Historikerin Gerdien Jonker im selben Hauseingang wie Anna an jenem Abend und klingle beim jetzigen Bewohner von Helmys Wohnung, der nicht namentlich genannt werden will. Er erlaubt uns einen Rundgang durch seine Vier-Zimmer-Wohnung. Dabei versuche ich, die Wohnung mit den Augen meiner Protagonisten zu sehen, und stelle mir viele Fragen. Empfing Helmy im vordersten Zimmer seine Patienten, damit sie nicht durch die ganze Wohnung gehen mussten? Wohnte Anna Boros in einem der beiden Zimmer links vom Flur, die auf die Krefelder Straße gehen? Oder im kleinen Schlafzimmer, dem einzigen, dessen Fenster zum Innenhof geht, wo sich heute ein kleiner Kinderspielplatz befindet? Saß Anna oft auf dem kleinen Balkon, um ein wenig Luft zu schnappen und den Krieg für einen Moment zu vergessen? Ahnte sie, dass sich zur gleichen Zeit nur ein Haus weiter um die Ecke ebenfalls ein junger Jude vor den Nazis versteckte?

Jizchak Schwersenz tauchte im November 1938 unter und lebte an mehreren Orten in Berlin, bevor er in der Wohnung seiner Verwandten im Parterre der Essener Straße 23 Zuflucht fand. Der Unterschlupf bei der jüdischen Familie Fleischmann

99

schien dem Erzieher der Jüdischen Jugendhilfe einigermaßen sicher, weil Julius Fleischmann aus dem Ersten Weltkrieg als Schwerbehinderter zurückgekehrt war. Kriegsgeschädigte wurden anfangs von den Nazis noch geschont. Im Frühjahr 1943 läutete dennoch die Gestapo an ihrer Wohnungstür. Bevor sie den Beamten die Tür öffnete, verhalf Frau Fleischmann Schwersenz zur Flucht über den nach hinten hinausführenden Balkon. Er gelangte ungesehen auf die Straße, versteckte sich in einem Hauseingang und konnte rechtzeitig fliehen. Die Fleischmanns wurden abgeholt und in Theresienstadt ermordet.

Nach und nach verschwanden die jüdischen Nachbarn. Als Erste in Helmys Straße traf es am 18.10.1941 Gertrud Krebs im Haus Nummer 15, die sich das Leben nahm. Anfang November 1941 verschwanden Bertha Valk und Meyer Gossels aus Haus Nummer 4 sowie Gertrud Dannenberg aus der Krefelder Straße 15 und Elfriede Durra aus Haus 21. Dem Arzt wird es nicht entgangen sein, dass sich ihre letzte Station vor der Verschleppung nur 800 Meter von seiner Wohnung entfernt befand. Denn jedes Mal, wenn er zum benachbarten Postamt ging – links in die Essener Straße, dann links in die Eberfelder und rechts in die Levetzow Straße –, sah er die große Synagoge.

In der liberalen Synagoge Levetzowstraße mit dem viersäuligen Portal und dem Satteldach fanden einmal bis zu 2000 Juden Platz. Das Haus hatte den Kristallnacht-Pogrom 1938 überstanden. Für die bevorstehenden Deportationen wurde im Oktober 1941 im Hauptraum des Gebäudes die Bestuhlung entfernt, und Stroh, das als Nachtlager dienen sollte, ausgestreut. Es stand an einer belebten Kreuzung. Passanten konnten beobachten, dass sich junge und alte Menschen hineinschleppten, beladen mit Rücksäcken und Handgepäck. Oder dass vor dem Säulenportal bewaffnete SS-Männer Wache hielten. Die Gestapo tarnte die ersten Transporte noch als Wohnungsräumaktion; entsprechend bezeichnete sie die ehemalige Synagoge in der Levetzowstraße gegenüber der Jüdischen Gemeinde zunächst als Notunterkunft und nicht als Sammellager. Die Opfer wurden von Polizisten in die Synagoge gebracht und nach ein paar Tagen Aufenthalt über den Bahnhof Grunewald und den benachbarten Güterbahnhof Moabit in den Tod deportiert. Da zwischen den einzelnen Transporten oft längere Zeiträume lagen, diente die Levetzowstraße allerdings nicht durchgängig als Sammellager.

Spätestens Ende Februar 1943 wurde Helmy klar, wofür der Tempel Levetzowstraße (so nannten liberale Juden ihre Synagoge) wirklich diente. Eines Tages wurden die noch verbliebenen jüdischen Zwangsarbeiter und ihre Familienangehörigen deportiert. Über 2000 Menschen wurden im Bethaus für die Deportation festgehalten. Frauen, Kinder, Säuglinge und Kleinkinder mussten zwei bis drei Tage lang auf dem Marmorfußboden schlafen. Nur einigen standen dünne Decken zur Verfügung. Es herrschte ein großes Durcheinander und die Gestapo und SS gingen äußerst brutal vor – Menschen wurden sogar mit Peitschen geschlagen. Am 4. März 1943 wurden auch mehrere jüdische Ärzte in das Sammellager gebracht, die jedoch wegen »Unentbehrlichkeit« wieder freigelassen wurden.[8]

Die meisten ärmeren Berliner Juden lebten damals in den Bezirken Mitte und Prenzlauer Berg und wurden vor allem mit den sogenannten Osttransporten nach Lodz, Riga, Sobibór oder Auschwitz deportiert. Die besser situierten Juden, fast alle deutsche Staatsbürger, wurden vom Anhalter Bahnhof nach Theresienstadt deportiert, wo ihre geringen Überlebenschancen immerhin 12 Mal größer waren als in den Lagern des Ostens. Welche Überlebenschancen hatte wohl ein 16-jähriges jüdisch-rumänisches Mädchen, das Zuflucht bei einem Nichtjuden in Berlin suchte?

Als Anna in die Krefelder Straße kommt, wohnen noch einige Juden da. Drei Tage später kann man das im Treppenhaus auf Anhieb erkennen, denn es wird ein Gesetz erlassen, dass Juden ihre Wohnungen mit einem schwarzen Judenstern an der Eingangstür kennzeichnen müssen: Arthur und Gertrud Conitzer im zweiten Stock; ebenfalls im zweiten Stock Else und Erich Moritz Oppler, die sich mit Gertrud Bobert und Erna Mendelsohn eine Wohnung teilen; Rosa Fränkel wohnt bei Tabakhändler Markus Lesser und seiner Frau Frieda im Erdgeschoss, in den Räumen einer heutigen Arztpraxis. Sie sind wahrscheinlich alle zu Hause, als Anna kommt, denn seit Kriegsbeginn ist es Juden verboten, ihre Wohnungen nach acht Uhr abends zu verlassen.

Die Nazis kannten Helmys Adresse gut. »Von der Gestapo wurde wiederholt nach mir und auch nach der versteckten Jüdin beim Hauswart gefragt«, schreibt er.[9] Zweimal durchsuchten Beamte seine Wohnung. Es ist schwer vorstellbar, dass er Anna Boros vor allen verborgen halten konnte. Wenn sie in der Wohnung herumging oder die Toilette benutzte, wenn sie hustete, konnten das die Bewohner im Erdgeschoss mitbekommen. Daher hatte Helmy nicht vor, das Mädchen lange in seiner Wohnung zu verstecken. Nur angesichts der »unüberwindbaren Schwierigkeiten«, wie er schreibt, hatte er sich bereit erklärt, Anna zunächst bei sich zu aufzunehmen.[10] Vermutlich hatte er da schon erwogen, Anna als seine muslimische Nichte aus Dresden und als seine Assistentin auszugeben, obwohl sie natürlich keinerlei Papiere dieser Art besaß.

Möglicherweise hat Helmy Anna auch zeitweise im Keller versteckt. Die einstige Holztür zum Keller ist längst durch eine Metalltür ersetzt worden. Die Wände sind frisch gestrichen, und man kann sich jene Bombennächte heute nur sehr schwer vorstellen. Die Hausbewohner, zumeist ältere Menschen und Frauen, saßen damals in einem verriegelten Abstellraum auf langen Holzbänken. In den ersten sechs Wochen nach Annas Einzug mussten die Mitbewohner nur einmal für eine halbe Stunde in den Luftschutzkeller, das war am 24. April 1942. Ein Hinweis darauf, dass sich Anna irgendwo in diesem Keller versteckt haben könnte, findet sich in einem Brief, den Stanley

Weiss, Annas späterer Arzt, 1961 verfasste. Er schreibt über seine inzwischen verheiratete Patientin: »Frau Gutman erklärte, dass sie während der Jahre 1942 bis 1945, in Berlin weilend, die ganze Zeit in kalten, feuchten Kellern und im Freien befindlichen Versteckplätzen verbrachte und Letzteres gerade im kältesten Winter.«[11]

Der Winter 1941/42 war der zweitkälteste des Krieges: Mit 118 Frosttagen erreichte er einen neuen Rekord, 70 aufeinanderfolgende Frosttage stellten die bislang längste Kältewelle dar. Sie dauerte bis zum 16. März 1942.[12] Wenn Anna also ausgerechnet die ersten sechs Tage ihrer Illegalität in diesem Keller bei Rekordminustemperaturen verbracht hat, dann muss das Spuren hinterlassen haben. Ihr Arzt schreibt in seinem Attest weiter: »Es war während dieser Zeit, dass sie Frostschäden an beiden Beinen erlitt (…)«, und Frau Gutman habe »zu dieser Zeit zu husten angefangen, und dieser Husten hat die ganzen Jahre angehalten«.

Vielleicht hat der Hauswart gegen eine kostenlose Behandlung durch Helmy oder begehrte Arzneimittel Annas Husten »überhört«. Dadurch, dass er seit Juni 1942 einen einberufenen »deutschblütigen« Arzt vertrat, hatte Helmy Zugang zu Medikamenten. Das war zu dieser Zeit keine Selbstverständlichkeit mehr. Sowenig wie gute Ärzte. Tatsache ist, dass Helmy trotz oder vielleicht aufgrund seiner Verhaftung weiterhin mutig agierte. Mit dem wirtschaftlichen Niedergang vieler Juden in Nazi-Deutschland zogen immer mehr von ihnen in Helmys Haus, entweder als Mieter oder als Untermieter bei anderen Juden. Somit erlebte der Ägypter ihr Leiden hautnah und hat sicherlich auch geholfen. Aber er konnte sie nicht vor der Vernichtung retten.

Die Conitzers wohnten im Stockwerk über Helmy. Arthur Aron Conitzer und seine Frau Gertrud waren Kaufhausbesitzer gewesen und stammten aus Westpreußen. Als Westpreußen polnisch wurde, veräußerten die Conitzers das Kaufhaus, zogen nach Danzig und weiter nach Tangermünde bei Stendal. Dort eröffnete das Paar 1921 wieder ein Geschäft für Konfektion und Haushaltsgeschirr. Im Jahr 1933 arbeiteten dort etwa 30 Angestellte. Die Conitzers lebten in einer Sieben-Zimmer-Wohnung mit zwei zusätzlichen Giebelzimmern und hatten einen hohen Lebensstandard. Aber das änderte sich rasch.

Am 1. April 1933, dem Tag des Judenboykotts, standen uniformierte Nazis vor der Tür, um die Kunden vom Kauf bei Juden abzuschrecken. Das Geschäft ging zusehends schlechter, schließlich wurden es »arisiert«. Im Jahr 1938 sahen die Conitzers sich gezwungen, mit den beiden Töchtern nach Berlin zu ziehen, »da sie es in dem kleinen Ort als Juden nicht mehr aushalten konnten«, wie Tochter Ursula berichtete, die Anfang 1938 nach Palästina gegangen war.

Auch in der Vier-Zimmer-Wohnung in der Krefelder Straße 7 wohnte das Ehepaar noch recht bequem, wie aus der Aufstellung der Wohnungseinrichtung hervorgeht: im Herrenzimmer standen ein dreiteiliger Bücherschrank aus dunklem Nussbaum, ein Schreibtisch mit geschnitztem Sessel, Sofa, Eckvitrine und ein runder Tisch für 12 Personen. Wäscheschrank und Chaiselongue im Schlafzimmer bestanden aus hellem Birnbaum. Im Wohnzimmer konnten 16 Personen am Eichentisch dinieren. Sie speisten von Meißner Porzellan und tranken Wein aus Kristallgläsern. Arthur hörte Nachrichten aus einem Blaupunkt-Radio und seine Caruso-Platten am eingebauten Grammophon.[13]

Am 17. Dezember 1942 schickten die Conitzers an Tochter Ursula einen letzten Brief aus der Krefelder Straße. Sie erhielt ihn über das Rote Kreuz. Im Januar 1943 wurden sie ins Jüdische Krankenhaus gebracht, das mittlerweile als Sammellager zum Abtransport missbraucht wurde, und am 12. Januar 1943 nach Auschwitz deportiert. Offiziell hieß das: »Ziel unbekannt.« Die jüngere Tochter Erika Ruth lebte inzwischen mit ihrem Mann in der Nähe von Fürstenwalde. Auch sie überlebte die Shoah nicht. Sie wurde am 1. März 1943 in Auschwitz ermordet.

Laut Ursula wurden alle drei zusammen deportiert. »Sie hätten sich bestimmt mit mir in Verbindung gesetzt, wenn einer von ihnen den Krieg überlebt hätte«, schrieb die inzwischen verheiratete Ursula Frankenstein 1953 in einer eidesstattlichen Erklärung. Ihre Familie, Vater, Mutter, Schwester, waren ermordet worden. Seit 2013 stehen die Namen von Arthur Aron und Gertrud Conitzer auf zwei Stolpersteinen vor dem Hauseingang.

Aber Ursula hat überlebt – als Einzige der Familie. Im Oktober 1937 hatte sie eine zionistische Landwirtschaftsschule besucht und ihre Auswanderung nach Palästina vorbereitet. In dieser Gemeinschaft lernte sie ihren künftigen Mann Moshe Manfred Frankenstein kennen.[14] Er zog mit seiner zionistischen Gruppe nach Italien und kam dann illegal zurück nach Deutschland, um Ursula abzuholen. Ursula schrieb ihrer Schwester Erika Ruth, sie solle den begehrten Ausbildungsplatz an dieser Schule übernehmen. Dazu kam es allerdings nicht.

Ursula und Moshe versuchten gemeinsam, die Grenze nach Italien zu passieren. Ursula hatte Papiere, Manfred wurde zunächst festgenommen. Die Grenzer hatten jedoch Mitleid mit dem verliebten Paar und ließen es schließlich durch. In Italien (vermutlich Florenz) heirateten sie, erhielten die ersehnten Zertifikate und reisten Anfang 1938 über Triest nach Palästina. Im Kibbutz Naan am See Genezareth, wo Manfred als Zahnarzt arbeitete, wurde am 17. November 1938 die Tochter Ester geboren. 1942 zog die Familie in die Kleinstadt Rishon LeZion bei Tel Aviv. Moshe arbeitete bis kurz vor seinem Tod 1969 als Zahnarzt. Ursula kümmerte sich um Tochter, Haus und Garten. »Sie war eine liebe Frau und sprach gut Hebräisch«, schreibt Ester. »Im Kibbutz musste sie *Ivrit* sprechen, denn damals sprach man kein Deutsch in der Öffentlichkeit. Zu Hause sprach man aber schon Deutsch.« Ursula starb 2001 mit 84 Jahren. Ester, die Lehrerin geworden war, starb 2007. Esters Sohn Shlomi ist der letzte lebende Nachfahre von Helmys jüdischen Nachbarn, den Conitzers.

# Eine muslimische Hochzeit

Sechs Tage nach Anna Boros' Übertritt zum Islam, der am Anfang des Buches geschildert wurde, findet in Mod Helmys Wohnung in Berlin-Moabit am 16. Juni 1943 eine weitere geheime Zeremonie statt. Die Siebzehnjährige willigt in eine muslimische Trauung ein, so, wie sie zuvor zum Islam übergetreten ist: Nicht aus Liebe zum Propheten oder zu ihrem Bräutigam, den sie gar nicht kennt. Anna will einfach überleben.

Eine solche interreligiöse Ehe zwischen einem Muslim und einer konvertierten Jüdin war mehr als ungewöhnlich. Daher verschwiegen die Eingeweihten die Zweckehe nach dem Krieg, wahrscheinlich auch, weil sie diese schreckliche Zeit in Nazi-Deutschland vergessen wollten.

Dass man in Ägypten jüdischen Flüchtlingen aus Nazi-Deutschland Zuflucht gewähren würde, hätte Helmy, der enge Beziehungen zur ägyptischen Botschaft unterhielt, wissen können. Ägyptische Polizisten hatten Mitleid mit solchen Flüchtlingen, die legal oder illegal per Schiff einreisten, berichtete die deutsche Jüdin Thea Wolf, die ab 1932 als Krankenschwester im neuen jüdischen Krankenhaus in der Hafenstadt Alexandria arbeitete.[1] Die Uniformierten brachten die Flüchtlinge ins Krankenhaus der einflussreichen jüdischen Gemeinde. König Faruk nahm persönlich an mehreren jüdischen Hochzeiten in der Synagoge teil.

Nach Kriegsausbruch 1939 nahm das Krankenhaus auch jüdische Flüchtlinge aus Nazi-Deutschland auf, die von der ägyptischen Hafenpolizei eingeliefert wurden. Fast jeder Flüchtling durfte in Ägypten bleiben, berichtet Wolf. Manchmal bezahlte das Krankenhaus einheimischen Juden großzügig eine Zweckehe, die man in Ägypten *Mariage blanc* nannte (die ägyptischen Juden sprachen alle Französisch), denn sie mussten zeitweise unter einem Dach wohnen, um keinen Verdacht zu erregen. Gelegentlich gelang es auch durch die Hilfe eines jüdischen Zugschaffners, jüdische Flüchtlinge ins Land Israel zu schmuggeln, versteckt in einem Zugwaggon. Die Bahnlinie von Kairo über Jaffa nach Haifa funktionierte während des ganzen Krieges. Einmal halfen ägyptische Polizisten Flüchtlingen sogar dabei, die britische Seeblockade zu durchbrechen, so dass sie nach Tel Aviv gelangen konnten.

Der Bräutigam ist Ägypter und ein Vertrauter von Mod Helmy. Der Doktor will sichergehen, dass das Ziel der Eheschließung möglichst geheim bleibt. Welcher Gefahr die Beteiligten ausgesetzt waren, das wusste er ja nur zu gut. Trotz der Gefahr entwarf er einen gewagten dreistufigen Plan, um Anna vor der Deportation zu retten: Schritt eins, der Übertritt zum Islam war bereits vollzogen: dem folgte als Schritt zwei die muslimische Hochzeit; und drittens plante er, Anna mit den neuen Papieren außer Landes zu bringen.

Zur Tarnung sollte Anna als seine Nichte aus Dresden und als seine Assistentin ausgegeben werden. Dass sie dunkle Haare hatte, erleichterte die Sache. Dass seine Nichte aus Dresden mitten im Krieg einen Muslim heiratete, stellte für ihn keine Gefahr dar. Dass diese Muslimin jedoch eine Jüdin war, war hingegen eine große Gefahr. Daher achtete er darauf, weder bei Annas Übertritt noch bei ihrer Eheschließung eine »jüdische Spur« zu hinterlassen.

Nur wenige Juden traten damals aus Überzeugung zum Islam über, und noch weniger taten das, um aus Nazi-Deutschland herauszukommen. Wie das überhaupt ging, darüber konnte sich Helmy ausführlich informieren – in der Zeitschrift *Moslemische Revue*, dem Sprachrohr der Berliner Moschee. Im Oktober 1935 reagierte das Blatt auf die nur zwei Wochen zuvor verabschiedeten »Nürnberger Rassengesetze«, die die rechtliche Grundlage für die Judenverfolgung bildeten. Die Redaktion stellte die häufigsten Anfragen auf die Titelseite: »Wie erlangt man die Einbürgerung in Moslemischen Ländern?« und »Wo herrscht das alte moslemische Familien-Erb- und Eherecht?«

Man erfährt, dass in Ägypten das alte islamische Recht gilt, die Scharia, die auch die Vielehe gesetzlich erlaubt. »Eine Ausländerin, die einen Ägypter heiratet«, liest man, »wird Ägypterin und verliert ihre ägyptische Nationalität durch die Scheidung nicht, wenn sie in Ägypten lebt.« Interessant ist auch, dass zu den wenigen Staaten, deren Gesandtschaften der Redaktion die entsprechenden Fragen beantworteten, Ägypten und Rumänien (wo Tausende Türken und Tataren lebten) gehören. Man kann davon ausgehen, dass auch die Gestapo das Magazin der einzigen Moschee in Deutschland genau unter die Lupe nimmt. Das erklärt die Diskretion des Gastgebers, und die Eile.

Denn die Zeit drängt. Seit anderthalb Jahren rollen die »Osttransporte« vom Güterbahnhof Moabit los, nur knapp zwei Kilometer von Helmys Wohnung entfernt. Annas Übertritt zum Islam allein wird sie kaum retten können. Die Gestapo sucht seit Jahren nach Juden, die sich christlich taufen ließen. Warum also sollte die Nazis ein Übertritt zum Islam daran hindern, das junge Mädchen in die Todeslager zu verschleppen? Denn für die Nationalsozialisten war die Judenfrage kein religiöses Problem, sondern ein »rassisches«. Die Religion kann man wechseln, die Rasse nicht.

In den Jahren ihrer Diktatur entwickelten die Nationalsozialisten eine Vielzahl von Gesetzen und perfiden Vorschriften, um Juden laut ihrer Definition systematisch zu erfassen. Bereits im September 1933 wurden die jüdischen Gemeinden unter die

Kontrolle der Gestapo gestellt. Dann definierten die National-sozialisten, wer Jude sei: Eine Person, von deren Großeltern drei oder vier »der Rasse nach« jüdisch waren und der jüdischen Religionsgemeinschaft angehörten. Als »jüdischer Mischling« wurde bezeichnet, wer nur ein oder zwei jüdische Großeltern hatte, aber keine weitere Bindung an das Judentum. Weil Juden nicht mehr Deutsche sein durften, musste sich die »Reichsvertretung der Deutschen Juden« im September 1935 in »Reichsvertretung der Juden in Deutschland« umbenennen.

Ab dem 19. Mai 1938 begann die Gestapo, auch nach »getarnten« Juden zu suchen. Dabei griffen die Nazis auf die sogenannte »Judenkartei« zurück, die sie seit 1937 auf der Grundlage der Mitgliederlisten jüdischer Vereine und Kultusgemeinden erstellten, um möglichst alle zum Christentum übergetretenen Juden zu erfassen. Aufgrund der Mitgliederkarteien der jüdischen Gemeinden gewannen die Nazis auch Daten von »Nichtglaubensjuden«, die lange zuvor aus der jüdischen Gemeinde ausgetreten waren.

Eine neue Verordnung besagte zudem, dass die frühere Zugehörigkeit zu einer jüdischen Religionsgemeinschaft in allen Personenstandsbüchern zu vermerken war. Durch neue Inlandsausweise, die sogenannten Kennkarten, wurden ab dem 23. Juli 1938 Juden leicht erkennbar von Nichtjuden unterschieden: Kennkarten für Juden waren zusätzlich mit dem Buchstaben »J« versehen. Anlässlich der Volkszählung vom 17. Mai 1939 wurde auch die Religionszugehörigkeit der Großeltern abgefragt.

Die Auswertung der Daten für die Judenkartei zog sich bis März 1941 hin. Zu diesem Zeitpunkt konnte die Polizei wissen, dass Anna Boros und ihre Mutter Julie Wehr am 2.12.1940 die Jüdische Gemeinde zu Berlin verlassen hatten, die seit April 1941 offiziell »Jüdische Kultusvereinigung« hieß. Das taten sie, um ihre Überlebenschancen zu erhöhen.[2] Dass es vergeblich war, das war ihnen nicht bewusst. Cecilie und Martin Rudnik hingegen blieben Gemeindemitglieder.[3]

109

Wenige Tage vor Annas Hochzeit löste die Gestapo die jüdische Gemeinde in Berlin auf und schloss die »Jüdische Kultusvereinigung«. Die letzten Mitarbeiter der »Reichsvereinigung der Juden in Deutschland« wurden deportiert und ihre Vermögen beschlagnahmt. An Annas Hochzeitstag wurden Gemeindemitarbeiter und weitere 300 kranke Juden in den Osten »evakuiert«. Die Reichshauptstadt galt somit laut der offiziellen Statistik der Nazis als »judenfrei«. In Wirklichkeit lebten dort zu diesem Zeitpunkt noch rund 6800 Juden im Untergrund.

Helmy hatte die Eheschließung bereits monatelang geplant und Anna Boros eingeweiht. Damit Anna als Minderjährige heiraten konnte, mussten zuerst ihre Eltern ihre Zustimmung dazu geben. Dann musste man sicherstellen, dass die rumänische Gesandtschaft in Berlin ihre Eheschließung oder Einbürgerung in Ägypten nicht torpediert, zum Beispiel durch Nichtstun. Rumänien hat im August 1942 bekanntlich den Schutz der eigenen Juden in Nazi-Deutschland aufgehoben.

Das Dokument zeigt, dass Helmy Anna retten wollte, indem sie nicht nur eine Muslimin wurde, sondern auch eine Ägypterin. Der Arzt hoffte, dass diese Staatsangehörigkeit mehr Schutz als die rumänische bieten würde. Sein Ziel, Anna als Ägypterin ins Ausland zu bringen, ist gewagt. Wie war er überhaupt auf diese kühne Idee gekommen? Zum einen wusste er, dass in ägyptischen Pässen die Ehefrau im Pass ihres Ehemannes geführt wird. Zum anderen hatte Helmy aber möglicherweise auch mitbekommen, dass eine andere Berliner Jüdin auf ähnliche Weise vor der Vernichtung gerettet worden ist: Hertha S.

Ihre Geschichte finde ich im Berliner Privatarchiv von Miriam Mahdi, der Enkelin von Mohamed Soliman. In der kleinen ägyptischen Gemeinde in Berlin, in der jeder den Unternehmer Soliman kannte, kann es gut sein, dass Helmy diese ungewöhnliche Geschichte aufgeschnappt hat.

Im November 1946 erhielt Mohamed Solimans Tochter Adila, Miriams Tante, die damals im sowjetischen Sektor Berlins wohnte, einen Brief aus Kairo – den mir Miriam Mahdi 70 Jahre später in ihrem Wohnzimmer stolz präsentiert. Darin bedankte sich Adilas alte Freundin Hertha S. für das Foto des einjährigen Babys, »Klein-Mirjam«. Gemeint ist Miriam Mahdi selbst. Sie zeigt Anteilnahme an dem »Alptraum«, den Adilas Familie im Krieg durchgemacht habe, und sie freut sich, dass sie in Deutschland überlebt hatten. »Wäre ich drüben geblieben, würde wohl nicht mal mehr die Asche von mir existieren«, schreibt sie weiter. »Ich bin heilfroh, dass ich der Hölle entkommen bin. Und wenn das Leben hier auch keine Perfektion ist, so muss ich mir das immer wieder vor Augen halten. Ich hatte mehr Glück als Verstand, im Land der Pharaonen zu landen.«[4]

Der Brief ist in perfektem Deutsch geschrieben, mit dem einen oder anderen französischen und arabischen Wort gewürzt. Durch andere Briefe kommt heraus, dass Hertha S. im Dezember 1936 in Ägypten angekommen war. Schon damals war es nicht einfach, ein Visum für Ägypten zu bekommen. Sie war ihrer Mutter gefolgt, die bereits im Juni 1935 Zuflucht bei ihrer anderen Tochter Kläre gefunden hatte, die dort zusammen mit ihrem ägyptischen Mann Ahmed lebte.

Hertha schwärmte von ihrem »1A Schwager Ahmedchen«, einem tüchtigen und angesehenen Arzt, über den sie sich in all den zehn Jahren niemals beklagen musste, und der in einem Villenviertel in Alexandria wohnte. Sie schlug ihrer Freundin Adila und ihre Familie vor, auch nach Ägypten zu ziehen, »denn drüben habt ihr nur miese Erinnerungen und müsst zwischen Ruinen wandern. Ihr als Ägypter könnt jederzeit hierherkommen. Es muss schrecklich sein, zwischen Leuten zu leben, die Euch so viel Schlechtes getan haben«.[5]

Vom Krieg hat Hertha in Kairo nur einige »sehr unwichtige Sirenen« mitbekommen, zumal im Luftschutzbunker. In Kläres Haus in Alexandria gingen einige Fenster kaputt. »Als die Hunnen vor al-Alamain standen« (gemeint ist das Deutsche Afrikakorps unter Erwin Rommel), war die Jüdin bereit »zu entfliehen«.

111

Aber Kläre musste ausharren, weil ihr Mann Ahmed E. B. als Arzt unentbehrlich war. Dann aber passierte ein »Mirakel«, und der Nazi-Spuk war vorbei.

Dass auch die Berliner Jüdin Anna Zuflucht im »Land der Pharaonen« finden könnte, scheint im Juni 1943 eigentlich ausgeschlossen. Ägypten hatte sich zwar trotz des massiven britischen Drucks geweigert, Nazi-Deutschland den Krieg zu erklären (bis Februar 1945), aber die diplomatischen Beziehungen waren seit Kriegsbeginn abgebrochen. Dennoch hoffte Mod Helmy offenbar, dass die ägyptischen Behörden Anna nach ihrer Eheschließung mit einem Landsmann einbürgern würden. Nach der islamischen Gesetzgebung, der Scharia, hätte sie auch als Jüdin eine islamische Ehe mit einem Muslim eingehen können, aber ihr Übertritt zum Islam würde die weitere Einbürgerung in Ägypten erleichtern oder überhaupt erst möglich machen.

Doch es gibt ein Problem: Zu diesem Zeitpunkt findet sich in Nazi-Deutschland schwerlich ein Ägypter, der einer Vermählung mit einer Jüdin zustimmen würde – aus Angst vor den Folgen. Eine solche Heirat brächte den Bräutigam selbst in Gefahr und würde dadurch Helmys Ziel gefährden, Annas Ausreise in ein sicheres Land mit einem ägyptischen Reisedokument zu organisieren.

Für eine islamische Hochzeit muss das Ehepaar aber Zeugen bringen. »Diese müssen nicht unbedingt muslimisch sein«, erklärt mir der Berliner Imam Amir Aziz. »Es müssen zwei Männer sein oder ein Mann und zwei Frauen.« Eine Ausnahme gelte bei den Eltern, diese dürfen ebenfalls gleichberechtigte Trauzeugen sein. Helmy sucht sich bewusst zwei Ägypter als Trauzeugen aus, die er gut kennt, und die zugleich Vertraute des Naziregimes sind. Die muslimische Hochzeit soll schließlich von den deutschen Behörden anerkannt werden, sonst scheitert sein Rettungsplan. Und eine standesamtliche Trauung war nicht möglich. Das weiß Helmy aus eigener Erfahrung, denn schließlich waren seine eigenen Heiratspläne gescheitert, weil er nach

Kriegsausbruch 1939 kein Ehefähigkeitszeugnis aus Ägypten vorlegen konnte. Zudem wäre Annas jüdische Identität auf dem Standesamt kaum zu verheimlichen gewesen.

1943 war der Mufti der einzige amtierende Imam in Berlin. Da man aber für eine muslimische Hochzeit keinen Imam braucht, leitete wahrscheinlich der Zeuge Ahmad Mohammad Riad die Trauzeremonie und trug die entsprechenden Verse aus dem Koran vor. Er hatte bereits im Islamischen Zentralinstitut eine solche Funktion innegehabt. Riad war 1924 nach Deutschland gekommen. Er war ägyptischer Beamter und ehrenamtlicher Vorbeter der Berliner Islamischen Gemeinde. Riad war offensichtlich privilegiert, denn er führte die SS-Liste der nicht internierten ägyptischen Staatsangehörigen. Die Arbeit des früheren Hochschuldozenten sei »im deutschen Interesse«, schrieb die SS.[6] Im Januar 1941 erlaubte man Riad sogar, mit seiner Frau nach Ägypten zu reisen. Die ägyptische Regierung, immerhin sein Arbeitgeber, hatte seine Rückkehr gefordert. Riad aber blieb, denn er hatte seit acht Monaten kein Gehalt mehr aus Kairo erhalten und war daher verschuldet. Zudem war er krank und brauchte Zeit, seine Wohnung zu kündigen.

Islam-Kenntnisse hatte auch der zweite Zeuge, Mohammad al-Safty, geboren 1906 in Taha, früherer Student der islamischen Al-Azhar-Universität in Kairo. In Berlin war Safty Direktor des Islamischen Zentralinstituts und Radio-Propagandist im Dienst des Auswärtigen Amtes. Bei Kriegsausbruch war Safty, damals noch Doktorand der Germanistik, zusammen mit anderen Studenten interniert worden. So beteiligte er sich Mitte Januar 1940 am Gesuch der 15 ägyptischen Studenten, die Hitler um ihre Freilassung baten. Darin beschrieben sich die Unterzeichner, als »Übermittler der deutschen Kultur zum Orient«. Das Auswärtige Amt bat die SS, Safty aus der Internierung zu entlassen, da er »zu besonderen Arbeiten des Auswärtigen Amts dringend gebraucht« würde.[7] Die Orient-Abteilung im Auswärtigen Amt benötige ihn für die arabischen Radiosendungen, Übersetzungen, zur Durchsicht arabischer Zeitungen, zum Abhören arabischer Sendungen des Feindes und der neutralen Staaten. Seine Arbeit sei von »entschiedener Bedeutung«. Er spreche fließend Deutsch und sei zur Mitarbeit bereit. Dennoch ließ sich die SS drei Monate Zeit, der Bitte zu entsprechen und die Entlassung Al-Saftys anzuordnen.

Für Riad und Safty wiegt die Freundschaft zu Helmy wohl mehr als ihre Verpflichtungen gegenüber dem Naziregime, unter dem Safty ja auch selbst gelitten hat. Sie sind offenbar vom staatlich verordneten Judenhass nicht infiziert – oder sie wissen nicht, dass »Nadja« Anna Boros noch vor einer Woche Jüdin gewesen ist.

Ihren Bräutigam, Abdul Aziz Helmi Hammad, sieht Anna an diesem Tag zum ersten Mal. Mod Helmy vertraut ihm, denn beide Männer sind im Winter 1939 zusammen im Internierungslager der Wehrmacht bei Nürnberg inhaftiert gewesen.[8] Hammads Name steht neben dem von Helmy auf einer Liste von ägyptischen Staatsbürgern, die von der Polizei festgenommen wurden.[9] Was Helmy an Hammad besonders schätzt, ist seine Erfahrung im Umgang mit den Nazi-Behörden, die er als Geschäftsführer einer Bar, die die Polizei und die Reichsmusikkammer streng beobachten, perfektioniert hat.

Hammads persönliche Angaben sind widersprüchlich. Fest steht, dass er 1906 in Fakous im Nordosten Ägyptens geboren wurde. Nach Berlin kam er 1924 als Kurier der ägyptischen Gesandtschaft, für die er bis 1930 arbeitete, wie er während seiner Internierung an den Lagerkommandanten schrieb. Nach einem Jahr Handelshochschule musste er sein Studium abbrechen, weil ihm die finanziellen Mittel ausgingen. So begann er in Gaststätten zu arbeiten und leitete bald mehrere Lokale, zuletzt die elegante Carlton Bar. Hammad blieb viel länger in Haft als Helmy, weil er keine einflussreichen Freunde hatte. Noch im Oktober 1940 bat er um seine Freilassung aus dem Internierungslager Wülzburg, aus gesundheitlichen Gründen. Das Auswärtige Amt schloss sich der Empfehlung des behandelnden Lagerarztes an. Als weiterer Grund gab Hammad an, dass die Inhaftierung seiner Tätigkeit als Geschäftsführer der Carlton Bar schadete. Erst im Januar 1941 wurde er mit Zustimmung der SS entlassen, doch immerhin noch fünf Monate vor der Freilassung der letzten ägyptischen Inhaftierten.

Ausgerechnet zwei Ägypter halten in den ersten Jahren der Naziherrschaft in Berlin Bastionen multikultureller Toleranz aufrecht. In ihren Lokalen arbeiten auch jüdische Musiker. Ihre Spuren führen in die Rankestraße im Zentrum Westberlins unweit der Gedächtniskirche und des Europa-Centers.

An einem Sommertag nimmt mich der Berliner Swing-Experte, DJ und Buchautor Stephan Wuthe – ein freundlicher großgewachsener Mann, der die Eleganz der Swing-Ära verkörpert – mit auf eine Fahrradtour durch das ägyptische Nachtleben Berlins während der Nazizeit.

Vor der Tour präsentiert Wuthe mir in seiner Wohnung seine bemerkenswerte Sammlung von Schellackplatten und sogar eine Aufnahme aus der Carlton Bar selbst, die Erkennungsmelodie, den »Carlton-Foxtrott«, gespielt vom Stammorchester von Horst Winter.

Unterwegs halten wir auf dem Washingtonplatz vor dem Steigenberger Hotel und Wuthe erklärt sichtlich bewegt, dass sich etwa an der Einfahrt zum Parkhaus in der Rankestraße 29 bis in die Kriegsjahre hinein die Carlton Bar befunden habe. »Auch während des Krieges traten in dieser ›Jazz-Oase‹ ausländische Musiker auf, die amerikanische Stücke spielten«, erzählt er. Das Nazi-Regime verbot die Ausstrahlung des Jazz im Rundfunk. Zum einen wegen der afrikanischen Wurzeln des Jazz, zum anderen, weil viele der aktiven Jazz-Musiker jüdischer Herkunft waren.

Um überhaupt noch Jazz hören zu können, war ein Katz-und Maus-Spiel notwendig. Dieses Spiel fand auch in der Carlton

Bar statt. Ab 1941 nahm der österreichische Klarinettist Horst Winter mit seinem Tanzorchester, das hier oft auftrat, Schallplatten mit beliebter Tanzmusik auf, wobei auf den B-Seiten der Platten Jazzmusik zu hören war. Um der Zensur zu entgehen, ließen Musiker fremdsprachige Titel eindeutschen. Die Reichsmusikkammer griff erst ein, als auf einer der Platten das Lied *Sie will nicht Blumen und nicht Schokolade* auftauchte; das Lied stammte von dem jüdisch-amerikanischen Songwriter Sammy Cahn, sein Titel lautete eigentlich *Joseph! Joseph!* (»My mama has a fear, wedding bells I'll never hear / Oh Joseph, why won't you name the day«). Es war ursprünglich ein Klezmerlied mit dem Titel ›Yosl-Yosl‹. Diese Platte wurde verboten. Allen war klar, dass es sich um einen Seitenhieb auf den Reichspropagandaminister Joseph-Yosl Goebbels handelte.

Jüdisch-arabische Solidarität fand in der Nazizeit auch ein paar Schritte weiter statt. In der Rankestraße 31 befindet sich noch heute die vom ägyptischen Varieté-Künstler Ahmad Mustafa Dissouki 1932 gegründete Ciro-Bar.[10] Der elegante, gutaussehende und charmante Eintänzer Dissouki war ein Frauenschwarm. Eine ältere Dame, Chefin eines Modekonzerns, finanzierte ihm das elegante Lokal, dessen Markenzeichen die Swing-Band mit englischem Gesang war. 1933 eröffnete eine gleichnamige Dependance in Berlin-Kladow, ein Hotel-Restaurant oberhalb der Schiffsanlagestelle. In beiden Lokalen herrschte eine bemerkenswerte Freiheit, trotz der Kontrollen der Reichsmusikkammer. Bis 1939 spielte in beiden Bars der jüdische Violinist Paul Weinapell. Als ihn ein antisemitischer Publizist entlarvte, wechselte er rasch von der Scherbini-Bar, die der ägyptische Schlagzeuger Mustafa al-Scherbini leitete, in Dissoukis Ciro-Bar.[11] Schließlich verbot die Reichsmusikkammer auch die Auftritte des Musikers Eugen Henke bei Scherbini, aufgrund seiner jüdischen Vorfahren, so dass Scherbini 1937 schließen musste.

Um eine Einrichtung wie die Carlton Bar zu betreiben, waren in der Nazizeit Mut, Durchhaltevermögen und Schlitzohrigkeit vonnöten – genau das, was Mod Helmy für seine geheime Hochzeit brauchte. Nun steht der Geschäftsführer Hammad in Helmys Wohnung vor seiner »Braut«. Er muss Anna Boros ein Brautgeld, arabisch »Mahar«, geben. Das ist ein Bestandteil der muslimischen Eheschließung. Dabei gibt es weder eine Ober- noch eine Untergrenze, »aber viele islamische Gelehrte bestimmen, dass ein Jahreslohn eine geeignete Mitgift ist«, erzählt mir Iman Aziz. Anschließend wird die Braut dreimal gefragt, ob sie den Bräutigam als ihren Ehemann mit der benannten Mitgift akzeptiert. Sie muss laut bejahen. Eine ähnliche Frage wird dem Bräutigam gestellt, ebenfalls dreimal. Nach dem letzten Ja gilt das Paar als Mann und Frau. Dann wird auf Arabisch der Ehevertrag geschrieben, in dem Anna den zusätzlichen arabischen Vornamen »Nadja« bekommt und ihr Mann Hammad irrtümlich ein Jahr jünger gemacht wird.[12]

*Titel: Religiöse Eheschließung*

*In der Nacht vom Mittwoch, den 16.6.1943 wurde die Ehe des Herrn Abdel Aziz Helmi Hammad, 36 Jahre alt, in der Stadt Fakous-Ost am 6.5.1906 geboren und jetzt wohnhaft in Berlin, Johann-George-Str. 23*

*mit Frau Nadja Boros, Muslima, geboren am 22.11.1925 in Arad, Rumänien, rumänische Staatsangehörige, wohnhaft in der Stadt Berlin, Neue Friedrichstr. 77 abgeschlossen.*

*Diese Eheschließung ist religiös nach der Scharia (dem islamischen Recht), den Geboten des Buches Gottes sowie der Lehre des Propheten, geschlossen.*

*Mit Brautgelt in Höhe von 100 deutsche Mark.*

*Ausgefertigt nach den Regeln der Scharia am Mittwoch 16.6 im Hause des Dr. Mohammed Helmy in Berlin, Krehfelderstr.7 (sic).*

*Unterschriften:*

*Ehemann: Abdel Aziz Helmi Hammad, Ehefrau: Nadja Anna Boros, Vertreter der Ehefrau: Mohammed Helmy*

*Zeugen: Riad Ahmad Mohammad, Mohamad Suleiman As-Safar*

117

Nachdem alle unterschrieben haben, verabschieden sich die Teilnehmer hastig – das jüdisch-rumänische junge Mädchen und die drei ägyptisch-muslimischen Männer. Helmys heimliche Rettungsaktion geht in die dritte Stufe.

Er orientiert sich an der Geschichte von Risa und Hussein, die sein Freund Hammad möglicherweise kennt. Der Jüdin gelang durch die Eheschließung mit einem muslimischen Ägypter die Flucht aus Nazi-Deutschland[13]. 1936 lernte die Wienerin Risa in einem Tanzlokal den ägyptischen Chemiestudenten Hussein kennen, der sich aber Harry nannte, vielleicht um nicht als Muslim aufzufallen. Die beiden verliebten sich. Nach dem »Anschluss«, der Annexion Österreichs durch Nazi-Deutschland im März 1938, beschloss das Paar zu heiraten und zu fliehen. Um ihre Eheschließung durch Ägypten anerkennen zu lassen, reiste das frisch verheiratete Ehepaar nach Berlin zur nächsten ägyptischen Botschaft. Durch ein provisorisches ägyptisches Reisedokument durften sie nach London weiterreisen. Hier angekommen, lud Hussein weitere Verwandte von Risa ein, darunter ihre Schwester Dora, die alle dadurch vor der Shoah gerettet wurden. Es war Dora, die 2002 diese Geschichte in Kurzform dem US-Islam-Experten Robert Satloff erzählte.

Falls der zuständige Beamte Hammads Vita unter die Lupe genommen hätte, wäre er möglicherweise auf eine Reihe von offenen Fragen gestoßen: So war der Ägypter am 29.11.1941 unter dem Verdacht festgenommen worden, in der Uhu-Bar die Geldbörse der Geschäftsführerin mit 1750 Reichsmark und Abrechnungsscheinen des Kellners wie der Garderobenfrau gestohlen zu haben.[14] Hammad hatte dabei zu Protokoll gegeben, dass er geschieden sei und mit einer gewissen Fatima Farahat in Ägypten einen elfjährigen Sohn habe. Allerdings hatte es nie eine amtliche Bescheinigung für die Scheidung gegeben.

Bei Kriegsausbruch im September 1939 wurde die ägyptische Vertretung in Berlin geschlossen und die Interessen Ägyptens in Deutschland wurden durch die Schweizer Gesandtschaft in Berlin de facto vertreten. Durch diese Behörde versucht nun Hammad, Annas muslimische Eheschließung durch Ägypten staatlich anerkennen zu lassen. Denn erst dann könnte Anna Ägypterin werden und im Reisepass ihres Mannes eingetragen werden. Nur so könnte die Jüdin Anna Nazi-Deutschland legal verlassen. Aber Hammad kann mitten im Krieg kein Ehefähigkeitszeugnis beibringen um zu beweisen, dass er ledig oder geschieden ist. Daher erkennt der zuständige Berliner Standesbeamte diese muslimische Ehe nicht an.[15] Dasselbe Schicksal erlitt bekanntlich auch Helmy 1940. Nun ist sein dreistufiger Plan endgültig gescheitert.

Ein frommer Muslim war Hammad nicht. In jener Nacht vergnügte er sich in der Bar zusammen mit zwei Freunden, einer Wienerin namens Milla und einem gewissen Herrn Barth. Gemeinsam tranken sie sechs Flaschen Sekt. (Die Uhu-Bar wurde 1964 bei der Verbreiterung der Straße abgerissen.)

Nach der Abfuhr aus Berlin ist die einzige Hoffnung für Anna, dass die Ägypter die heimliche Eheschließung anerkennen. Alle Bemühungen, von den ägyptischen Behörden die Heiratsgenehmigung zu bekommen, scheitern. Kairo hüllt sich in Schweigen. Allen Versuchen, Anna ins Ausland zu bringen, stellten sich »unüberwindliche Schwierigkeiten in den Weg«, erinnerte sich Helmy später.

Vielleicht könnte er sie durch eine Adoption über die Grenze bringen. Aber auch dieser Versuch musste scheitern, schon alleine deswegen, weil für eine solche Adoption gültige und über jeden Zweifel erhabene Papiere vorgelegt werden müssen. Annas Weg ins Ausland scheint endgültig verbaut. Sie muss weiterhin in Berlin Helmys muslimische Nichte und Assistentin spielen.

# Die Nacht der Flammen

Als Anna Boros im Frühjahr 1942 Schutz bei Mod Helmy gesucht hat, haben sie sich beide mit der Tatsache beruhigt, dass das Haus noch einem Juden gehört und auch einige Nachbarn jüdisch waren. Dies änderte sich jedoch bereits nach wenigen Monaten. Im selben Jahr wurde Philipp Feibusch Klag endgültig enteignet und im Dezember 1942 nach Auschwitz deportiert, wo er ermordet wurde.

Der neue Eigentümer des Hauses war die Finanzverwaltung das Deutschen Reiches.[1] Binnen kurzer Zeit verschwanden auch die jüdischen Nachbarn. Rosa Fränkel wurde am 20. November 1942 nach Theresienstadt verschleppt; Helmys Nachbarn und Patienten Arthur und Gertrud Conitzer wurden, wie bereits berichtet, im Januar 1943 im Sammellager im Jüdischen Krankenhaus interniert; Gertrud Bobert wurde bei der »Fabrikaktion« am 27. Februar 1943 an ihrem Arbeitsplatz gewaltsam abgeführt, ebenso wie Erna Mendelsohn und das Ehepaar Else und Erich Moritz Oppler. Der Tabakhändler Markus Lesser und seine Frau Frieda wurden nach Theresienstadt deportiert, überlebten aber die Shoah.

In die frei werdenden Wohnungen werden vom Bezirksamt ausgebombte »Arier« einquartiert. Anna kann sich nicht mehr als Muslima unbemerkt im Keller verstecken, denn die Luftangriffe nehmen zu, alle gehen in den Luftschutzraum und die neuen Mieter, die nun regelmäßig den Luftschutzraum aufsuchen, könnten Verdacht schöpfen. Und sie kann sich nicht ausweisen, auch nicht als Helmys muslimische Nichte.

Schon die tägliche Ernährung ist ein Problem, weil es für Anna keine Lebensmittelkarten gibt. Helmy muss sie mitversorgen. Dafür war es hilfreich, dass ihn vermutlich manche Patienten mit Obst und Gemüse aus dem eigenen Garten versorgten. Auch der Arzt Georg Groscurth hatte seine Schützlinge mit solchen Patientengeschenken unterstützen können.

Die immer häufiger werdenden Angriffe der Bomber der Royal Air Force prägen den Alltag aller Berliner. Als Helmy im Juni 1940 aus dem Polizeikrankenhaus zurückkehrte, musste er seine Wohnung selbst bei Sonnenschein verdunkeln, so schreibt es das Luftschutzgesetz vor: »In den Wohnhäusern sind die Fenster aller nicht ständig benutzten Räume dauernd abzublenden. In den übrigen Räumen sind Fenster, die zur Beleuchtung des Raumes bei Tage und zum Lüften nicht notwendig sind, ebenfalls dauernd abzublenden oder mit Einrichtungen zu versehen, die ein jederzeitiges schnelles und einwandfreies Abblenden ermöglichen.«[2] Jalousien galten als Luxusware, weil teuer, so dass die meisten Leute stattdessen Pappe, Papierrollos und Decken benutzten.

Der Luftschutzwart in seiner graublauen Uniform kontrolliert das und auch, dass in jeder Wohnung ein Eimer Wasser und ein Eimer Sand bereitstehen sowie eine Handpumpe oder Feuerklatsche, um notfalls zu versuchen, ein kleines Feuer selbst zu löschen.

Nur 180 Meter von Helmy und Anna entfernt erlebte Wolfgang Golücke in der Krefelder Straße 22 die Bombennächte. Obwohl er, Jahrgang 1935, damals noch ein Kind war, hörte er während der Hochphase des Luftkrieges fast täglich im Reichsrundfunk die Luftlagemeldungen über die Annäherung feindlicher Bomberverbände. »Wenn die Bomber im Raum Hannover-Braunschweig waren, dann wusste man, dass sie sich in der

121

Einflugschneise nach Berlin befanden. Bald heulten aus allen Ecken die Sirenen«, erzählt Golücke. »Ein rauer Hoch- und Niedrig-Ton war die Warnung. Ein durchgehender Ton, der oft erst eine Stunde später kam, signalisierte die Entwarnung.« Wer beim Warn-Alarm tief im Schlaf war, den weckten die Nachbarn. Dann griff man zur gepackten Luftschutztasche. Kurz darauf folgte in der Regel ein fürchterlicher Knall der Flakgeschütze auf dem Dach des anderthalb Kilometer entfernten Zoo-Bunkers im Berliner Tiergarten. »Die vier Zwillingskanonen schossen volles Rohr in den Himmel auf feindliche Flugzeuge«, sagt Golücke. »Ein solches Inferno möchte ich keinem zumuten.«

Ab dem Frühjahr 1943 setzen die Briten sogenannte Mosquitos ein, zweimotorige Schnellbomber. Sie flogen zweimal im Monat über Berlin – mal nachts, mal tagsüber. Wenn die Bomben fielen, überprüfte der Luftschutzwart anhand einer Liste, ob alle Hausbewohner den Weg in den Keller gefunden hatten. Es ist gut möglich, dass sich Helmy mit dem Luftschutzwart, der für sein Haus zuständig war, Adolf Kraus, arrangieren konnte, denn seine Tochter Annemarie Wamboldt, die alte Dame, die ich 2013 bei der Gedenkfeier vor ihrem alten Haus kennengelernt hatte, erzählte mir: »Bei Bombenalarm durften die jüdischen Nachbarn nicht in den Keller. Aber ich weiß von einer jüdischen Familie, die meinen Vater bat, dennoch in den Keller zu gehen. Er sagte ihnen: ›Von mir kommt keine Meldung.‹« Kraus hätte also ein Auge zugedrückt.

In den meisten Berliner Häusern gab es nur einen Keller und der gehörte den »Ariern«.[3] Juden benutzten bei Luftangriffen das Erdgeschoss oder, wo die Baulichkeiten es hergaben, einen kleinen Raum neben dem Hauptkeller.

Als Sprechstundenhilfe und »Nichte« von Mod Helmy konnte Anna Boros sich natürlich im Keller aufhalten. Die Hausbewohner brauchten den Arzt sicher auch mal selbst, und er war immer höflich und hilfsbereit und zugleich sehr diskret. Außerdem konnte sich wohl kaum jemand vorstellen, dass sich ein Ägypter für eine Jüdin in Gefahr brachte. Man sah ja, was mit den Juden geschah. Vor den Augen der Nachbarn wurden sie von der Gestapo abgeholt. Doch die Gefahr, dass Anna enttarnt wurde, war ständig vorhanden. Noch gefährlicher war es allerdings, Schutz vor den Bomben in einem der öffentlichen Luftschutzräume wie dem nahe gelegenen Bunker am Zoologischen Garten zu suchen. Dort konnten auf fünf Etagen bis zu 18 000 Menschen untergebracht werden. Aber was, wenn sie dort auf einen ehemaligen Schulkameraden oder alte Bekannte stieß?

Angesichts des fast täglichen Luftalarms entwickelten viele Berliner die Gewohnheit, aus ihren verdunkelten Schlafzimmern prüfende Blicke gen Himmel zu richten und nur bei starkem Regen oder ganz dichter Bewölkung wieder beruhigt in die Betten zu steigen.[4] Da zudem die Zeitungen seit Kriegsbeginn auf den Abdruck von Wettervorhersagen verzichteten, um dem Feind keine angeblich kriegsrelevanten Informationen zugänglich zu machen, blieb nur die meteorologische Selbsthilfe – und die Gewöhnung an weniger Schlaf. Schulkinder wie Wolfgang Golücke konnten sich immerhin darüber freuen, dass ihr Schulunterricht nach einer Bombennacht statt um acht Uhr erst um neun oder um zehn begann.

Wie alle Bewohner werden auch Helmy und Anna bei Fliegeralarm eine eingeübte Routine entwickelt haben. Zuerst mussten sie schnell sämtliche Lichter löschen. Dann gingen sie in den Luftschutzkeller hinunter, dabei die obligatorische Gasmaske, die wichtigsten Papiere, Wasser und eine Notration Lebensmittel. Wenige Minuten nach dem Alarm saßen die Mieter und Untermieter auf zusammengezimmerten Holzbänken. Die meisten hatten ihre Stammplätze. Man wartete stumm und angstvoll. Manchmal erlosch das Licht im Keller für eine Weile, dann zündete man vorsorglich deponierte Kerzen an und wartete auf die Entwarnung. Wenn die Bomber abdrehten, blieben müde Berliner mit zerrütteten Nerven zurück, die davon träumten, endlich wieder einmal durchschlafen zu können.

Helmy muss trotz schlafloser Nächte seinen Dienst in der Charlottenburger Arztpraxis leisten. Und zugleich für Anna sorgen und seine Rettungspläne voranbringen. Er hofft auf einen Sieg der Briten. Er ignoriert die massive Propaganda gegen das »Schwarzhören der Lügenpresse« und verfolgt den Kriegsverlauf über BBC-London, obwohl dies unter Androhung von Haftstrafen verboten ist. Die Briten können Hitler besiegen, davon ist er überzeugt. Ende Oktober 1943 werfen die Mosquitos Flugblätter über Berlin ab: »Deutschland hat den Krieg verloren. Aber: Hitlers Untergang bedeutet nicht den Untergang des deutschen Volkes.«[5]

Derweilen sitzt der 42-Jährige immer öfter im Keller. Er fällt auf, nicht nur, weil er dunkelhäutiger Ausländer ist, sondern weil die meisten Männer in seinem Alter eingezogen worden sind. Neben ihm sitzen also überwiegend alte Menschen und Jugendliche und kaum noch Frauen und Kinder. Denn die meisten Schulkinder im Alter zwischen zehn und vierzehn Jahren sind im Rahmen der Kinderlandverschickung evakuiert worden. Und auch viele Mütter mit kleinen Kindern haben Zuflucht bei Pflegefamilien oder Verwandten in »luftsicheren Gebieten« gefunden – so auch Wolfgang Golücke.

Der fast tägliche Gang in den Keller, »wo man nicht wusste, ob man lebend wieder herauskommt«, war für die hochschwangere Marie Golücke unerträglich geworden. »Draußen auf der Straße krachte es wie an Silvester, bloß mit dem Unterschied, dass auch die Wände wackelten und der Putz von den Wänden fiel«, erinnert sich Golücke. »Die Häuser waren auf so etwas nicht vorbereitet.« Im Spätherbst 1943 verließ seine Mutter Marie mit ihrem Sohn Wolfgang Berlin, um an der Ostseeküste ihren Sohn Michael auf die Welt zu bringen. So entkamen sie der »Schlacht um Berlin«.

Die große Luftkriegsoffensive der Briten beginnt am 18. November. Das Hauptziel der Briten ist es, die Berliner Bevölkerung zu

124

zermürben und ihre Moral zu untergraben. Daher kommen die Bomber jetzt immer nachts, wenn sich die meisten Berliner bereits schlafen gelegt haben. In der Nacht zuvor haben sieben »Mücken« Berlin nur überflogen. In dieser Nacht sind es über 400 Bomber, die Luftminen, Sprengbomben und vor allem Phosphor- und Stabbrandbomben abwerfen. Sie hinterlassen 110 Tote, über 400 Verletzte und fast 6000 Obdachlose.[6] Mit Galgenhumor scherzen die Berliner über ihre »Stadt der Warenhäuser«: Hier waren Häuser, da waren Häuser.

Der 22. November 1943 ist für Anna ein besonderer Tag: ihr Geburtstag. Sie wird 18 Jahre, zwar nicht volljährig, was man damals erst mit 21 Jahren wurde, aber dennoch erwachsen. Dazu trägt auch der tägliche Überlebenskampf fern von der Familie bei. In Berlin führt an diesem Montag ein kalter Nordostwind zu einem Temperatursturz, Regen und vereinzelte Sturmböen folgen. Wegen des schlechten Wetters rechnet niemand mit einem Bombenangriff. Viele Menschen gehen aus, die Theater, Kinos und Gaststätten sind voll. Die Meteorologen der britischen Luftwaffe allerdings sagen perfektes Angriffswetter voraus: Eine geschlossene Wolkendecke liegt auf dem Hin- und Rückweg über Norddeutschland und den Niederlanden. Der größte Luftangriff auf Berlin kann beginnen.

Die Sirenen geben um 19.20 Uhr Voralarm. Innerhalb weniger Minuten füllen sich die Straßen, doch viele Berliner stehen einfach nur herum, weil sie sich angesichts des Regens nicht vorstellen können, dass tatsächlich ein größerer Angriff bevorsteht. Nur wer Zugang zu Informationen hat, erfährt, dass die Jägerleitstelle auf dem Luftwaffenstützpunkt Döberitz westlich von Spandau »Luftgefahr 15« ausruft, die höchste Alarmstufe. Das bedeutet: Tausend oder mehr Feindmaschinen im Anflug. Faktisch sind es »nur« etwa 700 – fast die gesamte Flotte schwerer Bomber der Royal Air Force. Um 19.58 Uhr erreichen die ersten ihr Ziel.

Ein Zeitzeuge aus Berlin-Charlottenburg schildert seine Erlebnisse: »Man hörte plötzlich auch das Heulen der fallenden Bomben, ein sicheres Zeichen, dass sie näher kamen. Ein furchtbarer Knall, gefolgt von einem zischenden Geräusch, als wenn die Luft herausgesaugt wird. Das Licht ging aus und die Menschen schrien durcheinander. Als Kerzen wieder Licht spendeten, war es im Keller grau von Mörtelstaub.«[7]

Helmys Bekannter, der Orientexperte Werner Otto von Hentig, der im Hansaviertel auf der anderen Seite der Spree nur etwa einen Kilometer entfernt wohnte, schrieb seinen Kindern von der Zerstörung ihres Elternhauses in dieser Nacht: »Der Abend hat uns grausam das Dach über dem Kopf weggerissen und alles, was Euch in Eurem Vaterhause an Erinnerungen und Gegenständen bewahrt wurde, vernichtet.«[8]

Hentigs Sohn Hartmut von Hentig, damals Fahnenjunker im ersten Urlaub, beschrieb Jahre später diese Nacht im Elternhaus. Sie bereiteten sich auf ein Abendessen zusammen mit Freunden vor. Als der Fliegeralarm ertönte und das Radio den Anflug von besonders großen Verbänden meldete, verabschiedeten sich die Gäste rasch. Harmut schrieb: »Der Gasherd wurde ausgestellt; wir gingen zu dritt, mein Vater, seine zweite Frau und ich in den Keller. Im Luftschutzkeller des Hinterhauses überlebten wir in stundenlanger völliger Dunkelheit und von Staub fast erstickt, mussten uns den Weg ins Freie mit der Spitzhacke erkämpfen und gelangten durch den in Brand geratenen Kohlenkeller in den Hof. Unsere Wohnung lag im ersten Stock. Das Stockwerk und der Dachboden waren eingestürzt und standen in hellen Flammen, die auch unsere Wohnung ergriffen hatte. Wir haben noch Stunden im Feuersturm vor dem Haus ausgeharrt und bezogen für den Rest der langen Nacht den etwa 800 Meter entfernten Zoobunker.«[9]

Erst um 21.12 Uhr kommt die Entwarnung, aber nach einer Stunde heulen die Sirenen erneut. Diesmal sind es nur Aufklärungsflugzeuge, so dass man um 22.30 Uhr endgültig Entwarnung geben kann. Helmy legt den Weg in seine Wohnung im ersten Stock im Dunkeln zurück, denn in der Nacht der Flammen ist das Kraftwerk Moabit am Friedrich-Krause-Ufer beschädigt worden.[10]

Im Grundbuch wurden die Schäden an den Häusern festgehalten: »Essener Straße 25, I. – III. Geschoß rechts ein kleiner Teil beschädigt und unbewohnt«, steht dort, und darunter: »Krefelder Str. 7, IV. und V. Geschoss beschädigt, teilweise bewohnt«.[11] Helmys Wohnung im ersten Stock ist nur leicht beschädigt. In vielen Wohnungen sind die Fenster in Scherben zersprungen. Andere haben weniger Glück gehabt.

Der Luftschutzwart Adolf Kraus, der im bürgerlichen Leben ein Bankangestellter gewesen ist, und seine Frau Frieda wohnten allein in ihrer Vier-Zimmer-Wohnung im obersten, vierten Stock in der Krefelder Straße 7. »Sie wurden nie ausgebombt, hatten aber erhebliche Bombenschäden in der Wohnung«, erzählt Ute Rohde, die Stieftochter von Annemarie Wamboldt. »Eine andere Unterkunft hatten sie nicht, und damals war man froh, überhaupt ein Dach über dem Kopf zu haben.« Nach Wamboldts Tod 2015 schickten die Rhodes mir Fotos ihrer alten Wohnung, die die Bombenschäden dokumentieren: Auf einem Foto sieht man einen schwarzen Regenschirm, der mit einem Seil direkt über dem Klo befestigt ist. »Im Badezimmer hat es durchgeregnet«, so Rohde. Auf einem anderen Foto stützt ein Holzbalken die marode, nur provisorisch gerichtete Decke ab, auf dem Boden sind zahlreiche Glasscherben verstreut. Wamboldt selbst, in einen Wintermantel gehüllt, trägt einen Eimer Wasser aus dem Dachgeschoss. Durch die fehlenden Ziegelsteine blickt man in den Himmel über Berlin. Auch unmittelbar nach Kriegsende hatten sie kein fließendes Wasser. »Bis zur Spree sind wir dann gelaufen, um Wasser zu holen.« Erst im Juli 1957 wurden die Kriegsschäden am Dachboden beseitigt. Man konnte den Regenschirm über dem Örtchen abnehmen.

Der Alltag in Helmys Wohngegend wird durch diesen folgenschweren Luftangriff auf Berlin unerträglich. Der Bezirk Tiergarten war jetzt ohne Wasser, Licht, Gas und Fernsprechverbindungen, meldete die Verwaltung am 9. Dezember 1943.[12] Die Wasser- und Elektrizitätsversorgung sowie der Telefonverkehr waren zwar bald teilweise wieder gewährleistet, die Gasversorgung konnte aber nicht so schnell erneuert werden. Der Postverkehr geriet ins Stocken, die meisten Ämter waren beschädigt. Außerdem fielen sieben Polizeireviere durch Totalschaden aus. 1361 Häuser im Bezirk waren komplett zerstört, fast 600 schwer beschädigt, darunter das Rathaus Tiergarten, das Untersuchungsgefängnis, das Welt-Kino in Moabit und das Krankenhaus, Helmys früherer Wohn- und Arbeitsplatz. Man zählte vorläufig 301 Gefallene, 666 Schwerverletzte und 446 Vermisste. 109 000 »Volksgenossen« erhielten einen entsprechenden Ausweis als Ausgebombte.

Um die »deutschblütigen« Opfer der Bomben kümmerten sich die Behörden und die Nazi-Organisationen. Die Ortsgruppe der NSDAP informierte durch Bekanntmachungen in den Wohnhäusern über die nächsten Notsammelstellen. Direkt nach jedem Luftangriff organisierten die Helfer der Nationalsozialistischen Volkswohlfahrt (NSV) die Notrationen und boten denjenigen, die in der Nacht ihr Hab und Gut verloren hatten, ein erstes Frühstück.[13] Am Tag nach der Bombardierung rückten die Freiwilligen an, die die »arischen« Bombengeschädigten abholten und ihnen Ausweichquartiere zuwiesen.[14] Sie kamen nach jedem folgenschweren Luftangriff und verteilten Kleidung, Verpflegung und Zigaretten für die ersten fünf Tage, kostenlos und markenfrei, manchmal auch Gaststättengutscheine.

Die Wohnungen in der Krefelder Straße im vierten und fünften Geschoss wurden beschädigt und sind nur teilweise bewohnt.[15] Nur der Flügel des Eckhauses an der Essener Straße 25 wurde teilweise zerstört, so dass die ausgebombten Bewohner der ersten drei Stockwerke Ausweichquartiere erhielten. Das Ehepaar Kraus blieb in seiner Wohnung im vierten Stock in der

Das Robert-Koch-Krankenhaus in Berlin um 1900

Das Gartenhaus der Familie Barthelmann im Jahr 1903; in der Mitte mit dem Teller Fritz Kolbe

Die Überreste der
im Krieg zerstörten
Synagoge in der
Levetzowstraße 7,
die ab 1941 als
Sammelstelle für
Berliner Juden vor der
Deportation diente

Werner Otto von Hentig (rechts) mit dem Mufti von Jerusalem im
Ski-Ort St. Florian 1943

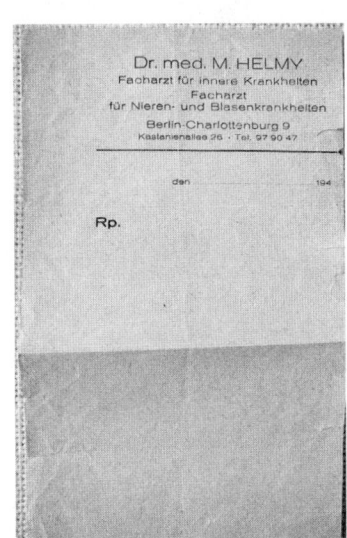

- II -                                          81

| Nr.crt.şi instr. | Numele şi pronumele: | Profesiunea: | adresa: | situaţia cetă- ţenească: |
|---|---|---|---|---|
| 13/6214 | Chaskel(Karl)Lang | com. | Berlin Knesebeckstr.6 | Inch.Jud.mixte Rădăuţi 1376/6/6 1938 |
| 14/743 | Mihail Pincevski | com. | Berlin Seechais hestr. 27 | Inch.No.1041/23 7/938 Trib. Lăpuşna |
| 15/9789 | Abraham Arender | com. | Varsovia Mokotowska 3 | Inch.Trib.Bălti No.2450/4/III/39 |
| 16/5270 | Isaac Monblatt | com. | Berlin Prinzregenten- str.55 | Inch.Jud.Mixte P.Fesnt No. 49936/20/9/38 |
| 17/5173 | Rike Weiner | vânzătoare | Berlin Viclefstr.3 | Inch.Jud.mixte Storojinet No.1148/14/1/38 |
| 18/7176 | Leuter Jetti | contabilă | Berlin Yorkstr.84 | Inch.Jud.mixte Suceava No.424/ 31/1/1939 |
| 19/641 | Sara Valtu | - | Berlin Schroederstr.6 | actul chestin cotia măsc.în Galaţie |
| 20/1199 | Hersch Hermann Engel | com. | Berlin Waldenbergerstr.7 | Inch.Jud.mixte Vijniţa No.3400/ 938 |
| 21/9997 | Haim Cogan | com. | Varsovia Dzielna 18/24 | Autor.Interne comunicat MAS cu No.2009/14/1 1941 |
| 22/345 | Mannach Schnurer | comisioner | Berlin Marburgerstr.8 | Inch.Trib.Ilfov Sect.6 No.1536/ 19/5/1939 |
| 23/9899 | Ghinda Breitburd | casnică | Varsovia Panska 74 | Autor.Interne comunicat M.A.St cu adresa No. 47877/6/8/1940 |
| 24/10343 | Filip Schnitter | funcţioner | Legberg Annastr.8 | Autor.Interne comunicat M.A.S. cu adresa No.336 19/1/1942 |
| 35/4907 | Anna Boros | - | Berlin Neue Friedrich- str. 77 | Autor. Externe No.80545/17/12/ 1940 |
| 28/115 | Lotti Weiner | lucrătoare | Berlin Viclefstr. 3 | Inch.Jud.mixte Storojinet No.2418/38 |
| 27/4881 | Eugen Klein | student | Berlin Oranienstr.4 | Aut.Externe 9095/ 10/2/41 |

Auf der Liste der rumänischen Juden, deren Pass verlängert wurde, steht bei Anna Boros vermerkt: »Sie hat die zugesandten Unterlagen nicht zurückgeschickt.«

Ein Blatt des Rezeptblocks aus der Praxis in der Kastanienallee 26 ist erhalten.

Die Ausweise von Anna Boros, Cecilie Rudnik und Georg Wehr als »Opfer des Faschismus«

Mohamed Soliman, Pionier des
Stummfilms und ägyptischer
Unternehmer in Berlin

Constantin Karadja (1916),
rumänischer Diplomat und Retter
rumänischer Juden

Frieda Szturmann, Helmys Helferin
und »Gerechte unter den Völkern«

Das Haus in der Essener Straße 25 / Ecke Krefelder Straße 7 vor der Bombardierung und im Sommer 1945

Mitglieder der
Ägyptischen Kolonie
mit Mod Helmy

Vor der Praxis in der
Kastanienallee 26;
rechts Mod Helmy

Ausweis der Ägyptischen Kolonie

Die Laube in Berlin-Buch heute

Gerechte unter
den Völkern
Certificate of Honor
of Dr. Helmy

Krefelder Straße 7 trotz des beschädigten Daches wohnen. Helmys Wohnung im ersten Stock ist also, wenn überhaupt, nur leicht beschädigt. Allerdings erklärt er nach dem Krieg, dass seine Wohnung zerstört wurde und dass er nach Berlin-Buch ziehen musste, wo die Familie seiner Verlobten eine Gartenlaube hatte.[16] Auch Anna schreibt, dass Helmy ausgebombt wurde und sein Haus während des Bombenangriffs zerstört wurde. Daher habe sie am 27. November nach Buch umziehen müssen.[17]

Durch einen glücklichen Zufall hatte Helmy am Stadtrand von Berlin eine neue und sicherere Unterkunft für Anna gefunden.

# Breaking Glass – der Weg nach Buch

Das Geheul der Sirenen, das Sirren der »Mosquitos« und der Krach der Flak waren nicht die einzigen typischen Geräusche des Bombenkriegs in Berlin. Zu Wolfgang Golückes Kindheitserinnerungen gehört auch das Knirschen der Glasscherben: »Es gab kaum noch eine intakte Fensterscheibe«, erinnert er sich. »Wenn man auf dem Bürgersteig lief, dann knirschten die zerbrochenen Fensterscheiben unter den Füßen, die überall herausgefallen waren. Das war ein furchtbares Geräusch.« Anfangs richteten die Flakgranaten den meisten Schaden an. Aber seit der »Nacht der Flammen« waren es die Bomber der Royal Air Force. Wer im Bezirk Tiergarten in seiner Wohnung bleiben konnte, hatte Glück gehabt. Allein in diesem Viertel hatten die britischen Bomber dafür gesorgt, dass 50 000 Bewohner obdachlos waren. Wer in Helmys Nachbarschaft neue Fensterrahmen brauchte oder neue Glasscheiben, der ging zur »Otto Glaserei«. [1]

In seinem Geschäft in der Straße Alt-Moabit 89 war Inhaber Otto Schulz am Morgen nach der »Nacht der Flammen« mit den eigenen Scherben sehr beschäftigt. In der Feuernacht war eine Luftmine im Hof des Gründerzeitgebäudes detoniert, »eine Fünf-Zentner-Bombe«, weiß Mitbewohner Peter Strzelczyk. Der Einschlag löste einen solchen Luftdruck aus, dass alle Fenster in der Wohnung zerbrachen.

Helmy brauchte Schulz aber nicht nur wegen zerbrochener Fensterscheiben. Er hatte längst beschlossen, die Innenstadt zu verlassen, doch erst musste er eine alternative Unterkunft finden, am besten am Stadtrand von Berlin. Und genau dort hatte Schulz eine leer stehende Laube zu bieten.

Glasermeister Otto Schulz stammte aus Buch, wo er einige Grundstücke besaß. 1904 hatte er die 1038 Quadratmeter große Liegenschaft im Röbellweg 141 erworben.[2] 1936 errichtete der Schlosser Wilhelm Böhnke darauf eine Gartenlaube, deren Eigentümer er war. Er selbst wohnte im Bielckenweg 22, nur 600 Meter von der Holzlaube entfernt, starb jedoch am 27. Mai 1942, wie die örtliche Pastorin Cornelia Reuter im Kirchenbuch fand. Die Laube stand eineinhalb Jahre wohl leer.

Mag sein, dass Schulz ein Patient von Helmy war. Der Arzt rekrutierte ja auch seine Patientin Frieda Szturmann als Helferin, die Annas Großmutter Cecilie Rudnik versteckte. Höchstwahrscheinlich erzählte Helmy Schulz nichts von Anna, sondern, dass er Arbeit in einem der größten und modernsten Krankenhauskomplexe Europas gefunden hatte und daher eine Unterkunft in Buch brauchte. Das wäre plausibel gewesen.

Bereits 1895 war in Buch auf dem Gelände eines ehemaligen Gutshofes eine »Irrenanstalt« errichtet worden, wie man das damals nannte. Dort hatte vor dem Ersten Weltkrieg auch Alfred Döblin als Assistenzarzt gearbeitet. 1926 in der Weimarer Republik hatte man das Krankenhaus in »Heil- und Pflegeanstalt Buch« umbenannt. Der Krankenhaus-Komplex war kontinuierlich gewachsen. Die Nazis vollstreckten auch dort ihr Euthanasie-Programm und ermordeten die Insassen der Irrenanstalt. 1941 wurde das Hufeland-Hospital auf das leerstehende Areal verlegt. Nach dem Krieg wurde es zunächst von den Russen als Lazarett genutzt, und gehörte später zu DDR-Zeiten zu den größten Gesundheitseinrichtungen in Ostberlin.

Vielleicht hat Helmy die Laube auch inoffiziell gemietet, um keine Spuren zu hinterlassen. Das war sehr wichtig, wie Anna

131

später schreibt: »Der Gestapo war der Name Dr. M. Helmy als behandelnder Arzt der Familie bekannt. Unbekannt war der Gestapo das Vorhandensein der Laube in Berlin-Buch«.[3]

# Das Häuschen hinter den hohen Kiefern

Der Mann, der im Winter 1943 in diese Laube an der nordöstlichen Grenze Berlins zieht, sucht vor allem Diskretion. Die Holzlaube war von hohen Kiefern umgeben und so geschützt vor neugierigen Blicken. Eine große Wiese trennte den kleinen Flachbau weiträumig von der Straße. Nicht einmal mit einem Feldstecher konnte man hinter die weißen Spitzengardinen spähen und so das Geheimnis des neuen Hausherrn entdecken: In dieser Laube versteckt er ein jüdisches Mädchen, das die Gestapo dringend sucht, um sie in den Tod zu deportieren.

In jenen Tagen suchen Zehntausende ausgebombte Berliner ein Dach über dem Kopf. Manche ziehen in Lehm- oder Holzhütten, andere in die kleinen Lauben ein. Diese dienten ursprünglich nur zur gelegentlichen Übernachtung im Sommer. In diesem kalten Winter 1943 war eine Laube ein ungemütlicher Ort. Auch dort war man vor der Bombardierung nicht sicher. Wenige Tage vor Helmys Ankunft, war die barocke Bucher Schloßkirche schwer getroffen worden, auch einige Häuser, Ställe und Scheunen in Alt-Buch.[1] Aber als Versteck vor der Gestapo war eine solche Laube gut geeignet.

Die inzwischen 80-jährige Inge Pape hatte die Kriegsjahre in der Kolonie Buch verbracht. Anfang des 20. Jahrhunderts waren dort Villen und Einfamilienhäuser entstanden. Als die Schlosskirche brannte, stand sie auf der anderen Straßenseite und schaute zu. Ihre Mutter Erna Grundmann widersetzte sich allen Forderungen, die kleine Tochter per Kinderlandverschickung zu evakuieren.

In der Kolonie Buch hatte ein jüdisches Mädchen recht gute Chancen, versteckt zu überleben, schätzt Pape. »Hitler hatte kaum Erfolg in dieser Siedlung, viele waren gegen ihn. Die Bewohner vertrauten sich jedoch gegenseitig.«

Sieben Einwohner, unter ihnen Papes Mutter, schlossen sich im Herbst 1943 zusammen, um einen jüdischen Arzt aus der Nachbarschaft, Walter Schönebeck, vor der Deportation zu retten.[2] Sie versteckten den Neurologen in einer Jauchegrube auf dem Grundstück der Schlosserei von Papes Tante Minna Siegert und deren Ehemann Rudolf. Vorher hatte man die Abwasserleitungen zugemauert und abgedichtet und eine Belüftung eingebaut. Diese Grube wurde mit Bedacht gewählt, denn sie stank so stark, dass kein Suchhund die Spur entdeckt hätte. Abends durfte Schönebeck unter großen Sicherheitsvorkehrungen zum Waschen und Essen in das Haus kommen, oft wachte Inge vor dem Küchenfenster. »Jeder dort wusste, dass Schönebeck abends nicht nach Hause ging, sondern zum Versteck gegenüber. Nachts hörte man dort den Londoner Rundfunk, obwohl der ›Feindsender‹ streng verboten war. Ich musste nach Feierabend dort Schmiere stehen und, wenn jemand in den Hof kam, sofort mit dem Stock in der Hand ans Fenster klopfen.« Dieses Versteck lag im Viereckweg 27, nur 850 Meter von Helmys Laube entfernt. Unmittelbar nach Kriegsende benannte Helmy einen der Retter von Schönebeck, den Nazigegner Adolf Ehrhardt, zum Trauzeugen seiner Hochzeit.

In Buch fällt der Zugezogene auf: Er ist großgewachsen und dunkel und als Ausländer und »Nichtarier« sofort erkennbar. Der Arzt muss sich in Acht nehmen vor den Nazis, die im Krankenhauskomplex als Ärzte oder Krankenpfleger arbeiten und in Berlin-Buch wohnen. Helmy setzt indessen seinen Dienst als Hilfskassenarzt in der Praxis von Dr. Wedekind in Charlottenburg fort. Denn er ist dazu verpflichtet. Mit seinem Auto ist die 27 Kilometer lange Fahrt für Anna sicherer als mit öffentlichen Verkehrsmitteln. Um keinen Verdacht zu erwecken, nimmt er Anna als seine Assistentin zur Arbeit mit. Es ist zu riskant für sie, im Versteck zu bleiben, ohne Verdacht zu wecken: alle Deutschen ab 18 Jahren sind zum »Reichsarbeitsdienst« verpflichtet worden, von Kriegsbeginn an auch junge Frauen. Sie sollen fehlende männliche Arbeitskräfte in der Landwirtschaft, in Ämtern und Schreibstuben, in der Rüstungsproduktion und im öffentlichen Nahverkehr ersetzen. Ab 1944 bedienen sie auch Flakscheinwerfer zur Lenkung der Geschütze und Nachtjagdeinheiten der Luftwaffe.

Um nicht noch mehr Aufmerksamkeit zu erregen, will Helmy unbedingt eine Normalität vorspielen. Er kann als Arzt, der offiziell arbeiten darf und gefragt ist, Anna einen gewissen Schutz verleihen. Denn Erfahrung mit der Gestapo hat er reichlich. Und Anna, die älter aussieht und immer Kinderkrankenschwester werden wollte, kann ihm in seiner Praxis die Sprechstunden organisieren und einfache medizinische Tests durchführen. Daher nimmt er sie täglich in seinem Auto in die Innenstadt mit.

An einem Wintertag stehe ich zum ersten Mal vor Helmys früherer Laube. Es ist niemand da. Der Besitzer kommt nur spontan an sonnigen Wochenenden, heißt es. Eines sonnigen Samstags im Juli 2016 aber darf ich ihn endlich in der Laube besuchen, in der Helmy Anna Boros über ein Jahr vor den Nazis versteckte. Jörg-Rainer Paeschke, Jahrgang 1960, ein braungebrannter Mann, arbeitet mit kurzen Sporthosen und Badelatschen bekleidet im Garten. Darin spielte er bereits als Kind zu DDR-Zeiten. Um 1960, kurz vor dem Mauerbau, pachteten seine Eltern diese Laube, von einer gewissen Frau Schulz, erzählt er. Nachdem sie Anfang der 1980er Jahre starb, nutzten die Paesckhes als DDR-Bürger ihr Kaufrecht. Denn der Eigentümer lebte in der BRD.

Paeschkes Angaben lassen sich in den Akten bestätigen. Im Fernsprechamt Groß-Berlin der Jahre 1955, 1957 und 1960 findet man den Glasermeister Otto Schulz in Berlin-Buch, Viereckweg 84, nur wenige Häuser von der Laube entfernt. Nach seinem Tod 1960 erbte seine Frau Margarete die Grundstücke.[3] Nach ihrem Tod 1979 wiederum erbte ihr Bruder Artur Broetzmann das Grundstück, der aber in Westberlin wohnte. Verwaltet wurde es daher von der Kommunalen Wohnungsverwaltung im Ostberliner Bezirksamt Pankow. Broetzmann starb 1977. 1983 erwarb Hannelore Paeschke das Grundstück und vererbte es ihren beiden Söhnen Andreas, der auch nicht mehr am Leben ist, und Jörg-Rainer, der nun vor mir steht.

Er zeigt mit der Hand auf eine Stelle an der Wand des kleinen Zwei-Zimmer-Häuschens, das er erst vor wenigen Jahren errichtet hat: »Die alte Holzütte ging ungefähr bis hier.« Damit meint er die Laube, in der sich Anna im Krieg versteckte. Paeschke ist überzeugt davon, dass die Holzhütte, die er abgerissen hat, die originale Hütte aus der Nazizeit gewesen war: »Wir fanden damals beim Abreißen im nicht begehbaren Dachboden zwischen den Deckenbrettern alte Zeitungen aus den 30er-Jahren. Sie dienten als Isoliermaterial.« Von Helmys Geschichte, »eine bewegende Sache«, habe er erst vor Kurzem gehört. »Früher hieß es, dass hier ein Arzt mit einer Praxis war. Das haben mir meine Eltern erzählt. Und das stimmt.«

Jörg-Rainer Paeschke beschreibt mir Helmys Hütte: Sie hatte ein flaches Dach, war 40 bis 50 Quadratmeter groß, hatte eine Strom- und Wasserverbindung (die aber vielleicht erst nach dem Krieg eingebaut worden war) und bestand aus drei kleinen Räumen. Der Eingang lag rechts und war somit nicht einsehbar für die einzigen Nachbarn auf der linken Seite, das Ehepaar Barthelmann. Wenn man die Hütte betrat, war man gleich im ersten Zimmer, einen Flur gab es nicht. Nach rechts ging es ins zweite Zimmer und geradeaus ins dritte Zimmer. Zwei Zimmer waren also auf der Vorderseite. Vom linken Zimmer gelangte man in die Küche, von der eine Tür zum Garten hinter der Hütte führte. Die Laube war nicht unterkellert. Der alte Küchenschrank und die Möbel, die Paeschke entsorgt hatte, stammten aus DDR-Zeiten.

Es ist schwer, sich bei sengender Sonne die frostigen Wintertage zu vergegenwärtigen, die Anna hier am Rande Berlins verbracht hatte. Nach dem Krieg gab Anna im Zuge medizinischer Untersuchungen an, sie habe die meiste Zeit während des Krieges in dunklen Räumen gelebt. So entstanden bei ihr auch Lichtscheue (Fotophobie) und Angstbeklemmungen. Noch mehr als zwanzig Jahre später litt sie unter Alpträumen, von denen sie schweißgebadet aufwachte.[4] Und medizinische Atteste erzählen von »kalten, feuchten Kellern und Versteckplätzen im Freien«, von Frostschäden an ihren Beinen.

Vielleicht war Anna hier zeitweise tatsächlich in einem unterirdischen Raum versteckt gewesen, so wie Dr. Schönebeck nur eine Straße weiter. Ihrem Orthopäden in New York hatte sie 1968 davon erzählt: Nach dem Auszug aus Helmys Haus sei sie im November 1943 in der Laube außerhalb Berlins versteckt gewesen. Wegen Entdeckungs- und Bombengefahr hätte sie jedoch mehr Zeit in einem Bunker (»Erdloch mit Brettern ausgedeckt«) als über der Erde verbracht. Wegen der Bombenangriffe hätte sie auch dauernd ihre Koffer tragen müssen, um auch ihre Habe im Erdloch in Sicherheit zu bringen. »Der Bunker hatte eine Menge Grundwasser gehabt«, und, obzwar eine Pumpe da gewesen ist, sei es doch sehr feucht und nass gewesen. »Im Winter war es besonders nass und kalt gewesen«, schreibt Anna.[5] Für die Entschädigungsbehörde listete sie auch auf, wann sie an welcher Krankheit litt: Im Winter 1943/44 habe sie offene Frostbeulen bekommen, die erst im Sommer abheilten und die dann im Winter 1944/45 als blaue Stellen wieder auftraten.

Wenn man heute am Ort des Geschehens steht, erinnert nichts mehr an diese Zeit. Der Garten ist gepflegt, eine Schubkarre ist mit Äpfeln vollgeladen, das Laub in Plastiksäcken eingesammelt, ein Fußball liegt im Garten. Annas Geschichte bleibt unsichtbar. Ich verabschiede mich und laufe zum Gartentor.

Auf dem Weg stoße ich auf eine am Boden liegende Betonplatte mit einem eisernen Griff daran und rufe nach Paeschke, der herbeieilt und die Platte schmunzelnd hochhebt. Darunter liegt eine 1,60 Meter tiefe Betongrube, in der sich die Wasseruhr für das Grundstück befindet. Sollte das etwa Annas Versteck gewesen sein?

# Helmys Helfer – der Spion Fritz Kolbe

In einem Einfamilienhaus in Buch, an der nordöstlichen Grenze der bombardierten Hauptstadt, tauschen sich zwei Männer heimlich aus. Beide haben Geheimnisse: Der eine arbeitet im Machtzentrum des Naziregimes und beliefert zugleich die Amerikaner mit geheimen Dokumenten, damit sie die Hitler-Diktatur von außen besiegen. Der andere hilft seinem Nachbarn, der ein jüdisches Mädchen in einer Gartenlaube versteckt. Willy Barthelmann und der vier Jahre jüngere Fritz Kolbe sind Cousins. Sie verbrachten Teile ihrer Kindheit gemeinsam in diesem Dorf – das zeigt ein altes Foto, das im Garten des Hauses entstand.

Auf der Aufnahme ist ein Gartenhaus zu sehen. Es gehörte in der Zeit vor dem Ersten Weltkrieg dem preußischen Landtagsabgeordneten Johann Barthelmann. Er besaß ein Mehrfamilienhaus in Berlin-Wedding und nutzte das Gartenhaus in Buch als Sommerfrische. Buch war schon zu Beginn des 20. Jahrhunderts mit der Eisenbahn leicht zu erreichen gewesen. Auf dem Bild, das im Sommer 1903 aufgenommen wurde, posiert die Familie vor dem neuen, reich verzierten Holzhaus, inmitten von frisch gepflanzten Obstbäumen und Blumen. Der Politiker mit dem großen Schnurrbart thront auf einem Sessel. Er ist elegant gekleidet, trägt eine graue Hose, passende Weste und einen hellen Strohhut. Seine Frau Ida steht vor dem Hauseingang mit einem Tablett und Porzellan in den Händen. Fritz Kolbe, gerade vier Jahre alt, schaut konzentriert in die Kamera, einen Teller mit Kuchen in der Hand. Sein Cousin Willy Barthelmann sitzt lässig auf dem Fensterbrett, die Hände im Schoß gefaltet.

40 Jahre später treffen sich die beiden Cousins auf ebendiesem Grundstück und beraten sich: Der Diplomat und Nazigegner Fritz Kolbe unterrichtet den Maurermeister Willy Barthelmann vom Stand der Dinge in Berlin und gibt ihm nützliche Tipps, wie sein Nachbar, ein ägyptischer Arzt, das von ihm versteckte jüdische Mädchen vor den Nazis schützen kann.

Das alte Foto zeigt mir Karl-Heinz Wolter, der jetzige Bewohner des Hauses im Röbellweg 139. Er ist mit Barthelmanns verwandt und Erforscher der Familiengeschichte. Eigentlich ist es die Familie seiner verstorbenen Frau Bärbel Peters, Willy Barthelmanns Enkelin. Der pensionierte Ingenieur Wolter hat in Berlin-Buch die Nazizeit, die sowjetische Besatzung und die DDR erlebt. Dass der vielleicht wichtigste deutsche Spion, den die Alliierten in Nazi-Deutschland hatten, einst ausgerechnet auf seinem Grundstück verkehrte, macht ihn irgendwie stolz.

Fritz Kolbe war mit Buch auch noch auf andere Weise verbunden: Hier fand er seine erste Liebe und spätere Ehefrau Anita Falkenhain.[1] Im Ersten Weltkrieg war das Bucher Krankenhaus in ein Lazarett umgewandelt worden. Dort lag auch Fritz Kolbe. Er litt unter einer schweren Fußentzündung, und lange sah es so aus, als müsste man ihm sogar ein Bein amputieren. Anita arbeitete als Hilfskrankenschwester in dem Lazarett und kümmerte sich um ihn. Sie lebte damals noch bei ihren Eltern in Buch. Anita Kolbe starb bereits 1937 und wurde auf dem Luisenfriedhof in Buch begraben. Später heiratete Kolbe ein zweites Mal, Maria Fritsch, die Sekretärin von Ferdinand Sauerbruch, über die er auch Kontakt zum organisierten Widerstand bekam.

Nach dem Ersten Weltkrieg wurde Fritz Kolbe zunächst Bahnbeamter, er holte dann das Abitur nach und schlug eine

Beamtenlaufbahn im Auswärtigen Dienst ein. Er war von 1925 bis 1945 im Dienst des Auswärtigen Amtes. Dabei weigerte er sich, der NSDAP beizutreten. Er wurde Konsularsekretär in Madrid, Vizekonsul in Kapstadt und ab 1939 Mitarbeiter des Botschafters zur besonderen Verwendung Karl Ritter, dem Verbindungsmann zum Oberkommando der Wehrmacht.

Über Kolbes Schreibtisch liefen täglich Hunderte von Telegrammen aus allen deutschen diplomatischen Vertretungen. Im Sommer 1943 stand für Fritz Kolbe fest: Hitler muss weg! Er schmuggelte streng geheime Dokumente aus der Behörde in der Wilhelmstraße. Eine Kurierfahrt in die Schweiz im August ermöglichte ihm die Kontaktaufnahme zu den Amerikanern. Kolbe begann ein gefährliches Doppelleben. Er übergab den Amerikanern den genauen Lageplan der Wolfsschanze, Hitlers geheimem Hauptquartier; er enttarnte einen deutschen Top-Spion als Diener des britischen Botschafters in Istanbul; er half, einen deutschen Geheimsender in Irland auszuschalten. Er warnte vor U-Boot-Angriffen auf alliierte Konvois und hatte sogar Baupläne von Konzentrationslagern und Truppenbewegungen zu bieten. Durch ihn erfuhren die Alliierten von der geplanten Liquidierung der jüdischen Gemeinde Roms und der Deportation der ungarischen Juden. Rund 1600 Dokumente und unzählige mündliche Informationen gab er an die Amerikaner weiter.

Aber Kolbes Heldentaten wurden erst spät anerkannt. Bis 1949 arbeitete er für die US-Behörde Office of Military Government for Germany und versuchte dann, in die USA auszuwandern. Als er 1950 wieder ins Auswärtige Amt wechseln wollte, lehnte man ihn ab. Man lastete ihm den Selbstmord des deutschen Gesandten in Bern an, Otto Köcher, mit dem Kolbe kurz vor Kriegsende im Auftrag des US-Nachrichtendienstes verhandelt hatte. Auch Pensionsansprüche verweigerte ihm das Auswärtige Amt. Er starb 1971 einsam und verarmt in Bern in der Schweiz.

Erst eine Biografie des französischen Historikers Lucas Delattre, die 2003 in Frankreich erschien, führte zu Kolbes Rehabilitierung durch Außenminister Joschka Fischer. Und als eine Art späte Wiedergutmachung gibt es seitdem im Berliner Außenministerium einen »Fritz-Kolbe-Saal«, in dem ein Bild von Kolbe hängt.

Als Mod Helmy Anna Boros im November 1943 in der Laube in Berlin-Buch versteckt, arbeitet Kolbe in einer wichtigen Informationsstelle im Auswärtigen Amt und kann so seinem Cousin Willy Barthelmann gute Ratschläge geben und ihn vor Gefahren warnen. Von Barthelmanns Tochter Hilde, seiner Schwiegermutter, hatte Karl-Heinz Wolter oft davon gehört, dass Helmy eine Jüdin in der angrenzenden Laube versteckte und dass Kolbe immer wieder Barthelmann besuchte. Auf Barthelmann, ein Nazigegner und verschwiegener Mann, konnte Kolbe sich verlassen. »Kolbe sagte ihm, worauf er aufpassen solle und was zu vermeiden war«, erzählt Wolter. »Kaum jemand verirrte sich damals in die Kolonie Buch, aber in einem der beiden Häuser in der Kurve wohnte ein Wehrmachtsoffizier, der seine Augen offenhielt. Solche Leute verstanden keinen Spaß, wenn sie jemanden verdächtigten.«

Im April 1944 berichtete Kolbe den Amerikanern, dass Deutschland am Ende seiner Kräfte sei. Zum gleichen Zeitpunkt habe er auch Barthelmann gesagt, der Krieg sei bald zu Ende, erzählt Wolter. Die Barthelmanns mussten aufpassen, sie waren Sozialdemokraten. Auch Kolbes Vater war ein treuer SPD-Wähler gewesen. Das wusste Helmy sehr wohl.

Da er Arzt war, konnte er seinem Nachbarn sogar zu einem Akt des Widerstandes verhelfen. Ab Oktober 1944 mussten alle wehrfähigen Männer der von der NSDAP gegründeten Bürgerwehr zur Verteidigung des Deutschen Reiches beitreten. »Barthelmann war ein kräftiger Mann, den man mit Sicherheit eingezogen hätte«, sagt Wolter. »Das wollte der Hitler-Gegner aber nicht. Helmy setzte ihm auf seinen Wunsch hin Spritzen, die

Nierenblutungen verursachten, sodass er zur Zeit der Erfassung zum Volkssturm nicht mehr wehrtauglich war. Er hat Helmy vielleicht sein Leben zu verdanken.« Die Barthelmanns wiederum wussten, dass der Arzt in der Hütte des Nebengrundstücks ein jüdisches Mädchen versteckte, sagt Wolter. Barthelmanns Frau habe Anna Boros auch mit Lebensmitteln versorgt, hatte ihm Schwiegermutter Hilde immer wieder erzählt.

Helmys Rettungsgeschichte in Berlin-Buch liegt unter dem Schutt der vergangenen 70 Jahre sozusagen begraben. Die meisten Zeitzeugen sind bereits tot oder sie siedelten von der sowjetischen Besatzungszone nach Westberlin über, und nur sehr wenige kehrten nach der Wende in die Häuser ihrer Vorfahren zurück. Die wenigen gebürtigen Bucher, die hier noch leben, können nicht viel über die Kriegszeit im Dorf erzählen, weil sie als Kinder evakuiert worden waren. Einige ältere Bucher kamen erst nach Kriegsende als Flüchtlinge aus dem Osten. Weil in der stalinistischen Zeit Verschwiegenheit und Diskretion die beste Lebensversicherung waren, wurden viele Erlebnisse mit ins Grab genommen.

Auf der Suche nach Zeitzeugen nennen meine Bucher Kontaktpersonen irgendwann einen bekannten Namen: Gerlinde Schramm, Wolters Nachbarin, die ich bereits über die Spur des Glasermeisters Otto Schulz kennengelernt habe. Sie wurde 1942 in Buch geboren und verbrachte dort ihr ganzes Leben. Und Gerlinde Schramm ist entfernt mit Fritz Kolbe verwandt; er ist der Schwager ihres Großvaters. Schramms Großvater war der Bruder von Kolbes erster Frau Anita, die in Schramms Nachbarhaus aufwuchs.

Am 21. April 1945 rollten russische Panzer in Buch ein. Gerlinde Schramm verbrachte diese Zeit im Keller, wo man sich vor den Russen versteckte. Zu Schramms frühesten Erinnerungen gehört es, dass sich drei Frauen im Nebenhaus das Leben nahmen, um ihrer Vergewaltigung zu entkommen. Aber der Krieg hatte alle gezeichnet. Willy Barthelmann war auf Fotos von 1939

143

noch ein beleibter, kräftiger Mann gewesen. Nach Kriegsende war er hager und stark gealtert. Doch der Sozialdemokrat Willy Barthelmann, der Judenretter Mod Helmy und viele Zwangsarbeiter hatten den Krieg überlebt. Zunächst freute man sich über den Einmarsch der Russen.

Gerlinde Schramm erzählt weiter, dass sich Fritz Kolbe lange nach Kriegsende eines Tages bei ihrer Mutter Olga Simon, der Cousine von Kolbes erster Frau Anita, meldete und sie bat, ihn in Westberlin zu besuchen. Er war offensichtlich verzweifelt, weil er nirgendwo Fuß fassen konnte. »Er fragte meine Mutter, ob er nach Ostberlin kommen solle. Er dachte, dass man ihm die Spionagetätigkeit zur Kürzung des Kriegs zugutehalten würde.« Olga Simon hielt das aber für keine gute Idee. Nach dem Volksaufstand am 17. Juni 1953 in der DDR kam es zu Strafverfahren gegen die »Hintermänner«. Schramm vermutet, dass die Kommunisten Kolbe inhaftiert hätten, »weil er für die ein Teil des Naziregimes gewesen war«. Dass er Widerstand betrieben hatte, hätte ihm da auch nicht geholfen. Kolbe kam nie wieder nach Buch. Wenn er seinen Jugendfreund Willy Barthelmann traf, dann in Westberlin.

Die Teilung Deutschlands teilte auch viele Bucher Familien. Willy Barthelmanns Tochter (Wolters Schwiegermutter Hilde Peters) reiste bereits 1953 nach Westberlin aus, weil sie ihre Tochter (Wolters spätere erste Frau) nicht im Sinne des Sozialismus erziehen wollte. Ihre Eltern folgen ihr 1963 im Rahmen einer Familienzusammenführung. 1960 beschloss auch Wolter, gerade volljährig geworden, zu fliehen. »Offiziell reiste ich zu einem Freund in Thüringen, nahm aber bewusst den Zug, der über Westberlin fuhr«, erzählt er. Der 18-Jährige wurde nicht kontrolliert, stieg am Potsdamer Platz aus und meldete sich direkt im Aufnahmelager für DDR-Bürger in Marienfelde. Im Jahr darauf wurde die Berliner Mauer errichtet.

1952 verbot die DDR-Regierung den Bewohnern der drei

West-Sektoren Berlins das Betreten des Staatsgebiets der DDR. Aber innerhalb von Berlin konnte man sich noch frei bewegen. Daher wurden alle Nebenstraßen, die vom Grenzort Buch ostwärts führten, mit großen Bretterzäunen versperrt, auch der Röbellweg. Am Ende der Hauptstraßen befanden sich Schlagbäume. Nach dem Volksaufstand in der DDR 1953 wurde diese Grenze noch dichter. Nach 1955 mussten die Bucher am Grenzübergang nicht nur ihre Ausweise zeigen, sondern wurden auch durchsucht. Gerlinde Schramm musste am Tag bis zu sechs Mal ihren Personalausweis zeigen – an der Grenze, auf dem Bahnhof Röntgental, der außerhalb von Berlin lag, und in der S-Bahn.

Erst mit dem Fall der Mauer fanden die Bucher Familien wieder zueinander. Nur wenige Tage nach dem Mauerfall wollte der in Australien lebende Sohn von Fritz Kolbe Peter seine Verwandte Gerlinde Schramm in Berlin-Buch mit einem Besuch überraschen. Er hatte ein Foto des Familienhauses bei sich, aber das half ihm zunächst nicht weiter, denn die Straße war 1938 von den Nazis umbenannt worden. Schließlich erkannte ein Bucher das Haus und fuhr Peter zu Gerlinde Schramm. Peter war verwundert, dass sie ihn überhaupt kannte; er hatte nicht gewusst, dass sie seit Jahren seine Mieteinnahmen für das Haus seiner bereits 1937 verstorbenen Mutter Anita verwaltete und jährlich seine Steuererklärung anfertigte. Sie führte ihn auch an das Grab seiner Mutter. Nach Anitas frühem Tod und mit dem Beginn des Kriegs hatte Fritz Kolbe den gemeinsamen Sohn Peter in die Obhut von Pflegeeltern in Südafrika gegeben, wo er damals aus dienstlichen Gründen gelebt hat.

Gerlinde Schramm schenkte Peter ein Foto, auf dem er als Kind im Garten des Hauses neben dem hundertjährigen Baum zu sehen war. Das Holzhaus, vor dem sein Vater Fritz als Kind posiert hatte, gab es nicht mehr. 1933 war es durch ein Steinhaus ersetzt worden.

Gerlinde Schramm und Wolter sind erst seit 1992 Nachbarn. Wolter ist stolz auf seine Familiengeschichte und seinen Garten.

Dort, wo einst die Knaben Willy und Fritz 1903 in die Kamera schauten, befindet sich heute sein Seerosenteich. Dann zeigt er mir eine Stelle im hinteren Teil des Gartens, wo nichts wachsen wollte. »Hier fand ich eine Betonplatte und darunter einen Schutzbunker, den Großvater Willy Barthelmann gebaut hatte«, sagt er. »Es kann sein, dass ab und an jemand herübergebeten wurde, um sich in Sicherheit zu bringen.« Zum Beispiel Anna Boros.

# Furchtbare Nächte und Tage

Bis zu Hitlers Machtergreifung war Anna Boros ein behütetes Mädchen gewesen, das in einer wohlhabenden Familie aufwuchs. Ein Foto zeigt dieses geordnete, bürgerliche Leben: Anna sitzt mit ihren Eltern Julie und Georg Wehr an einem runden Tisch im Wohnzimmer, alle drei sind elegant gekleidet. Julie trägt kleine runde Ohrringe, ein Kleid mit weißem Kragen und eine modische Frisur, der glattrasierte Georg einen Dreiteiler mit gestreifter Krawatte und Einstecktuch. Und die etwa achtjährige Anna trägt eine Halskette und ein Armband. Sie schauen konzentriert in die Kamera. Auf der dunklen Holzkommode steht ein silberner Samowar.

Die Stimmung wirkt ernst, nicht zuletzt wegen der schweren Möbel, Tapeten und gemusterten Gardinen. Im Raum stehen frische Schnittblumen und eine Kristallschale mit Äpfeln neben den Kerzenständern. Die bürgerliche Ordnung scheint perfekt. Nach der Arisierung 1938 war dann nichts mehr, wie es war.

Als Cecilie Rudnik 1942 in die Illegalität ging, konnte sie die Familie finanziell nicht mehr über Wasser halten, denn sie musste ihre Ersparnisse für die eigenen Helfer verwenden. Besonders prekär wurde die finanzielle Situation 1944, als die Gestapo Cecilies monatliche Zahlungen an Georg Wehr stoppte, die »eine große Hilfe« für die Versorgung der untergetauchten Anna waren, wie er nachträglich schreibt.[1] Je mehr der Druck auf die

147

Familie zunahm – mit jedem neuen Gesetz, jeder Anordnung, jedem Erlass –, desto abhängiger wurde sie von ihrem Helfer. Mod Helmy war von nun an ihre einzige, permanente und sichere Stütze und Ende 1943 holte er auch Annas Eltern nach Buch. Es erscheint allerdings plausibler, dass nur Julie in die Laube ging.

Der Druck des engen Lebens in der Illegalität belastete wohl das Verhältnis zwischen dem arabischen Arzt und seinen jüdischen Schützlingen und auch die Beziehungen innerhalb Annas Familie.

In seinem Buch *Als Mitleid ein Verbrechen war – Deutschlands stille Helden* beschreibt Heinz David Leuner, ein Deutscher jüdischer Herkunft, der vor den Nazis fliehen konnte, detailliert die ständigen Spannungen, die verfolgten Juden und deren Helfern in der Nazizeit schlaflose Nächte bereiteten. Anna, Cecilie und Martin erhielten im Untergrund keine Lebensmittelkarten und waren auf sogenannte Not- oder Reisemarken angewiesen, mit denen Reichsbürger (»Staatsangehörige deutschen oder artverwandten Blutes«) überall einkaufen konnten, nicht nur dort, wo sie registriert waren.

Helmy musste – mit Rudniks Geld – die anderen Helfer gelegentlich bezahlen, die ein großes Risiko auf sich nahmen. Er durfte keine Notizen machen oder Adressen von ihnen aufzeichnen, denn die Gestapo hätte sie finden können. Er konnte auf der Straße Juden, die den Stern trugen, wie die Rudniks, nicht mal ansprechen oder sie gar besuchen, da, wo sie lebten. Das hätte ihn in Gefahr gebracht, denn jeder Pförtner, Luftschutzwart oder Nachbar konnte ein Spitzel sein. Sogar die BBC zu hören und seinen jüdischen Schützlingen womöglich vom Kriegsstand und dem Vormarsch der Alliierten zu berichten, um sie zu ermutigen, war lebensgefährlich. Die Hamsterausflüge der Helfer durften nicht zu häufig stattfinden, denn das wäre zu sehr aufgefallen und Spitzel gab es »überall in Mengen«, so Leuner. Aber nichts deutet daraufhin, dass der zunehmende Druck auf Annas Eltern Helmys Hilfsbereitschaft beeinträchtigte.

Und das, obwohl vor allem die Rudniks ihn immer öfter konsultieren. Ihre Fragen drehen sich nur am Rande um ihre Gesundheit, sondern vielmehr um ihre Sicherheit und ihre schrumpfenden Ersparnisse, die sie vor den Nazis in Sicherheit bringen wollen. Und auch Martin kreuzte immer wieder auf, auch als er bereits im Versteck lebte und somit den Arzt sehr gefährdete. Aber Helmys Hilfe stärkt die Beziehungen zu seinen Schützlingen nicht unbedingt.

Das Leben im Untergrund hat in vielen jüdischen Familien Risse entstehen lassen, weil sie gezwungen waren, unter enormen Spannungen auf engstem Raum zusammenzuleben. Nun lebte Annas Familie noch legal, aber ihr Berlin wurde immer enger. Und als Cecilie, Martin und Anna getrennt im Untergrund lebten, konnten sie miteinander nur noch über den Verwalter Otto Buja und über ihren Arzt in Verbindung treten.

Die zunehmend angespannten Verhältnisse zwischen den einzelnen Familienmitgliedern belasteten auch die Beziehungen zu Helmy. Nachdem Helmy Anna bei sich versteckt hatte, musste er sich auch auf ihre Familie verlassen können. Zu dem Zeitpunkt war es strikt verboten, ohne polizeiliche Erlaubnis einen Juden zu beherbergen.[2] Sogar bei einer geringfügigen Hilfeleistung für versteckte Juden kam man in der Regel in Haft oder sogar ins Konzentrationslager.

Hat Helmy als der untergetauchte Martin unangemeldet bei ihm erschien auch mal seinen Ärger gezeigt? Ist er mal laut geworden? Helmy selbst sagt dazu nichts. Während des Kriegs erwähnte Helmy seine Hilfe für Anna und ihre Familie selbstverständlich mit keinem Wort. Und seine Nachkriegsberichte zielen darauf ab, eine Entschädigung als politisch Verfolgter zu erhalten. Dabei konnte ihm seine Rolle als Judenretter von Vorteil sein. Ein Taktiker war er schon immer gewesen. Also hätte er eventuelle Proteste seinerseits vermutlich verschwiegen.

Und wer half Helmy? In jenen Jahren stand ihm allein seine Verlobte Emmy zur Seite. Annas jüdische Familienangehörige hielten Helmys nicht ungefährliche Hilfsbereitschaft manchmal für selbstverständlich. Dieses Leben im Versteck, abhängig von anderen und in ständiger Gefahr belastete besonders Großmutter Cecilie, die nach dem Tod ihres Mannes 1939 die Geschicke der Familie geführt hatte. Das ist nicht weiter verwunderlich bei einer solch betagten Frau im Untergrund. Ihren Unmut bekam auch Helmy zu spüren. Der konnte sich aber gut beherrschen, weil er sehr diszipliniert war und in seiner auch nicht sicheren Situation als Ausländer einen kühlen Kopf bewahren und Streitigkeiten meiden musste. So fand er eine Antwort auf jede neue Schikane der Nazis. Für Anna war Helmy häufig der einzige Mann in dieser Zeit, auf den sie sich verlassen konnte. Helmy hatte seit Jahren gegen Diskriminierung, Schikanen und Verfolgung zu kämpfen gelernt und mit der Zeit gewisse Praktiken entwickelt. Georg Wehr war hingegen bis 1938 mit solchen Problemen nicht konfrontiert gewesen. Einige Male wurde er von der Gestapo über den Verbleib seiner Angehörigen verhört und musste jegliche Kenntnis abstreiten, was ihm sicherlich schwer fiel. Schließlich wurde er im November 1944 in ein Lager der Organisation Todt in Jena eingewiesen, wo er Zwangsarbeit zu leisten hatte.

Helmy hingegen half mit, auch wenn Cecilie dreimal ihr Versteck wechselte, weil sie unzufrieden war, in der Regel mit den Menschen, die sie unterbrachten. Er unterstützte auch Martin, als dieser ein neues Versteckt suchte, weil ihm die alte Bleibe zu gefährlich wurde.

Fest steht, dass Cecilie Rudnik eineinhalb Jahre bei Helmys Patientin Frieda Szturmann in Staaken an der westlichen Grenze Berlins wohnte. Helmy wusste wohl, dass die Szturmanns alle Sozialdemokraten waren, dass sie ein besonderes Talent für Gartenarbeit hatten und somit eine weitere Person verköstigen konnten, wie Friedas Enkel Dieter Szturmann und seine Frau Marlis bestätigen. Als die Nachbarn anfingen, darüber zu sprechen, dass bei Szturmanns eine Jüdin wohnte, brachte Georg Wehr seine Schwiegermutter nachts zur Wohnung von Szturmanns Schwester in Tempelhof. Diese war aufs Land geflüchtet und die Wohnung stand offiziell leer. Daher musste die alte Dame sich sehr ruhig halten. Szturmann versorgte sie einmal pro Woche mit Lebensmitteln. Aber Cecilie Rudnik bekam Angstzustände und wurde nach Neukölln zu Familie Mende gebracht, der sie für ihre Unterbringung 300 Mark monatlich zahlte, ein durchschnittliches Monatsgehalt. Schließlich brachte Wehr sie nach Prenzlauer Berg, wo sie das Kriegsende erlebte.[3]

Aber auch Georg Wehr war kein bedingungsloser Helfer. Helmy musste ihn in einer kniffligen Situation besänftigen. Dass Cecilie Rudnik ohne sein Wissen untergetaucht war, die ihn bisher finanziell unterstützte, ärgerte ihn sehr. Obwohl er nichtjüdisch war, befürchtete Georg Wehr zudem zurecht Ärger mit der Gestapo. Denn er hatte weder Helmys Mut noch seine lange Erfahrung im Umgang mit den Nazis, die ihn einst verfolgten. Seine eigene Sicherheit schien ihm im ersten Moment wohl wichtiger als die seiner jüdischen Verwandten. Daher wollte er seine jüdischen Verwandten ihrem Schicksal überlassen. Schließlich konnte ihn Helmy beruhigen. Zum Glück hörte die Gestapo dieses Telefonat nicht mit.

Als Anna zur Ausreise nach Rumänien aufgefordert wurde, erstarrten sowohl ihr Stiefvater Georg wie auch ihr Bruder Martin vor Angst. Wieder war es Helmy, obwohl er anders als Wehr kein Deutscher war, der die Initiative ergriff und dafür sorgte, dass sie untertauchte. Auf ihn konnte sich die jüdische Familie offenbar verlassen.

Seit anderthalb Jahren lebt Anna im Untergrund. Gefahr lauert ihr vor allem von der Gestapo, aber auch von eifrigen Nationalsozialisten, Denunzianten und besonders von jüdischen Spitzeln, sogenannten »Greifer«, die sie vielleicht aus der jüdischen Schule kannten. Langsam muss sie jedoch feststellen, dass durch menschliche Fehler manchmal die Gefahr in der eigenen

Familie lauert. Es liegt nahe, dass sich Julie Wehr bei Kolleginnen in der Zwangsarbeit verplapperte. Stolz und sicherlich vertraulich erzählte sie einer Arbeitskollegin, dass ihre jüdische Mutter trotz ihres hohen Alters in Berlin im Untergrund lebt. War das der Grund warum Cecilie rasch ihr Versteck in Staaken bei Berlin verlassen musste?

Nachdem auch Julie Wehr zu Anna in die Gartenlaube nach Buch gezogen war – vermutlich, weil Georg Wehr im November 1944 in ein Lager für Zwangsarbeit eingewiesen worden war –, krachte es zwischen den beiden. Anna hatte Angst, dass Helmy die Situation nicht mehr ertragen könnte. Aber Annas Bauchgefühl täuschte sie nicht. Es kam zu einem sehr dramatischen Moment: Anna wurde von ihrer eigenen Mutter verraten.

Im April 1943 war Julie Wehr ebenfalls zur Zwangsarbeit verpflichtet worden – als Arbeiterin der Firma Rose & Co. in Berlin-Schöneberg. Ab April 1944 arbeitete sie als Schreibkraft in einer Werkstatt. Im November 1944 wurde Georg Wehr zwangsverpflichtet. Mutter und Halbbruder waren untergetaucht. Anfang 1945 war Julie Wehr auf sich allein gestellt – für sie eine neue und verunsichernde Situation. Und so kam es dazu, dass sie sich bei den Kolleginnen verplapperte.

Diskretion schien Julie Wehrs Sache nicht gewesen zu sein, denn sie lernte aus ihrem Fehler nicht. Schon bald wussten einige Mitarbeiterinnen, dass auch Anna seit Jahren die Gestapo überlistet, indem sie sich als Muslima ausgibt. Vielleicht verriet Julie sogar, wo sich das Versteck befindet. »Sie verriet den Aufenthalt ihrer Tochter bei mir«, versicherte Helmy nach dem Krieg eidesstaatlich.[4] Schlimmer noch: Julie Wehr wurde wegen Handelns mit Schwarzmarktwaren denunziert. Am 10. Januar 1945 wurde Julie Wehr verhaftet und in die ehemalige Pathologie des Jüdischen Krankenhauses im Berliner Wedding gebracht. Das war zu dieser Zeit die Sammelstelle, an der die Berliner Juden vor ihrer Deportation zusammengetrieben wurden. Dort musste Julie Wehr auch zum ersten Mal den Judenstern tragen.

Helmy war alarmiert. Es muss ihm klar gewesen sein, dass Julie Wehr ein Gestapo-Verhör niemals überstehen würde, ohne zu plaudern. In einem mutigen Schritt hielt er Rücksprache mit Wehrs Vorgesetzten. Vermutlich wollte er eruieren, wie groß die Gefahr der Entdeckung war, dass er Anna versteckte. Ihm war auch ganz sicher bewusst, dass er und seine Verlobte Emmy sich ebenfalls in größter Gefahr befanden. Emmy, Mod und Anna erlebten furchtbare Tage und Nächte.

Helmy musste handeln, denn nun war es bekannt, dass Anna jüdisch war, und die Gestapo konnte jederzeit von ihrem Versteck erfahren. Doch für Mitleid hatte Helmy keine Zeit; er handelte sofort, sorgte für ein neues, vorläufiges Versteck für Anna. Eine Nacht verbrachte sie bei Frieda Szturmann in Staaken und anschließend vier Wochen bei einer anderen Bekannten von Helmy, einer Krankenschwester in Berlin-Britz.[5] Er stellte Anna als seine Nichte aus Dresden vor.[6] Erst als er sicher war, dass die Gestapo sie nicht mehr suchte, brachte er sie wieder nach Buch. Auch in dieser Zeit kümmerte Helmy sich um die Versorgung mit Lebensmitteln. In Buch hatte er ihr offensichtlich von seinen eigenen Essensrationen etwas abgegeben oder er bezahlte die Nachbarn dafür, die sich teilweise aus dem eigenen Garten ernährten.

Nun ist Helmy sehr gefährdet und er muss sich schützen, aber ohne dabei Anna in eine bedrohliche Situation zu bringen. Geht das? Einmal mehr bewies er jedenfalls Entschlossenheit und Härte: Der Arzt diktierte dem jüdischen Mädchen einen Brief, in dem sie zugibt, ihn über ihre Abstammung getäuscht zu haben. Darin entschuldigte sie sich bei ihm dafür, dass sie ihm seit Jahren vorgelogen hatte, eine Muslimin zu sein. Sie sei in Wirklichkeit eine Jüdin, wusste aber, dass er sie, wenn sie es ihm gesagt hätte, sofort zur Gestapo gebracht hätte. Sie wolle nun nach ihrer Mutter suchen und dann zu ihrer Tante nach Dessau fahren.[7] Er weiß zu diesem Zeitpunkt (Mitte Januar), dass die ersten sowjetischen Truppen die Grenzen des Deutschen Reiches im Osten bereits überschritten hatten. Er konnte davon ausgehen, dass die Gestapo kaum nach Anna suchen würde.

Helmy selbst erinnerte sich Jahre später vor Gericht an diesen Brief etwas anders. Danach teilte ihm Anna mit, dass sie zugibt, ihn über ihre »Abstammung« getäuscht zu haben.

Die Gestapo lud ihn tatsächlich zum Verhör vor. Der Arzt musste den Polizisten eine plausible Geschichte erzählen und zugleich Ruhe bewahren, um keinen Verdacht zu erregen. Er legte den Brief von »Fräulein Wehr« vor. Dann holte er tief Luft. Der Beamte las das Schreiben. Er schaute sich den fremdländisch aussehenden Mann an und überlegte, ob ein Ausländer in seiner Position, der bereits in Haft gewesen ist, das Risiko eingehen würde, eine Jüdin zu verstecken, und das noch jahrelang. Die Gestapo hatte wohl andere Probleme, jedenfalls ließ man Helmy gehen.

Jeder andere hätte nun so schnell wie möglich das Weite gesucht. Aber Helmy hatte noch eine Bitte. Er bat darum, Julie Wehr aus der Gestapo-Haft zu entlassen.[8] Man braucht schon sehr viel Mut und Chuzpe für eine solche Bitte – unter diesen Umständen. Doch Helmy konnte nichts bewirken. Julie Wehr blieb in Haft.

Haben sich Mutter und Tochter jemals über dieses dramatische Ereignis ausgesprochen? Konnte Anna ihrer Mutter wieder vertrauen? Nach dem Krieg bereute Julie ihren fatalen Fehler. Ob Cecilie von der Indiskretion ihrer Tochter überhaupt erfuhr? Und wenn ja, spielte das eine Rolle bei ihrer Entscheidung, ihre letzten Jahre zusammen mit ihrem Sohn Martin und weit weg von ihrer Tochter zu verbringen – in Berlin und in Israel – statt gemeinsam in die USA auszuwandern? Darüber schwiegen sie nach dem Krieg. Einig waren sich Julie und Anna nur darüber, dass sie ohne Helmys Hilfe die Shoah nicht überlebt hätten, wohl auch ohne seine Verlobte Emmy nicht.

Einig sind sich Mutter und Tochter auch in einem anderen Punkt: In ihrer vernichtenden Kritik am eigenen Bruder beziehungsweise Onkel Martin Rudnik. Die Hilfe, die sie vom ägyptischen Familienarzt erhielt, hätte Anna eigentlich von Martin erwartet. Julie hätte sich von ihrem Halbbruder gewünscht, dass er sich so mutig und selbstlos wie Helmy verhielt. Es ist interessant, dass sie diesen Vorwurf nicht gegen ihren Mann erhebt, der Deutscher war und bis November 1944 legal leben konnte. Dabei verkannte sie, dass Martin ab November 1941 staatenlos war, später in der Illegalität lebte und in dieser Zeit Haft und Gewalt erlebte, Unterernährung und seelische Zerrüttung.[9] Sie scheint seinen Lebensstil als Junggesellen zu missbilligen.

Möglich ist, dass Martin Rudnik, der ja selbst im Untergrund lebte, zweimal von der Polizei festgenommen, sechs Monate in Haft verbrachte und beinahe deportiert wurde, mit seinem eigenen Überlebenskampf beschäftigt war. Er wusste durch den deutschen Hausverwalter Otto Buja, dass die Gestapo nach seiner Schwester gefragt hatte, und musste annehmen, dass jeder Kontakt für sie beide gefährlich sein konnte.

Jenseits dieser offensichtlichen schwierigen Lebenssituation im Untergrund könnte der Geschwisterzwist aber auch tiefere Wurzeln haben. Martin Rudnik war offensichtlich das bevorzugte Kind seiner Mutter Cecilie, wie man auch dem Testament entnehmen kann. Kurz nach Julies zweiter Eheschließung, hatte Cecilie Rudnik 1930 festgelegt, dass Martin nach dem Tod seiner beiden Eltern 60 Prozent der Firma Rudnik GmbH und sein Halbbruder Berthold 40 Prozent erhalten sollte. Nach Bertholds Tod in Ungarn 1941 wurde die Aufteilung geändert: Martin sollte 68,5 Prozent und Julie 31,5 Prozent des Erbes bekommen.[10] Auch wenn dieses Testament den Kindern nicht bekannt war und mit der Arisierung obsolet wurde, spiegelt es Martins Status als Lieblingskind wider, was die Spannungen unter den Geschwistern zusätzlich erklären könnte.

155

Im Januar 1945 begann die deutsche Ostfront wegen der sowjetischen Winteroffensive zu zerbrechen. Tausende deutsche Zivilisten aus Ostpreußen ergriffen die Flucht nach Westen und deutsche Truppen zogen sich unter schweren Verlusten zurück. Am 2. Februar überquerten die ersten Soldaten die Oder und rückten in Richtung Berlin. Nach einem Monat war Helmy offenbar der Ansicht, dass die Gestapo nicht weiter nach Anna ermittelte. Er brachte das »Fräulein«, wie er sie offiziell nannte, zurück in die Laube.

Nachdem Helmy Anna zurück nach Buch gebracht hatte, kehrte jedoch keine Ruhe ein. Bei einem der letzten Angriffe am 27. März 1945 wurden im Ludwig-Hoffmann-Hospital in Buch zwei Häuser teilweise zerstört. Und noch hatten die Nazis in Buch das Sagen.

Anna und ihre Familie waren nicht die Einzigen, die Mod Helmy viel zu verdanken hatten. Mod Helmy hat auch anderen Menschen geholfen, die als Patienten zu ihm in die Praxis kamen. Manche waren ihm so dankbar, dass sie ihn auch nach über 70 Jahren nicht vergessen haben.

# »Er hat mein Leben gerettet« – Patienten erinnern sich

»Dank Dr. Mod Helmy bin ich am Leben«, sagt Jutta Schmidt. »Er hat mich gerettet«, erzählt auch Sabine Deicke. Nach über 70 Jahren haben die beiden Frauen aus Buch diesen Arzt nicht vergessen. Denn beide verdanken dem Ägypter ihr Leben. Es scheint mir fast, also ob sie darauf gewartet hätten, dass sie endlich jemand darüber fragt. Die Worte sprudelten nur so aus ihnen heraus.

Jutta Schmidt hatte sich auf einen Zeitzeugenaufruf mit der Bitte um Informationen über Helmy in der lokalen Monatszeitung *Bucher Bote* gemeldet. Die Lokalforscherin Rosemarie Pumb, die seit Jahren höchst engagiert die Verstrickungen der Bucher Krankenanstalten in die »Euthanasie«-Verbrechen der Nationalsozialisten erforscht, hatte die Anzeige geschaltet. Frau Schmidt, Jahrgang 1939, hatte sich daraufhin bei der Redaktion gemeldet und erzählt, dass sie sich an den ägyptischen Arzt Helmy erinnern könne. Er habe ihr Leben gerettet.

Im März 2015 lädt mich Jutta Schmidt in ihr Haus ein, um von ihrer Rettungsgeschichte zu erzählen. Geboren wurde sie als Jutta Briese einen Tag vor Silvester 1939 in der Kolonie Buch, nur eine Straße von ihrem jetzigen Haus entfernt. Dort wuchs sie bei ihrer Großmutter Betty Bahrendt auf. Juttas Vater war

Pazifist und wurde zur Strafe an die Front geschickt, sagt sie. Er blieb verschollen, und daher kennt sie ihn »nur von Bildern«.

Juttas alleinstehende Mutter Betty Briese – sie hieß wie ihre Mutter – schuftete als Landarbeiterin und auf den Bucher Rieselfeldern, die eine frühe Form der Abwasserreinigung waren. »Meine Mutter und meine Oma wurden von den Nazis als Kommunisten beschimpft, obwohl wir nicht in der Partei waren«, erzählt sie. »Die Nazis hatten rote Farbe an die Zaunpfähle und Mauer geschmiert.« Verbittert spricht sie über den Bauern, den Arbeitgeber ihrer Mutter, einen Mitläufer, der nach dem Krieg entnazifiziert wurde. Schmidt zählt sich und ihre Familie zu den »Verlierern der DDR« und vor allem des wiedervereinigten Deutschlands. Nach der Wende konnte das Ehepaar, nunmehr beide Rentner, die schöne Wohnung in Weißensee nicht mehr bezahlen, die sie bis dahin hatten, und sie zogen in die Laube, wo sie die Stromleitungen selbst verlegten und eine Heizung einbauten. Jutta Schmidt ist eine resolute Dame mit kurzen blonden Haaren und großen braunen Augen. Bereitwillig erzählt sie mir, von ihrem großen Sieg, dem Sieg über den »kriechenden Tod«.

Im Frühjahr 1945, kurz vor Kriegsende, im Alter von sechs Jahren, erkrankte Jutta schwer. »Viele Kinder wurden damals von Diphterie angesteckt, viele von ihnen starben. Da geht der Hals zu, am Schluss erstickt man, da ist nichts zu machen.« Übelkeit, hohes Fieber, Schluckschmerzen, erschwertes Einatmen, Bauch- und Gliederschmerzen sind häufige Symptome dieser Infektion, von der vor allem Kinder betroffen waren.

Juttas Mutter wusste, dass Dr. Helmy um die Ecke wohnte. »Als es dunkel wurde, schlich sie sich hin zu ihm in den Röbellweg 141, um ihn zu fragen, ob er mich im Krankenhaus aufnehmen würde. Ich wäre gestorben, wenn er mich nicht angenommen hätte.« Helmy erkannte die Gefahr und handelte sofort. »Mutter brachte mich dann im Handwagen ins Hufeland-Krankenhaus. Dort haben mich andere Ärzte aufgenommen und behandelt. Nun lebe ich durch ihn.« Gerettet wurde sie dort durch eine nicht ungefährliche Spritze mit Pferdeserum.

Ich zeige Schmidt einige Fotos von Helmy und sie erkennt ihn sofort. »Helmy war groß, schlank und dunkel, sprach aber gut Deutsch.« Das wisse sie, »weil er sich mit meiner Mutter gut verständigen konnte. Als er seine Visiten durch die Zimmer der Station machte, sprach er aber nie mit mir«. Jutta Schmidt erinnert sich genau an die Wochen, die sie im Krankenhaus verbrachte und zwischen Leben und Tod schwebte. Das Mädchen lag zusammen mit fünf Erwachsenen in einem Raum – eine Kinderstation gab es damals nicht. Ihre Mutter kam jeden Tag vorbei, durfte aber wegen der Ansteckungsgefahr nicht auf die Station.

Jutta Schmidt hatte von ihrer Mutter damals gehört, dass Helmy Ausländer war. »Sie sagte immer, er sei ein Engländer. Er galt als ›der englische Arzt‹.« Alle kannten ihn, und er sei um jeden Patienten bemüht gewesen, der zu ihm kam. Ein Wort verwendet Frau Schmidt immer wieder in ihrer Darstellung von Helmy: »Geheim.« Sie hatte durch die Erzählungen ihrer Mutter den Eindruck, dass »der Doktor immer in Gefahr war und beobachtet wurde«, weil er jüdischen Frauen half und diese anonym ins Krankenhaus aufnahm. »Helmy war durch die Nazis gefährdet, denn er war offensichtlich gegen sie.« Daher durfte man nur heimlich an ihn herantreten. »Alles um Dr. Helmy war sehr geheim.« Als Jutta Schmidt nach so vielen Jahren Helmys Namen in der Zeitung las, meldete sie sich sofort. »So einen Menschen kann man nicht vergessen, der so viel Gutes getan hat und dafür sein eigenes Leben riskierte«, sagt sie zum Abschied.

Offenbar gehört Helmy zu den lokalen Helden in Buch. Nach dem Gespräch mit Frau Schmidt mache ich mich auf den Weg in die Bucher Stadtteilbibliothek. An diesem Abend erzählt die damals 84-jährige gebürtige Bucherin und Lokalhistorikerin Rosemarie Pumb ausführlich über die Verstrickungen vieler

Ärzte und Krankenpfleger mit dem NS-Regime. Es geht um die dunklen Jahre ab 1933, die Zeit der »braunen Kittel«. Das Krankenhaus in Buch, wo Helmy im Krieg gearbeitet hat, war ein gutes Beispiel dafür.

Bereits 1933 waren alle jüdischen Ärzte und Pfleger entlassen worden, so auch Professor Karl Birnbaum, der Ärztliche Direktor der Heil- und Pflegeanstalt Buch.[1] Der lokale SA-Sturm, die »Braunhemden«, benutzte eine der Stationen des Krankenhauses als Kaserne und Folterstätte für politische Gegner. Ab März 1940 wurden von dort aus rund 2800 behinderte und jüdische Patienten abtransportiert. Die meisten sind in den Gaskammern der »Euthanasie«-Tötungsanstalten Brandenburg und Bernburg ermordet worden, aber Tausende starben in den Bucher Krankenanstalten, weiß Pumb. 1941 zog in einen Teil der leer stehenden Häuser das Hufeland-Hospital ein. Mindestens 8000 Bucher Patienten wurden durch Mangelernährung und Schlafmittel getötet, fand Pumb heraus. Ausgerechnet hier rettete Mod Helmy Menschenleben.

Vor Beginn der Veranstaltung sage ich einige Worte über Helmy und bitte um Hinweise für meine Recherche. Am Ende des langen und von düsteren Geschichten gezeichneten Abends bedankt sich ein Mann aus dem Publikum für den Hinweis auf Helmy: Endlich höre er an diesem Abend von einem einheimischen Arzt mit Gewissen.

Manchmal kommt die Erinnerung zurück, wenn man vor Ort ist. Aus diesem Grund besuche ich an einem verschneiten Tag im November 2015 gemeinsam mit Jutta Schmidt das Krankenhaus, wo sie dank Helmy gerettet wurde. Seit 1945 war sie nicht mehr dort gewesen. Wir laufen zum Backsteinhaus der Station 207, wo sie als Kind einst um ihr Leben kämpfte. Wir suchen ihr damaliges Zimmer im Erdgeschoss hinter dem Erker. »Es hat sich alles verändert«, sagt sie. Und nach eine Pause: »Zum Besseren.« Die Gespräche mit Jutta Schmidt werfen bei mir zwei

Fragen auf. Wie zuverlässig können ihre Aussagen sein, da sie sich allein auf die Erzählungen ihrer Mutter stützen? Und warum hielt man in Buch den Ägypter für einen Engländer?

Zum Glück kann sich Ilse Krumhaar, die zweite Zeitzeugin, die sich auf meinen Aufruf hin meldet, an Helmy im gleichen Krankenhaus erinnern. »Hier ein Volltreffer«, schreibt Rosemarie Pumb mit den Angaben der langjährigen Chefärztin, die in der gleichen Straße, in der sich Helmys Laube befand, wohnt. »Sie ist 95 Jahre alt und bisher sehr fit.«

Ilse Krumhaar nennt sich gern gebürtige Pankowerin, denn sie wurde im Februar 1920 geboren, zwei Monate bevor Pankow in Berlin eingemeindet wurde. Nach Buch kam sie im Februar 1945 als junge Ärztin. In der DDR war sie ab 1963 Chefärztin und Stadtverordnete in Berlin-Buch. Krumhaars erste Station in Buch war die Klinik für Innere Medizin. Dort stieß sie auf Dr. Mod Helmy, der ihr Vorgesetzter im Hufeland-Krankenhaus wurde. Krumhaar beschreibt ihn als »einen eleganten Mann, etwas fremdländisch, keinesfalls schwarz, aber (farblich) ein bisschen intensiver. Er war auffällig, weil groß, dunkel, schlank und drahtig, aber auch ein bisschen arrogant und unstetig.« Dass Helmy ein Ausländer war, das war Ilse Krumhaar zunächst gar nicht klar, denn er sprach akzentfreies Deutsch. An eine gemeinsame Visite mit ihm kann sie sich nicht erinnern.

Und wann fand diese Begegnung mit Helmy statt? In den letzten Monaten oder Wochen vor Kriegsende? »Vielleicht kurz nach dem Waffenstillstand«, sagt sie. So genau kann sich die pensionierte Ärztin, die trotz ihres Alters sehr wach und aktiv ist, bei den Telefonaten, die wir führen, nicht festlegen. Aber an ein Detail kann sie sich sehr gut erinnern: »Helmy lief immer mit einer englischen Armbinde in den Farben des *Union Jack* herum.« Warum sollte er das getan haben? »Er hatte auf diese Weise wohl das Gefühl, einen gewissen Schutz vor den Russen zu genießen. Wir mokierten uns darüber, dass ›der Ägypter‹, so nannten wir ihn, mit dieser englischen Staatsbinde lief.«

Dass Helmy eine Jüdin versteckt hatte, wusste Krumhaar nicht. Aber sie weiß noch, dass sie und ihre Kollegen ab und zu in seinem Büro gewesen seien »und er irgendwie von uns einen gewissen Rückhalt erwartete, dass wir nichts gegen ihn, sondern vielleicht etwas Positives über ihn aussagen sollten. Er wirkte getrieben, als ob er etwas verbergen wollte«.

Dass Helmy sich bei Kriegsende als Engländer ausgab, ist amtlich bestätigt in seinem Aufgebot, der öffentlichen Bekanntmachung seiner beabsichtigten Eheschließung im Standesamt Berlin-Buch. Dort gibt er kurz nach Kriegsende seine Staatsangehörigkeit als »Großbritannien« an, seinen Vornamen als Mod-Martin.[2] Diese Angaben werden später auch von der Polizei in Berlin-Charlottenburg, wo er spätestens ab 1947 wohnte, übernommen.

Warum gab sich Helmy 1945 auf einmal als Engländer aus? Er hatte am eigenen Leibe erfahren müssen, wie ihn die Nazis als Ägypter verfolgt hatten, und wie wenig sich Ägypten für ihn und seine Mitgefangenen eingesetzt hatte. Helmy kannte die Berliner Erklärung der Alliierten vom 5. Juni 1945, dass die Briten einen der vier Sektoren Berlins verwalten würden. Sein Englisch war gut genug, um gegenüber den Russen als Brite durchzugehen. Also suchte er den Schutz, den die Briten ihm vermutlich bieten konnten.

Helmy musste in diesen turbulenten Zeiten doppelt vorsichtig sein. Er musste befürchten, dass die Sowjets ihn als Nazi-Kollaborateur bestrafen würden. Sie konnten sich fragen, warum der Ägypter in Nazi-Deutschland geblieben war und sogar als Arzt arbeiten durfte. Und womöglich würden sie seinen Namen unter dem Dankesbrief an Adolf Hitler entdecken. Außerdem wären seine Verlobte Emmy und Anna vor den sowjetischen Soldaten wohl besser geschützt, wenn sie in der Obhut eines Briten waren. Auch das kann eine Erklärung dafür sein, dass Helmy zu dieser Zeit den Union Jack am Arm trug.

162

Auf meiner Suche nach Zeitzeugen, die von Helmy berichten könnten, bekomme ich noch einen weiteren Tipp: Sabine Deicke, die ich in ihrem Haus in Buch treffe. Es geht ihr nicht so gut und sie atmet schwer, aber sie beantwortet alle Fragen blitzschnell und mit viel Geduld. Auch sie hat ihr Leben Mod Helmy zu verdanken.

Eines Tages im Jahr 1945 klopfte es an Helmys Tür in Buch. Es ist Kurt Becker, der ein Haus ganz in der Nähe hat. Im Dorf galt der pensionierte Pädagoge als Antifaschist. 1941 oder 1942 hatten sich etwa vierzig SA-Leute vor die Arztpraxis eines benachbarten jüdischen Arztes, Dr. Stich, gestellt, um seine Patienten davon abzuhalten, ihn zu konsultieren. »Mein Opa fragte die jungen Männer, die er ja kannte, ob sie sich nicht schämten. Er erinnerte sie daran, wie der Arzt sich für sie eingesetzt hatte, als sie noch Kinder waren. Die haben dann ein bisschen abgelassen.« Aber einer der Männer zeigte Becker an. Und so kam der Rentner vor den Volksgerichtshof, wo Landesverräter gegen den NS-Staat verurteilt wurden. Dort erhielt er eine Bewährungsstrafe und musste die Leitung des ›Elysium Buch‹ übernehmen. Diese Gaststätte mit Tanzsaal an der Ecke Viereckweg/Mewesstraße diente als Zwangslager für 23 polnische Frauen, die in der Wäscherei arbeiteten.

Kurt Beckers Enkelin Sabine wurde am »Internationalen Frauentag« 1940 geboren. Ihre Mutter Ruth verließ Berlin 1943 und kam mit der kleinen Tochter bei Verwandten in Tilsit in der Nähe des heutigen Kaliningrad unter. Im Oktober 1944 kehrten sie nach Buch zurück, um den russischen Bombardements auf Tilsit zu entkommen. Gemeinsam übten sie ein wenig Widerstand gegen die Nazis. So feierten sie mit den polnischen Zwangsarbeiterinnen 1944 ein Weihnachtsfest, bei dem sie deutsche und polnische Volkslieder sangen. Becker finanzierte das Fest mit Geldern der Stiftung Winterhilfe des Deutschen Volkes, mit der die Nazis ausschließlich bedürftige »Volksgenossen« unterstützten.

163

Nun stand Kurt Becker bei Helmy vor der Tür und war außer sich: Seine Enkelin Sabine sei in Lebensgefahr! Helmy ließ alles stehen und liegen und eilte zu den Beckers. In der Küche war das Mädchen gerade dabei, fast zu ersticken – sie hustete und atmete pfeifend. 70 Jahre später erzählt Sabine Deicke diese Episode so lebendig, als ob sie gestern passiert wäre. »Ich hatte eine große Fischgräte schon ziemlich tief im Hals stecken, an der ich fürchterlich würgte und fast erstickt wäre. Wenn man so klein ist, kann eine Fischgräte schon was ausmachen. Und er hat sie mir dann rausgeholt.« Bis heute ist sie Dr. Helmy dankbar, »dass er mich gerettet hat«. Nur eine letzte Frage. Vielleicht kann sie sich noch erinnern, ob diese »Fisch-Affäre« noch während des Kriegs oder danach stattfand? Deicke lächelt, ihre Augen blitzen: »Das war nach Kriegsende«, sagt sie sofort. »Denn da gab es endlich wieder Fisch zu essen!«

Ich erzähle Sabine Deicke von meinem Besuch bei Jutta Schmidt, die nur 500 Meter entfernt wohnt. Beide sind gleichaltrig, haben ihre Kindheit in Buch verbracht und ihre Väter im Krieg verloren. Deicke machte in der DDR Karriere als Rechtsanwältin und war mit dem bekannten Lyriker und Publizisten Günther Deicke verheiratet. Natürlich wissen sie voneinander. Sabine Deicke, geborene Bock, und Jutta Schmidt, geborene Briese, waren acht Jahre lang Klassenkameradinnen in der Grundschule, haben sich aber seit einer Ewigkeit nicht mehr getroffen. Nun bringt sie ausgerechnet Mod Helmy für einen kurzen Moment wieder zusammen, ihr Retter.

# Die Russen kommen –
# neue Gefahren in Berlin-Buch

Am 21. April 1945 rollen die ersten Panzer der Roten Armee ins kleine Dorf Buch. Für einen Moment können Mod Helmy und Anna Boros aufatmen. Die Nazis sind geschlagen, Anna muss sich nicht weiter vor der Verfolgung verstecken, und Helmy als ihr Helfer muss nicht mehr die Deportation ins Konzentrationslager riskieren. Auch der Nachbar Willy Barthelmann aus dem Röbbelweg 139 freut sich als Sozialdemokrat über die Ankunft der Rotarmisten. Seine Freude währt jedoch nicht lange. Denn die ersten russischen Soldaten brechen bei ihm ein. Er muss ihnen alles geben, was er am Körper trägt – Uhr und Schmuck. Die Bewaffneten wollen aber mehr – ausgerechnet seine Tochter. Hilde Peters ist 23 Jahre und schwanger. Sie flüchtet auf den Dachboden. Ihr Vater stellt sich vor die Treppe und versperrt dem Soldaten den Weg. Der Russe schießt in den Fußboden und sagt nur: »Entweder du oder deine Tochter.« Der 48-jährige Maurer muss die schwerste Entscheidung seines Lebens treffen.

Diese dramatische Geschichte erzählt mir Karl-Heinz Wolter. Sie spielte sich in seinem Haus ab, kurz nach Kriegsende, und hat offensichtlich auch sein Leben stark geprägt. Denn Hilde Peters war seine Schwiegermutter.

Den Schuss des Soldaten hat auch Willy Barthelmanns Nachbar womöglich gehört oder diese Geschichte mitbekommen. Das war Mod Helmy und er machte sich große Sorgen um die 19-jährige Anna Boros. Nachdem er sie drei Jahre lang vor den Nazis versteckt hatte, gelang es ihm auch, sie in den chaotischen und für Frauen besonders gefährlichen ersten Nachkriegstagen vor den Russen zu schützen.

Im Hufeland-Hospital, wo Helmy arbeitete, hatten die Ärzte und Patienten die letzten Wochen des Krieges im Keller verbracht, erinnert sich die damals 25-jährige Ärztin Ilse Krumhaar. Während draußen die Schlacht um Berlin tobt und die sowjetischen Truppen sich von der Oder her näherten, wurden die Mitarbeiter und Patienten in den Luftschutzkellern pausenlos über die zentrale Radioanlage mit den Durchhalteparolen des NS-Rundfunks »unterhalten«.[1] »In den ersten Tagen nach dem Einmarsch der Russen traute sich kaum eine Ärztin oder Krankenschwester vor die Tür«, erzählt Krumhaar. »Damals beherrschten die Russen das Krankenhausgelände. Es war ein wüstes Durcheinander von Vergewaltigungen. Viele Schwestern, die vergewaltigt wurden, begingen anschließend Selbstmord. Die Suizidrate war sehr groß.« Die russische Oberkommandatur beschlagnahmte die Reste zweier Kliniken, um darin ein zentrales Lazarett für die Rote Armee einzurichten. Als die Russen in die Klinik kamen, wurde die junge Ärztin wiederholt von älteren Krankenschwestern, die sich auf dem Gelände gut auskannten, in einem verborgenen Raum versteckt.

Die Angst vor den Rotarmisten war so groß, dass sogar Mädchen wie die damals sechsjährige Sabine Deicke versteckt wurden. »Die Soldaten haben sich ganz schlimm benommen«, sagt sie. »Ich konnte gut hören, wie Frauen durch die Gärten schrien, die von ihnen geschlagen wurden.« Viele Frauen wurden vergewaltigt, sagt Deicke. »In der Lungenklinik begingen an einem Tag sechs Krankenschwestern Selbstmord. Sie wurden auf dem Friedhof des Dr.-Heim-Hospitals nebeneinander begraben. In unserer Straße wurden eine Mutter und ihre beiden Töchter vergewaltigt. Mutter und Töchter setzten daraufhin ihr Haus in Brand und erhängten sich.« Sabines Mutter und Großmutter hatten Glück im Unglück: Sie mussten den russischen Soldatesken lediglich ihren Schmuck geben, die Männer ihre Armbanduhren. Das Mädchen fürchtete die Russen so sehr, dass sie immer Abstand zu ihnen hielt, sogar zu einem guten Freund ihres Großvaters.

»Wegen den Russen herrschte unter den Frauen in Buch monatelang Hysterie«, berichtet auch Rosemarie Pumb hörbar bewegt. Eines Tages ging die damals 14-Jährige mit ihrer 13-jährigen Schwester die Straße entlang, »als zwei Russen unseren Weg kreuzten. Sie hielten etwas in der Hand, das nur eine Pistole sein konnte. Wir gerieten in Panik und rannten schreiend, ›Hilfe, Russen!‹, auf ein Mietshaus zu. Tatsächlich öffnete jemand die Tür. Wir schlüpften mit letzter Kraft hinein. Unser Retter warf einen mutigen Blick auf die Russen und meinte, es gäbe keinen Grund für unser Geschrei. Die Russen hätten nur eine Schnapsflasche in der Hand. Jeder hielt aus Angst vor den Russen sein Haus verschlossen. Hämmerten betrunkene Russen an die Tür, schrien die Bewohner ›Hilfe, Kommandant‹. Tatsächlich suchten die Russen in den allermeisten Fällen das Weite, denn sie wurden für Überfälle schwer bestraft.«

Mod Helmy zog in dieser Zeit von der Laube am Röbellweg in ein Einfamilienhaus in der Parallelstraße, den Hörstenweg 70. Anna Boros nahm er mit. Das Haus ließ sich abschließen und war dadurch sicherer. Der Umzug ins zweistöckige Steinhaus hatte aber auch einen anderen Grund, Helmys Hochzeit: Nur vier Wochen nach Kriegsende fand die Trauung mit seiner langjährigen Verlobten Emmy Ernst statt. Sie liebten einander zweifellos, aber die Heirat sollte dem Ägypter in dieser Situation wohl auch einen gewissen Schutz bieten. Und gleichzeitig dem jungen Schützling Anna Boros.

Helmys Heiratsurkunde vom 4. Juni 1945 liest sich vor diesem

167

Hintergrund recht spannend. Sie zeigt, welche Vorsichtsmaß-nahmen er in dieser gefährlichen Situation ergriff und wie er neue Verbündete fand. Im Standesamt in Berlin-Buch gibt er als Herkunftsland »Großbritannien« an und verschleiert somit seine ägyptische Herkunft, die ihm – erneut – zum Verhängnis werden könnte. 1940 war ja bereits seine Eheschließung daran gescheitert, dass er aus Ägypten keinen Beweis für seine Ehe-fähigkeit (dass er unverheiratet war) erbringen konnte. Nun kann sich Helmy in den wirren ersten Tagen nach Kriegsende quasi neu erfinden.

Als Vornamen gibt der 43-jährige jetzt Mod-Martin an. Als ihre gemeinsame Adresse nennt das Ehepaar den Röbell-weg 141. Helmys Vater bekommt in diesem Dokument den alt-englischen Vornamen Alfred, der in der damaligen Zeit auch einer der beliebtesten Jungennamen in Deutschland war, und ist evangelisch. Der Geburtsort des Vaters fehlt, als sein Ge-burtstag steht da lediglich August 1869. Noch merkwürdiger ist der Eintrag über Helmys Mutter: In der Urkunde steht nur, dass sie in Ägypten wohne und evangelisch sei. Weder ihr Name noch ihr Geburtsort ist vermerkt. In der Nazizeit hatte Helmy ja immer wieder vorgegeben, dass seine Mutter Deut-sche gewesen sei. Jetzt tilgt er seine Mutter fast vollständig aus der Heiratsurkunde. Wenn man die erhaltenen bzw. auffind-baren Dokumente betrachtet, dann hat Mod Helmy überhaupt nur zweimal Angaben über seine Eltern gemacht. In seinem Antrag auf Entschädigung im Jahr 1951 erwähnte er seine El-tern mit keinem Wort. Der Senator für Soziales lehnte den An-trag ab und ein Sachbearbeiter hinterließ einen Vermerk: »Dr. Helmy kann sich an die Personalien seiner Eltern nicht erinnern. Er begründet dieses mit den in seinem Vaterlande herrschenden Verhältnissen.«[2]

Die Ablehnung veranlasste Helmy dann wohl dazu, Aus-kunft über seine Eltern zu geben: Er schrieb, dass sein Vater Said Helmy hieß und seine Mutter Amisa Helmy.[3] 1953 stellte er in einer ausführlichen eidesstattlichen Erklärung lediglich fest: Meine Eltern waren Ägypter.[4]

Aber welche britischen Unterlagen hatte Helmy 1945 beim Standesamt vorlegen können, damit man ihm den britischen Staatsangehörigen abnahm? Wie konnte er glaubhaft machen, dass er unverheiratet war? Oder gelang das alles ohne weitere Unterlagen, weil Helmy es verstand, das Chaos der unmittelbaren Nachkriegszeit auszunutzen?

Wenn er die Befürchtung gehabt hatte, die Russen würden ihn für einen Kollaborateur halten, dann hatte er sich getäuscht. Offensichtlich hielten sie ihn für völlig unverdächtig, und zudem herrschte großer Ärztemangel. Noch im April 1945 wurde er von den sowjetischen Militärs als Ärztlicher Direktor des Hufeland-Hospitals berufen.[5] Dort nämlich, in der Wiltbergstraße 50, befand sich auch das Bucher Standesamt.

Die Wahl der beiden Trauzeugen weist ebenso darauf hin, dass Mod Helmy offensichtlich sehr geschickt agierte. Der eine war Friedrich Wildschütz. Dessen Vater hatte in St. Petersburg Medizin studiert und war kurz nach der Oktoberrevolution 1917 nach Deutschland geflohen, erzählt mir sein Sohn Rolf Wildschütz. Friedrich Wildschütz gründete in Bochum eine Großschusterei, bevor er 1944 mit seiner Frau und dem fünfjährigen Sohn Rolf nach Röntgental kam, in die Brandenburger Gemeinde, die an Buch grenzt. Die Familie wohnte zwar in der Adolf-Hitler-Straße, aber Wildschütz versteckte im Keller seines Hauses noch kurz vor Kriegsende für einige Wochen eine jüdische Familie. »Dadurch gefährdete er seine Familie, aber er half immer Menschen in Not«.

Friedrich Wildschütz sprach fließend Russisch, aber dennoch beschlagnahmten russische Offiziere sein Haus, sodass die Familie zuerst zu Verwandten in Röntgental und am 15. Mai 1945 nach Buch in den Viereckweg 107 umzog.[6] »Dort stand ein leeres Haus, weil sich die ganze Familie aus Angst vor den Russen erhängt hatte«, erzählt mir sein Sohn Rolf.

169

Gerlinde Schramm verbrachte mit ihren drei Nachbarinnen, die Schwestern waren, die Nacht des 20. April 1945 im Luftschutzkeller des Nachbarhauses. Bis heute hat sie dies Nacht in Erinnerung behalten: »Die drei Schwestern saßen eng beieinander auf einer Bank, schwarz angezogen, mit schwarzem Hut und Jacke und einer Handtasche auf den Knien. Sie hatten große Angst vor den Russen, die sich näherten. Am nächsten Morgen, an dem die russischen Panzer in Buch einmarschierten, erhängten sie sich an den Fenstergriffen.« Die drei Frauen wurden am Eingang des Friedhofs gegenüber beigesetzt. Die Familie Schramm pflegte die Gräber jahrelang.

Die neuen Nachbarn wurden die Wildschützs und Gerlinde Schramm weiß einiges über diesen Trauzeugen zu berichten. »Friedrich Wildschütz sprach fließend Russisch und war daher der Verbindungsmann zwischen den Bewohnern und den Russen, die ihn in den ersten drei Wochen zum Bürgermeister in Buch machten.« Wildschütz zog mit seiner Frau und den fünf Kindern also ins Nachbarhaus ein – Rolf war damals fünf. 1948 zogen sie nach Karow um. Schramm liest mir aus einem Brief vor, den ihre Mutter Olga Simon am 17.1.1946 geschrieben hat: »Mit den neuen Nachbarn verstehen wir uns sehr gut. Der Mann [Friedrich Wildschütz] ist ein Russland-Deutscher und ein persönlicher Bekannter von Georgi Schukow [der Generalstabschef der Roten Armee, der die Schlacht um Berlin leitete und für die sowjetische Seite die Urkunde über die bedingungslose Kapitulation der deutschen Wehrmacht unterzeichnete], von früher her. Wildschütz hat Schukow durch Zufall in Bernau wieder getroffen und wurde darauf wegen seiner Sprachkenntnisse hier Bürgermeister.« Rolf Wildschütz, sein Sohn, ergänzt, dass sich sein Vater mit dem russischen Kommandanten befreundete, der Wildschütz zum Bürgermeister des Landkreises Barnim, das an Buch angrenzt, nominierte.

Helmys zweiter Trauzeuge war Adolf Ehrhardt, Jahrgang 1882, Rektor der Bucher Grundschule am Sandhaus. »Ehrhardt war ein in sich gekehrter, frommer Mann und Nazi-Gegner«, erzählt Inge Pape über den Lehrer ihrer Mutter. »Als die Judenverfolgung begann, versuchte er, erfolglos, aus dem Schuldienst als Frührentner auszuscheiden.« Schließlich simulierte er ein schweres Herzleiden und wurde Anfang 1943 in den Ruhestand beurlaubt.[7] Ehrhardt half ab Herbst 1943 dabei, den von der Deportation bedrohten jüdischen Neurologen Walter Schönebeck zu verstecken. Er gehörte zu jener neunköpfigen Gruppe von Nachbarn in der Kolonie Buch, die von Schönebecks Versteck wussten.

Ehrhardt stammte aus Thüringen und war ein Sozialdemokrat, weiß sein Enkelsohn Wolfgang Ehrhardt. »In der Familie war klar, dass die Nazis einen Krieg anzetteln würden.« Daher versuchten Ehrhardts beide Söhne bei den Olympischen Spielen 1936, sich mit schwedischen Sportlern anzufreunden, um nach Schweden auszuwandern. Die Freundschaft kam zustande, die Auswanderung aber misslang. Den Mut seines Großvaters erklärt sein Enkelsohn mit der Haltung in der Familie: »Wenn du weißt, dass etwas richtig ist, dann musst du es auch machen.« Nach Kriegsende wurde der Lehrer Ehrhardt, der unbelastet war, Schulrektor.

Helmy hatte sich also zwei sehr zuverlässige Trauzeugen gesucht und mit Wildschütz auch einen neuen Verbündeten gefunden, der beste Kontakte zu den Russen hatte. Und diese sahen offenbar darüber hinweg, dass er keine weiteren Dokumente vorlegen konnte.

Im Frühjahr 1945 war im »Endkampf« um Berlin die kommunale Hygiene völlig zusammengebrochen. Das Gesundheitswesen hatte weder materiell noch personell die Mittel, den Ausbruch von Seuchen zu verhindern. Hinzu drängte eine zunehmende Zahl von kranken Flüchtlingen und Heimkehrern nach Berlin und traf dort auf die ausgehungerte lokale Bevölkerung. Ruhr, Typhus und Fleckfieber breiteten sich epidemisch aus und führten ab Sommer 1945 zum Tod von Tausenden Berlinern.

Als die Russen im Vormarsch gewesen waren, hatte der letzte von den Nazis ernannte Ärztliche Direktor des Hufeland-Hospitals die Flucht ergriffen. Somit waren die fünf Krankenanstalten des Komplexes ohne Führung und verschiedene Ärzte versuchten die Leitung zu übernehmen. Helmy, der bereits in den letzten Monaten des Krieges in dem Krankenhaus gearbeitet hatte und ein begnadeter Netzwerker war, gewann offenbar rasch das Vertrauen der neuen Herren.

Am 11. September 1945 meldete sich Anna Boros bei der Polizei in Berlin-Buch an. Als ihren Wohnort gibt sie den Hörstenweg 70 an.[8] Ab wann sie dort wirklich wohnt, ist unklar. Sie und der »Wohnungsinhaber« Mod Helmy unterschreiben die Anmeldung. Als Beruf gibt sie »Schreib- und Sprechstundengehilfe« an. Und Anna erklärt offiziell, dass sie in Buch anderthalb Jahre illegal gelebt hat.[9]

Das zweistöckige Eckhaus mit dem roten Giebeldach im Hörstenweg 70 ist hinter der akkurat geschnittenen Hecke gut sichtbar. Ein gepflasterter Weg führt durch den Vorgarten an Blumenbeeten und einer kleinen Wiese vorbei zur Haustreppe. Hausbesitzerin ist heute Simone Czerski, Jahrgang 1962, eine energische Frau mit roter Mähne. Die ersten acht Jahre ihres Lebens hat sie im oberen Stockwerk des Hauses verbracht. Es sind 50 Quadratmeter – bestehend aus einem Zimmer mit einer kleinen Küche, Toilette und Balkon. Unten wohnte ihre Großmutter mit ihrem dritten Ehemann. Czerski erfuhr erst 2014 davon, dass in ihrem Haus ein Stück deutsche Geschichte geschrieben worden war, und das begeisterte sie sehr.

Auf dem Tisch breitet sie Unterlagen zur Geschichte des Hauses aus, eine Vergangenheit, die sie selbst kaum kennt: vergilbte Dokumente und Fotos des Hauses vor dem Zweiten Weltkrieg. Auf einem Bild sitzt ein stolz blickender, eleganter Mann mit einem Dreiteiler und Krawatte vor der Eingangstür und hält eine Zigarre in der Hand. Auf einem anderen steht an gleicher Stelle eine zierliche Frau mit einer modischen Frisur und einem langen Sommerkleid; dann wieder das Ehepaar zusammen auf einer Holzbank auf dem Balkon. Auf dem weiß gedeckten Tisch steht das Porzellangeschirr.

Czerskis Großvater, der Kaufmann Fritz Polenz, hatte im Mai 1937 dieses Grundstück, zwei Parzellen, gekauft, nachdem er und seine Frau Ella im Oktober 1936 eine Tochter bekommen hatten, Czerskis Mutter Rosemarie. Vorher hatte das Paar bei Rosemaries Eltern in Röntgental gelebt. Sie bauten das Haus auf einer der Parzellen und zogen in die Gutenbergstraße 26, die 1938 in Hörstenweg 70 umbenannt wurde. Auf der angrenzenden Parzelle pflanzten sie Obstbäume und bauten eine Holzgarage. Das Ehepaar lebte nur zwei Jahre dort. Polenz ist im Berliner Adressbuch von 1940 noch zu finden, in den Folgejahren fehlt der Hausbesitzer. Czerski erzählt, dass ihr Großvater in der Wehrmacht diente und ihre Oma und Mutter um 1942 flohen.

Wahrscheinlich zogen die Helmys und Anna schon vor September 1945 in das zweistöckige Eckhaus, denn es stand damals leer, sagt Simone Czerski. Die Czerskis kehrten erst Ende der 1940er Jahre in ihr Haus zurück. Als sie es vorfanden, war es verwahrlost. Das seien die Russen gewesen, hatte Czerskis Großmutter Ella Polenz immer erzählt. Russische Offiziere hätten darin gewohnt, deswegen sei alles verdreckt und verwüstet gewesen. In der offenen Küche sei Hundefutter gekocht worden.

1946 hatte noch das frisch verheiratet Ehepaar Helmy in dem Eckhaus im Hörstenweg 70 gewohnt, zunächst zusammen mit Anna Boros. Zeitzeugin Marianne Barz war eine der ersten Patientinnen von Mod Helmy in dem Haus und ist allen Bewohnern begegnet. »Man hat in Buch gesagt, dass die Hauseigentümerin Frau Polenz zusammen mit ihrem Bruder, einem Schlachter aus Ulm, nach Bayern geflohen war, aus Angst vor der Sowjetarmee«, erzählt Marianne Barz. »Unmittelbar nach dem Krieg ist Doktor Helmy in dieses Haus eingezogen, zusammen mit den beiden Frauen, da bin ich hundertprozentig sicher.«

Barz und ihre Mutter waren aus einem Dorf in Schlesien gekommen. Im Winter waren sie auf der Flucht mit einem Pferd und Wagen zusammen mit einer anderen Familie unterwegs gewesen – manchmal bei minus 20 Grad, in Schnee und Sturm. Ihr Vater hatte in der Wehrmacht gedient und war später in sowjetischer Gefangenschaft gewesen. Die letzte Strecke hatten sie zu Fuß zurückgelegt – mit Rucksack und Handkarren. Aus Angst vor Vergewaltigung hatten beide auf ihrer Flucht immer im Freien übernachtet. Anfang Juli 1945 erreichten sie Buch, wo Mariannes Onkel und Tante lebten.

Zu diesem Zeitpunkt hatten die Russen bereits die von ihnen besetzten Wohnungen in Buch geräumt und waren ins Lazarett auf dem Gelände des Städtischen Krankenhauses gezogen. »Da war auch die Gefahr der Vergewaltigungen vorbei«, sagt Barz. Mutter und Tochter fanden in Buch ein Haus, das Barz bis heute bewohnt, in der Parallelstraße zum Hörstenweg. »In der Familie hat man gesagt, dass Dr. Helmy bis zum Einmarsch der Sowjetarmee in dem Holzhäuschen im Röbellweg wohnte. Diese Laube hinter den Bäumen habe ich gekannt. Als Kind musste ich oft zur Fleischersfrau Schadow gehen, die im Haus gegenüber wohnte.«

Es waren die Strapazen der langen Flucht und die Mangelernährung, die die damals 14-jährige Marianne zu Dr. Helmy führten. »Er arbeitete damals im Krankenhaus und behandelte mich rein privat [gemeint ist das Gegenteil von offiziell]. Er hat immer geholfen. Ich kann mich nicht entsinnen, dass meine Mutter die Mittel hatte, um ihn zu bezahlen. Wir waren praktisch mittellos. Heute wäre das nicht möglich, denn bei einer Gratisbehandlung wäre ein Arzt nicht versichert.«

Ich sitze zusammen mit Marianne Barz in Simone Czerskis Küche. Helmys frühere Patientin erzählt von diesen Arztbesuchen, die Anfang 1946 begannen. Die Helmys bewohnten die unteren Räume, sagt Barz, oben wohnte Anna Boros. Der Behandlungsraum sei »der mit dem angeschlossenen Balkon im

174

Obergeschoss« gewesen. Während der Behandlungen seien weder Emmy noch Anna jemals dabei gewesen.

»Helmy war absolut freundlich und hilfsbereit und hatte ein markantes Gesicht«, sagt Barz. Sie sehe es noch heute vor sich. Ich zeige ihr ein Foto von Helmy und sie erkennt ihn sofort. Sie wusste, sagt sie, dass er ein Ausländer war, aber nicht, dass er aus Ägypten kam. Emmy Helmy, der sie häufig im Erdgeschoss des Hauses begegnete, sei ihr viel weniger im Gedächtnis geblieben. »Sie hatte mittelblonde glatte Haare und war sehr gepflegt, freundlich und höflich. Ich merkte, dass sie einen gewissen Einfluss auf ihren Mann hatte. Auch nach dem Umzug nach Westberlin, wo Helmy eine Praxis in seiner Wohnung betrieb, war sie immer sehr präsent.«

In diesem Haus im Hörstenweg 70 traf das Mädchen Marianne Barz auch auf Anna Boros, die sie als etwa 20-jährig einschätzte. »Meine Augen gingen immer mehr zu Anna«, sagt Barz und beschreibt sie aus dem Gedächtnis: »Dunkelhaarig, schlank und für mich als Kind eine sehr hübsche junge Frau. Ich war von ihrem Aussehen beeindruckt.« Barz wusste nicht, wie die junge Frau hieß und welche Funktion sie im Haus hatte. »Einmal sind wir uns begegnet, als sie die Treppe hinunterging. Ich habe sie artig gegrüßt. Wie sich das gehört, habe ich ›Guten Tag‹ gesagt.«

Marianne spürte intuitiv, dass Anna nicht Helmys Tochter sein konnte, »denn dazu war Frau Helmy [damals 29] zu jung. Außerdem war Anna zu selbstständig. Ich wusste, dass beide Frauen nichts Gemeinsames hatten, auch nicht äußerlich. Denn ich habe die Frauen nie zusammen erlebt, nie. Anna machte den Eindruck eines ruhigen, ausgeglichenen Menschen, Frau Helmy wiederum strahlte eine gewisse Dominanz und Abgrenzung aus.«

70 Jahre später steigt Marianna Barz zum ersten Mal wieder die verwinkelte Treppe zur oberen Etage hinauf, wo Helmy sie behandelt hatte. Wir stehen vor einem kleinen Raum, den

Simone Czerski heute als Kleiderkammer benutzt. »Hier war die Anna, in diesem Raum«, sagt Barz. »Meistens haben wir uns hier gesehen, auch mal ein paar Worte gewechselt.« Geradeaus geht es in den größeren Raum. »Hier war das Zimmer, wo er mich untersuchte«, erzählt Barz. Sie zeigt auf das Fenster zum Balkon: »Und da hatte er seinen Schreibtisch stehen. Sonst kann ich mich nur an seinen Sessel erinnern. Das Zimmer war damals nicht so hell wie jetzt.« Nach einer Pause fügt sie langsam hinzu: »Siebzig Jahre.« So viel Zeit ist seitdem vergangen.

»Eines Tages war Anna weg«, sagt Marianne Barz. Später hörte sie dann das Gerücht, dass Anna nach Palästina gegangen sei. Dass Anna jüdisch war und Helmy sie während des Kriegs versteckt hatte, darüber sei niemals gesprochen worden, erinnert sie sich.

Im April 1946 erzwangen die Sowjetische Militärverwaltung und die Kommunistische Partei (KPD) in der Ostzone und Ostberlin die Vereinigung von KPD und SPD zur Sozialistischen Einheitspartei Deutschlands (SED). Im selben Monat setzte die SED Helmy ab. Ende 1946 oder Anfang 1947 gab das Ehepaar Helmy die Wohnung in Buch auf und zog wieder nach Westberlin. Mod Helmy eröffnete eine Praxis in Charlottenburg. Auf jeden Fall haben sie Buch verlassen, lange bevor Frau Polenz und ihre Tochter in ihr Haus zurückkehrten, so Marianne Barz.

Irgendwie fand Marianne Barz heraus, wo Helmys Praxis war, und suchte ihn weiterhin auf, wenn sie eine ärztliche Behandlung brauchte, auch nach der Teilung Berlins und der Berlin-Blockade, »weil man sich kannte, weil man Vertrauen zu ihm hatte«. 1950 oder 1951 war sie nach ihrer Erinnerung zum letzten Mal in Helmys Praxis, aber nicht zur Behandlung, sondern nur, um vorbeizuschauen und Guten Tag zu sagen. Irgendwann hörte sie damit auf.

Dass die Helmys das Haus verdreckt hinterlassen hätten, das ist sehr unwahrscheinlich. »Das Haus war tadellos gepflegt«, sagt Barz resolut. Im großen Zeitraum bis zu Polenz' Rückkehr wohnten sicherlich andere Menschen hier, denn einen Leerstand gab es im zerbombten Berlin nicht.

Fest steht: Helmy besaß tatsächlich zwei Schäferhunde. An die erinnert sich seine ehemalige Patientin und Nachbarin Sabine Deicke bis heute sehr gut. »Er hatte zwei schreckliche Hunde«, sagt sie. »Ich habe Hunde zwar geliebt und als wir in Ostpreußen gelebt haben, war ein kleiner Hund mein bester Freund. Aber Helmys Hunde waren sehr groß.« Sabine Deicke musste als kleines Mädchen ab 1946 täglich auf ihrem Schulweg an Helmys Zaun vorbeigehen. »Mein Großvater musste mich immer daran vorbeiführen. Die Schäferhunde waren so wild, sie sprangen an den Zaun und ich dachte, sie kommen drüber. Wenn ich Helmys Grundstück passiert hatte, ging ich alleine weiter.«

Diese Geschichte fasste Sabines Onkel in einem unveröffentlichten Bilderbüchlein, in dem er den ägyptischen Arzt sogar zeichnete, in Reime. Das Heftchen können wir nicht mehr finden, aber die Strophe kennt sie auswendig und trägt es gern vor: »Da sieht man sie zur Schule gehen. Bei Helmys Hunden ist es nicht schön.« Eines Tages konnte die sechsjährige Sabine aufatmen: »Irgendwann waren die Hunde nicht mehr da. Opa musste mich nicht mehr zur Schule begleiten.« Dann war auch Helmy weg.

Bei Marianne Barz hinterließen Helmys Hunde keinerlei Spuren, weder literarische noch seelische. Das lag wohl daran, dass diese Patientin achteinhalb Jahre älter war. »Das Grundstück war damals doppelt so groß«, sagt sie und Simone Czerski, die daneben sitzt, bestätigt: 1200 Quadratmeter. Um 1950 trennten sich Czerskis Großeltern. Fritz Polenz zog zu seiner neuen Frau nach Hamburg. Nach der Scheidung überließ er die Hälfte des Grundstücks seiner Ex-Frau, die andere Hälfte überschrieb er seiner Tochter, Czerskis Mutter. Nach der Wende verkauften die Frauen die Hälfte des großen Grundstücks und Simone Czerski zog in das Haus.

Am 21. April 1945, als der russische Soldat vor ihm stand und in den Boden schoss, musste Willy Barthelmann eine grauenhafte Entscheidung treffen. Entweder ließ er ihn zu seiner Tochter oder er wurde erschossen. Karl-Heinz Wolter erzählt: »Dann hat sich die Tochter hingegeben, um ihren Vater vor der Erschießung zu retten. Sie war hochschwanger und dachte, sie kann von diesem russischen Soldaten nicht noch mal schwanger werden.« Am 7. August 1945 wurde Hildes Tochter Bärbel geboren, Wolters erste Frau. Nach der Wende kehrte Karl-Heinz Wolter mit Bärbel in dieses Haus zurück. Beim Verlegen der neuen Holzdielen 1995 fand er die Einschusslöcher des Soldaten. Sie waren ein halbes Jahrhundert alt.

Als ich den Weg zum Bahnhof unter den hundert Jahre alten Linden im Röbellweg entlanglaufe, kommt es mir vor, als ob ich diesen letzten Schuss der Russen noch hören kann.

# Drei Sterne an der Spree – die Nachkriegsjahre in Westberlin

1947 macht der Berliner Bildjournalist Alois Bankhardt ein Foto. Darauf sitzen drei elegant gekleideten Männer auf Sesseln in einem altmodischen Büro vor einem Bücherregal aus dunklem Holz und simulieren ein Gespräch. Auf dem runden Tisch liegen Zigarettenschachteln, ein massiver Aschenbecher aus Glas und einige Zeitungen. Es sind Mitglieder der Ägyptischen Kolonie.

Die Ägyptische Kolonie in Berlin war bereits vor dem Krieg ein aktiver Verein, in dem Helmys Freund Kamal Eldin Galal damals Student an der Technischen Hochschule Berlin, seit 1928 Mitglied des Exekutivkomitees war. Die Kolonie wurde spätestens im Frühjahr 1946 reaktiviert, wie eine Quittung von Mohamed Solimans Witwe Martha für die Mitgliedsgebühren vom Februar 1946 beweist. Aus den Einladungen zu den monatlichen Versammlungen lässt sich noch mehr ablesen. Ende April 1946 lud der Vereinspräsident, der Neuköllner Zahnarzt Rozeik, noch zu einer Versammlung in die Emser Str. 44 in Berlin-Wilmersdorf ein. Am 21. Oktober 1946 verschickte Rozeik dann eine Einladungskarte mit Stempel der »Egyptian Colony Berlin« zu einer Versammlung, die in der Kastanienallee 26 stattfinden sollte. Das war Mod Helmys neue Adresse in Westberlin, wo er sowohl wohnte als auch seine Praxis hatte.

Der hagere Mann in der Mitte auf dem Foto mit dem viel zu großen, hellen Safari-Anzug und der dunklen Krawatte wirkt etwas erschöpft. Angesichts der seelischen und physischen Strapazen, die er in den Kriegsjahren überstanden hatte, ist es nur verständlich. Dieser Mann ist Mod Helmy.

Genau vor diesem Wohnhaus in Berlin-Charlottenburg posieren auf einem weiteren Foto, das wohl am gleichen Tag geschossen wurde, drei Ägypter: Bassuoni, Helmy und Sabet. Helmy sieht seinen Freund Sabet an, der vor dem Praxisschild steht: »Dr. med. M. Helmy, Facharzt für innere Krankheiten, Facharzt für Nieren- und Blasenleiden, täglich außer Mittwoch«. Die Uhrzeiten sind verdeckt.

Im Herbst 1946 wurde dann Mod Helmy Vereinspräsident der Kolonie und Rozeik Generalsekretär. Dies belegt die am 26. Oktober 1946 ausgestellte Mitgliedskarte von Miriam Mahdis Großmutter Martha Soliman. Auf der Vorderseite steht »Aegyptische Kolonie« über dem Vereinssymbol mit einem Halbmond und drei Sternen vor grünem Hintergrund. Auf der Rückseite des drei Jahre gültigen Ausweises hat Vereinspräsident Helmy unterschrieben, dessen Unterschrift mit Stempel Autorität ausstrahlt. Der Verein war nicht nur ein sozialer Treffpunkt der Berliner Ägypter. Über den Verein bezogen Mohamed Solimans Witwe Martha und ihre drei Töchter auch Lebensmittel – das belegt ein Lieferschein mit dem Vereinsstempel vom August 1946.

Wo und wann Mod Helmy mit seiner Frau nach dem Wegzug aus Buch vorher gewohnt hat, ist nicht ganz klar. Der junge Mann, der in Helmys frühere Wohnung in der Krefelder Straße eingewiesen wurde, erzählte bekanntlich, dass er diese Wohnung temporär mit Mod Helmy teilte, vermutlich auch mit Helmys Frau Emmy. Polizeilich gemeldet in Westberlin ist Helmy erst ab dem 1. Januar 1947.

Als neuer Vereinspräsident begann Helmy bald selbst die Einladungen des Vereins zu verschicken. Am 9. März 1947 schrieb er eine Postkarte an die Familie Soliman. Darin heißt es wörtlich: »Liebes Mitglied! Am Sonnabend den 15.3. um 4 Uhr findet in der Emserstr. 44 [in der Wohnung von Generalsekretär Rozeik] eine Versammlung statt. Wir bitten dringend um Ihr pünktliches Erscheinen. Mit besten Gruss, Dr. Helmy.«[1] Es gibt auch eine namentliche Einladung zu einer Versammlung. Sie stammt vom 26. November 1946 und ist an Mahdis Mutter Myriam Krytski gerichtet. Diese Versammlung fand in der Kastanienallee statt.

In dem Haus in der Kastanienallee 26 in Charlottenburg wird Helmy bis zu seinem letzten Tag als Kassenarzt arbeiten. Von hier aus wird er auch noch eine Zeitlang die Aktivitäten der Ägyptischen Kolonie lenken.[2] Auch dieses Haus wurde in der Nazi-Zeit »arisiert«. Es hatte dem jüdischen Rechtsanwalt Arthur Donig gehört.[3] Donig, seine Frau Regina und Sohn Curt Donig emigrierten 1939. Erst 1959 erhielten sie das Haus zurückerstattet

Auf dem dritten Foto aus der Nachkriegszeit trägt Helmy einen blitzblanken weißen Arztkittel und blickt in die Ferne. Er hat zugenommen und wirkt wach und gut erholt, wie jemand, der gern Patienten behandelt. Damals nimmt Helmy auch wieder Kontakt zu seiner Familie in Ägypten auf, die von ihm seit Kriegsausbruch nichts mehr gehört hatte.[4] Nun erfahren sie, dass Helmy noch lebt. Unvergesslich blieb für die Familie der erste Nachkriegsbesuch von Mod und Emmy Helmy bei seinen Verwandten in Kairo 1950.

An einem Sonntagnachmittag im Frühjahr 2014 stehe ich vor dem Hauseingang in der Kastanienallee 26 und suche nach Nachbarn, die sich an den ägyptischen Arzt erinnern können. Eine junge Familie, die ich anspreche, führt mich zu den einzigen alteingesessenen Nachbarn und stellt mich vor. Regina und Wolfgang Lips wohnen seit 1974 im Haus, kannten den Arzt und sind spontan bereit, über ihn zu sprechen. »Wenn man eine Grippe hatte oder Not am Mann war, das war schon sehr praktisch, dass man gleich im Haus jemand hatte«, sagt Regina Lips. »Und er war immer sehr entgegenkommend, auch wenn er nicht unser Hausarzt war. Als ich krank war, bin ich zwei-, dreimal in seiner Sprechstunde gewesen. Er hat mich untersucht und ein Attest geschrieben. Seine Praxis war im ersten Stock links.«

Helmy sei »ein großer, stattlicher Mann mit einem ganz aufrechten Gang« gewesen, sagt Wolfgang Lips. Sie hätten ihn öfters in seinem weißen Arztkittel gesehen, aber er gehörte nicht zu denen, mit denen man auf der Treppe groß ins Gespräch kam. Regina Lips fügt hinzu: »Wir wussten nichts über seine Familie, das war nie ein Gesprächsthema. Man hat sich freundlich wie Nachbarn begrüßt, aber man wusste nichts Näheres über ihn.«

Dass Helmy aus Ägypten stammte, wussten die Lips nicht. »Wir haben uns natürlich über den Namen gewundert«, sagt Wolfgang, der sich an das Praxisschild an der Eingangstür erinnert. »Dieser Name war ungewöhnlich: Mod.« Aber sie haben ihn nie danach gefragt. »Es war ja zu erkennen, dass er ausländischer Abstammung war.« Regina konnte bei Helmy auch einen ausländischen Akzent hören. »Er sprach sehr langsam und vornehm, wie aus edlerem Hause.« Ich erzähle ihnen, dass Helmys Vater Offizier war. Das würde zu seiner Gesamterscheinung passen, sagen sie.

In der Freizeit und an den Wochenenden sahen die Lips Helmy zusammen mit seiner Frau Emmy. »Sie war eine attraktive Erscheinung, sehr elegant«, stimmen sie überein. Als sie von Helmys Geschichte als Retter hören, zeigen sie sich sehr beeindruckt. Hätten sie das damals gewusst, wären sie gern mal einen Stock tiefer gegangen, hätten an seiner Tür klingeln und dem Arzt »mit absoluter Hochachtung« sagen wollen, was sie davon halten: »Großartig, übermenschlich, heroisch.«

In ganz Berlin hatten 1379 Juden versteckt überlebt – zählte die Jüdische Gemeinde in ihrem Mitgliederverzeichnis im Juli 1947.[5] Drei von ihnen waren Anna, ihre Großmutter Cecilie und ihr Onkel Martin. Aber auch Annas Mutter Julie hatte viel Glück im Unglück. Auch für sie begann ein neues Leben in Berlin.

Julie Wehr, die im Sammellager in der Weddinger Schulstraße auf ihre Deportation wartete, hat den letzten Transport verpasst. Am 17. April 1945 erhielt sie einen ungewöhnlichen Passierschein, der ihr die tägliche Übernachtung in der eigenen Wohnung erlaubte. Um 15 Uhr verließ sie das Sammellager – und kehrte nicht mehr zurück.

Georg Wehr, ihr nichtjüdischer Mann, wurde im November 1944 in ein Lager der Organisation Todt eingewiesen, wo im Rahmen der sogenannten Aktion Mitte »jüdisch Versippte« wie er kriegswichtige Bauarbeiten unter menschenunwürdigen Bedingungen leisten mussten. Im Januar 1945 durfte Wehr das Zwangsarbeiterlager in Jena wieder verlassen.

Nach Kriegsende fand sich Annas Familie in der Neuen Friedrichstraße zusammen. Cecilies Wohnhaus war im Krieg zumindest teilweise bewohnbar geblieben, sagt Jürgen Comes, dessen Großmutter Erna mit Rudniks Hausverwalter Otto Buja verheiratet gewesen war, und der damals zusammen mit seiner Mutter wohnte. Nur das Mobiliar war fast alles gestohlen oder zerstört worden.[6]

Julie Wehr versuchte ab Ende Mai 1945 das Lebensmittelgeschäft ihrer Eltern im gleichen Haus unter dem Namen »Julie Wehr Obst-Gemüse-Lebensmittel« wiederzubeleben offenbar ohne Erfolg, denn bis Frühjahr 1946 wurde sie von ihrer Mutter finanziell unterstützt. Im Juli 1945 zog das Ehepaar Wehr in eine Wohnung in Lichterfelde-West, wo Georg Wehr einen Laden eröffnete: Georg Wehr Feinkost. Ab Februar 1946 arbeitete Julie als Verkäuferin im Geschäft ihres Mannes mit.[7] Es reichte wohl gerade für den Lebensunterhalt. Die Familie war in den amerikanischen Sektor umgezogen, in der Annahme, dass von dort die Ausreise in die USA leichter war.

Annas Familienangehörige hatten unterschiedliche Zukunftspläne. Die Wehrs sahen ihre Zukunft offenbar in den USA, wenngleich Georg Wehr der US-Wirtschaft sehr skeptisch gegenüberstand und Deutschland keinesfalls endgültig verlassen wollte – er habe lediglich vor, eine »Informationsreise« dorthin anzutreten, schreibt er im Juni 1947. Sein Delikatessenladen sollte daher weitergeführt werden.[8] Am 22. Juni 1947 verließen beide mit ihrer Tochter Anna Berlin und begaben sich auf den Weg nach Bremerhaven, wo das Schiff nach New York wartete.

Cecilie Rudnik, Annas Großmutter, hatte Anfang Mai 1945 ihr Versteck verlassen. Die 70-Jährige kehrte nach 1142 Tagen im Untergrund nach Hause zurück. Die resolute alte Dame mit dem selbstbewussten Blick und den eindringlichen Augen hatte schwere Zeiten hinter sich, aber sie war immerhin am Leben. Doch ihre Freude darüber verflog bald. Ein Jahr nach Kriegsende scheint ihr der Preis des Überlebens wichtiger zu sein als das Überleben selbst. Sie beklagte in einer Art Bestandsaufnahme, dass ihr Mietshaus im Stadtzentrum schwer beschädigt sei, die Reparaturkosten und Mietausfälle hoch und die Wohnungseinrichtung zum Teil zerstört oder gestohlen worden sei. Der geringe Teil, der noch übriggeblieben war, sei teilweise beschädigt.

Auch auf ihren Helfer, Mod Helmy, ist Rudnik nicht gut zu sprechen. Um einen Teil ihres Schmucks dem Zugriff der »Naziräuber« zu entziehen, habe sie »dem leitenden Arzt am Krankenhaus Buch, Herrn Dr. Helmy, Brillanten im Wert von 20 000 RM« übergeben. »Die Brillanten sind nach den Erklärungen des Dr. Helmy von der Gestapo beschlagnahmt und eingezogen worden. Der heutige Anschaffungswert dieser Brillanten beträgt mindestens das Zehnfache ihres früheren Wertes, also schätzungsweise 200 000 RM.« So geht es in diesem Brief weiter, der mit einer Bilanz endet: Cecilie Rudnik hätte durch die Nazis einen Verlust von knapp einer Million RM, einschließlich »den Verlust der Brillanten bei Dr. Helmy« zu beklagen. Ihre Familienangehörigen, die immerhin überlebt hatten, erwähnt Rudnik mit keinem Wort. In einem Brief an den Berliner Magistrat wirft sie im April 1946 ihrem Retter Mod Helmy gar vor, er habe ihre wertvollen Brillanten verloren.[9]

Am Tag des Kriegsendes kam auch Martin Rudnik aus seinem Versteck hervor. Mutter und Sohn meldeten sich im August 1945 bei der jüdischen Gemeinde, wo die Mutter angab, staatenlos zu sein und drei Jahre in der Illegalität gelebt zu haben. Während der Zeit in der Illegalität hatte Otto Buja, Rudniks Hausverwalter, Martin unterstützt, wo er nur konnte, und auch nach dem Krieg stand er Mutter und Sohn im Kampf um Entschädigung tatkräftig zur Seite. 1946 wurde Cecilie Rudnik vom Berliner Magistrat als »Opfer des Faschismus« anerkannt. Mit Hinweis auf diesen Status erhob sie Anspruch auf Rückübertragung ihrer beiden geraubten Immobilien, aber die sowjetischen Behörden in Ostberlin lehnten dieses ab. Sie erlaubten ihr gerade mal, den Garten ihres Grundstücks in Schöneiche zu benutzen. Und als Opfer des Faschismus erhielt die alte Dame 1946 fünf Zentner Kohlen, 1947 ein Paar Damenstrümpfe und zu Weihnachten 50 Mark.

Auch Martin Rudnik bezeichnete sich an jenem Tag in der Jüdischen Gemeinde als staatenlos und Träger des Judensterns. Er berichtete, zweimal von der Gestapo für sechs Monate inhaftiert gewesen und jeweils aus der Gefangenschaft geflohen zu sein.[10] Rudnik wurde im März 1946 wieder Mitglied der Gemeinde, zugleich bereitete der 38-Jährige seine Auswanderung nach Palästina vor. Bis Mai 1949 blieben Mutter und Sohn in ihrem Haus in der Friedrichstraße im sowjetischen Sektor Berlins. Dann gingen sie zusammen nach Israel. Die inzwischen 75-Jährige wollte nicht alleine in Berlin bleiben.

Nachdem Anna Boros sich vergeblich um eine Lehrstelle in Berlin bemüht hatte, beschloss sie, zusammen mit ihren Eltern

185

in die USA auszuwandern.[11] Von Januar 1946 bis Juni 1946 half sie ihrem Vater in dessen Delikatessenladen und arbeitete zugleich bei Helmy als Sprechstundenhilfe. Dort lernte sie Chaim Gutman, einen jüdischen Schlosser aus Polen, kennen und beide verliebten sich.

Die Gutmans waren bei Kriegsausbruch in die Sowjetunion geflohen, wo sie die Shoah überlebt hatten. Als Polen am 28. September 1939 zwischen Deutschland und der Sowjetunion aufgeteilt wurde, flüchteten innerhalb von zwei Monaten rund 250 000 Juden aus dem sowjetisch besetzten Gebiet Polens in die Sowjetunion, die meisten wurden deportiert. Wer überhaupt von den polnischen Juden die Shoah überlebte, hat das zum großen Teil in der Sowjetunion getan. Nach Kriegsende kamen die Gutmans nach Berlin, wo sie im Durchgangslager Mariendorf wohnten.

Die deutschen Bewohner dieses Wohnblocks in Mariendorf, der sich über vier Straßenzüge erstreckte, waren zwangsgeräumt worden, um Wohnräume für die US-Soldaten zu schaffen. Nachdem die GIs abgezogen waren, entstand hier im August 1946 eine Art polnisches Schtetl für über 4000 jüdische Flüchtlinge, erklärt die Berliner Historikerin Angelika Königseder.

Zwei Jahre lang existierte dieses teilweise selbstverwaltete Camp mit liberaler und orthodoxer Synagoge, Schulen, Kindergarten, Kultureinrichtungen und sogar einer eigenen Justiz. »Dieses Camp war eine direkte Folge des Pogroms im polnischen Kielce am 4. Juli 1946, bei dem 42 Juden ermordet wurden«, sagt Königseder. »Die Gräueltaten von Kielce wurden bekannt, aber in mehreren polnischen Städten wurden nach dem Abzug der Deutschen insgesamt über 1000 Juden ermordet. Die Folge war eine Massenflucht von Juden.« Sicherheit fanden viele von ihnen, auch Gutmans Familie, ausgerechnet in Berlin.

Ein Stacheldraht trennte die Bewohner des »Displaced Persons Camp« (DP-Camp) von den deutschen Nachbarn auf der anderen Straßenseite. »Der Stacheldraht sollte die Juden schützen und verhindern, dass Deutsche das DP-Camp betraten. Dafür sorgten jüdische Polizisten am Eingang, die einen Davidstern auf ihrer Uniform trugen. Sonst trieben die polnischen Juden und die deutschen Bewohner ein Jahr nach der Shoah regen Handel miteinander: Die Juden hatten von US-Hilfsorganisationen zum Beispiel Kaffee und Zigaretten erhalten, die sie gegen warme Pullover und Schuhe tauschten.« Die zionistischen polnischen Flüchtlinge benannten ihr kleines Autonomiegebiet »Tempelhof-Bialik Camp« – nach dem jüdischen Nationaldichter Chaim Nachman Bialik. Hier waren die Flüchtlinge unter der Militärverwaltung der Alliierten sehr sicher, aber die meisten von ihnen wollten so schnell wie möglich weg. Königseder nannte ihr Buch über diese jüdischen Flüchtlinge *Lebensmut im Wartesaal*. Die Wartenden in diesem Camp haben wiederum ihre eigene Zeitung *Baderech* genannt, was auf Jiddisch und Hebräisch »unterwegs« heißt.

Auch Chaim Gutman war hier quasi auf Zwischenstation, denn er sollte mit seiner Familie nach Palästina auswandern, wo Gutmans Schwester bereits lebte.[12] Dann begegnete er Anna Boros, die er »Panny« nannte.[13]

Es war offensichtlich eine große Liebe. Inzwischen war Anna Boros 21 Jahre alt und somit volljährig. Drei Jahre im Untergrund unter lebensbedrohlichen Umständen, in denen sie kaum direkten Kontakt zu ihrer Familie gehabt hatte, haben sie selbstständig werden lassen. Sie wusste, dass die Ausreise der Familie in die USA bereits genehmigt worden war. Und sie handelte diskret: Im Juni 1947 heiraten Anna Boros und der aus Polen stammende Shoah-überlebende Chaim Gutman in einem Berliner Durchgangslager und wandern in die USA aus.[14] Beide konnten keine Geburtsurkunden vorlegen, was in den Nachkriegswirren mit Millionen von Flüchtlingen und Vertriebenen für die Standesbeamten nicht ungewöhnlich war. Interessant ist, dass Braut und Bräutigam die Namen der Eltern in der

Heiratsurkunde ausließen. Vermutlich verheimlichte Anna ihrer Mutter und ihrem Stiefvater die Eheschließung. Nach dem fatalen Fehler ihrer Mutter, fahrlässig Annas Versteck preiszugeben, wollte die junge Frau wohl kein Risiko mehr eingehen.

Weil sie in Berlin keine Lehrstelle erhielt, machten sich Anna und ihre Eltern am 17. Juli 1947 auf den Weg in die USA.[15] Die US-Behörden beeilten sich jedoch nicht mit der Familienzusammenführung. Erst am 29. Mai 1949 durfte Gutman seine Frau Anna an den Landungsbrücken in Mannhaten im New Yorker Hafen in die Arme nehmen und küssen. Ein Fotoreporter der Lokalzeitung Daily Mirror verewigte diese Szene mit seiner Kamera.[16]

Eine Zufallsbegegnung Anfang 2015 bringt mich auf eine weitere Spur, wie Helmy und seine Frau die Nachkriegsjahre verbracht haben. Auf einer Gedenkveranstaltung für Helmys Helferin Frieda Szturmann lerne ich Annette Gabriel, eine Richterin am Kammergericht, kennen. Bei der Veranstaltung in seiner Berliner Residenz übergab der israelische Botschafter dem stolzen und aufgeregten Enkel, Dieter Szturmann, die Medaille und Urkunde der »Gerechten unter den Völkern« der Jerusalemer Gedenkstätte Yad Vashem. Ich erfahre, dass Gabriels Mutter Helmy mehrmals persönlich begegnet war, und schon am nächsten Abend fährt mich Annette Gabriel zu ihrer Mutter nach Berlin-Kladow. Dort lebt sie in einem Einfamilienhaus, dessen Spuren sowohl nach Tel-Aviv als auch nach Auschwitz führen.

Das große Haus liegt am Ende einer ruhigen Straße unweit der Havel. Sabine S. wohnt dort schon seit Jahrzehnten und sie ist absolut überzeugt: Ihr Vorgänger in dem Haus war Mod Helmy. »Wir haben dieses Haus 1955 oder 1956 gekauft, und zwar von einer Frau Herschlowitz, die in Israel lebte«, erzählt die elegante Dame mit dem guten Gedächtnis. »Helmy hatte dieses Haus von Frau Herschlowitz gemietet und als Sommerhaus genutzt. Ich glaube, dass auch Frau Helmys Mutter hier lebte.« Anna Ernst wäre damals um die 70 und vermutlich Witwe gewesen, denn ihr Mann war 15 Jahre älter.

Die Akten geben Sabine S. recht und erzählen ein weiteres Stück deutsch-jüdischer Geschichte. Der aus Zator im heutigen Polen stammende jüdische Kaufmann Leopold Herschlowitz (Jahrgang 1882) hatte dieses Grundstück 1931 gekauft und darauf sein Wochenendhaus gebaut.[17] Er dominierte mit Geflügel-Importen aus Osteuropa den deutschen Markt und war sehr wohlhabend. Am Havelufer in dem Dorf Kladow am südwestlichen Rand Berlins entstanden zu dieser Zeit zahlreiche Villen, und auch Herschlowitz wollte mit seiner Frau Bluma-Hinda ein Domizil im Grünen haben.[18]

1943 wurde das Haus arisiert und an das Ammoniakwerk Merseburg zwangsverkauft. Diese Fabrik gehörte ab 1933 dem deutschen Konzern I. G. Farben, dem damals größten Konzern Europas. I. G. Farben stellte das Blausäurepräparat Zyklon B her, ursprünglich für die Schädlingsbekämpfung, das erstmals 1941 im KZ-Ausschwitz getestet wurde und ab 1942 in den Gaskammern von Auschwitz-Birkenau und in sechs anderen Konzentrationslagern für den Massenmord an Millionen Menschen eingesetzt wurde, überwiegend Juden.

Das kinderlose Ehepaar Herschlowitz floh 1935 nach Palästina. Nach dem Kriegsausbruch 1939 hatten sie keine Einnahmen mehr und lebten in großer Not.[19] 1951 bekamen sie das Haus in Kladow zurückerstattet und waren auf die knappen Mieteinnahmen (200 DM) dringend angewiesen.

Wie Mod Helmy auf das Haus in Kladow gestoßen ist, lässt sich nicht rekonstruieren. Entweder kannte er Kladow durch seinen Landsmann Mustafa Dissouki, der dort vor dem Krieg im Sakrower Kirchweg 21 das vornehme Restaurant und Tanzlokal Ciro betrieb.[20] Oder er kannte Herschlowitz über die Rudniks, die ja Gemüse aus Osteuropa importierten.

1956 verkaufte das Ehepaar Herschlowitz das Haus in Kladow an Sabine G. und ihre Schwester. Sabine erzählt: »Ich habe

Helmy hier im Haus zweimal erlebt. Er ist dann sofort ausgezogen.« Zurückgelassen habe er ausgerechnet Hühner. »Die Helmys hatten im Garten das Gelände, auf dem früher das Rosenbeet war, wohl als umzäunten Hühnerstall genutzt«, so Sabine G.. »Sie waren nur am Wochenende hier draußen und die Hühner mussten eingesperrt werden, sonst wären sie einem Fuchs oder Raubvogel zum Opfer gefallen. Der Fußboden in einem der Zimmer bestand aus Linoleum und war voll mit Hühnerschmutz. Nach dem Krieg gab es nur wenig zu essen. Man kann sich das heute kaum vorstellen.«

Nachdem Helmy und seine Frau aus dem Haus der Herschlowitz ausgezogen waren, kaufen sie 1956 einen nur fünf Minuten entfernt liegenden Bungalow im Gößweinsteiner Gang, den sie an Wochenenden und Feiertagen benutzen.[21] Es gibt ein Foto von der Terrasse mit einer Hollywoodschaukel, zu der eine Treppe durch den Garten hochführt. Annette Gabriel, die in Kladow aufgewachsen ist, erkennt auf einem Foto Helmys Haus anhand der markanten Architektur wieder. Sabine S. erinnert sich, dass sie Emmy häufiger begegnet ist, wenn diese mit einem Hund spazieren ging: »Sie hatte immer einen weißen Mischlingshund, mit dem sie spazieren ging, und wenn ich sie traf, haben wir uns begrüßt: ›Guten Tag‹ und ›Wie geht's?‹ – aber das war es auch, mehr nicht.«

Auch Helmy begegnete Frau S. gelegentlich auf der Straße des Villenviertels. »Dr. Helmy kenne ich immer mit Hut und Trenchcoat. Damals war das nicht ungewöhnlich.« Auf alten Fotos trug er oft einen Anzug und eine gestreifte Krawatte, aber auch zu Hause strahlte er Eleganz aus in schwarzen Hosen und einem eleganten, zugeknöpften weißen Hemd mit Manschettenknöpfen. So zum Beispiel auf dem Foto, das ebenfalls im Kladower Garten der Helmys beim Besuch von Anna 1969 aufgenommen wurde. Darauf sitzt der Arzt in seiner roten Hollywoodschaukel zwischen Anna und seiner Frau Emmy.[22] Dieser Besuch zwei Jahre nach dem Sechstagekrieg zwischen Israel und Ägypten zeigt, wie eng und anhaltend der Kontakt zwischen Helmy und Anna war. 1980 besuchte sie Helmy erneut in Begleitung ihrer Tochter. Ihr Kontakt hielt bis zu seinem Tod 1982.

Ende der 60er Jahre erhielt Helmy wieder einen ägyptischen Pass und auch Emmy nahm zusätzlich die ägyptische Staatsbürgerschaft an. So konnten die beiden nach Ägypten reisen und die Kontakte zu Helmys Verwandten pflegen. Als 1972 die diplomatischen Beziehungen zwischen Bonn und Kairo wiederaufgenommen worden waren, wurden auch gegenseitige Besuche einfacher. Wie gemeinsame Familienfotos belegen, besuchte Emmy, die weder Geschwister noch Kinder hatte, Mod Helmys Familie in Ägypten auch noch nach seinem Tod.

Mod Helmys Lebenskreis hat sich am 10. Januar 1982 geschlossen, wie seine Witwe in der Traueranzeige schreibt. Diese Anzeige ziert ein Kreuz und die Trauerfeier fand in einem Krematorium statt, obwohl der Islam die Feuerbestattung verbietet. Helmy hatte ein säkulares Leben geführt. Es gibt keinen Hinweis darauf, dass er ein frommer Muslim gewesen war. Er ließ sich nicht auf dem muslimischen Friedhof beisetzen.[23] Zwei Tage nach der Bestattung zollt Emmy in einer anderen Anzeige ihren »aufrichtigsten Dank für die vielen Beweise herzlicher Anteilnahme in Wort und Schrift sowie für die schönen Blumengrüße beim Heimgang meines lieben Mannes«.[24]

Nach Helmys Tod 1982 erbte seine Witwe den Bungalow in Kladow. Sie löste die Praxis und die Wohnung in Charlottenburg auf und zog 1983 komplett dorthin.[25] Einige von Helmys Freunden und Verwandten kamen aus Kairo, um bei der Räumung mitzuhelfen. Drei von ihnen wurden Miteigentümer des Hauses in Kladow und zugleich Emmys Erben: Nour Eldin Farghal, Ahmed Zaki und Mohamed El Kelish.[26] Nach Emmys Tod 1998 verkauften sie das Haus in Kladow – und wohl auch die rote Hollywoodschaukel. »Das Grundstück wurde vor ungefähr 15 Jahren verkauft und die neuen Eigentümer haben das Haus ziemlich schnell abgerissen«, weiß Annette Gabriel. »Inzwischen haben andere Eigentümer ein neues Haus auf das Areal gebaut.«

In einem Nachruf schrieb Emmy Helmys Nachbarin und Freundin Gerda Albrecht-Jahn, dass das Ehepaar und nicht nur Helmy allein die junge Jüdin Anna Boros versteckt und somit ihr Leben gerettet habe. Die »kleine, tapfere, positive und humorvolle Emmy« habe zwei Weltkriege erlebt, aber nie ihren Humor verloren, sei bis ins hohe Alter gesund geblieben, habe geholfen, andere Menschen getröstet und immer »ein offenes Ohr und einen weisen Rat« für andere gehabt. Die offizielle Anerkennung als Judenretterin hat Emmy Helmy niemals bekommen, aber dafür einen schönen Nachruf in der Lokalzeitung: »Wir wetten, dass Du auf Gottes Arm darfst.«

# Helmys letzter Kampf – Opfer oder Held?

## Die Entschädigung

Spätestens ab Oktober 1946 konnte Helmy endlich ohne Angst leben. Durch seinen Umzug nach Westberlin lebte er in einer freien Gesellschaft. Dennoch musste er, wie die meisten Berliner damals, um Lebensmittel kämpfen, die stark rationiert waren, und sich eine Unterkunft in der weitgehend zerbombten Stadt besorgen.

Mit seinem Bittgesuch beim Staat für »Wiedergutmachung« – so nannte man damals die bundesdeutsche materielle Entschädigung für Verfolgte des Nationalsozialismus – kämpft Helmy für eine offizielle Anerkennung seiner Verfolgung. Helmy ist zwar ein gefragter Arzt, er hat treue Patienten, einige auch noch aus dem sowjetischen Sektor Berlin-Buch. Aber von seinem Gehalt kann er nicht leben und nicht seine Schulden begleichen, die teilweise durch fremde Schuld entstanden.

Als 1941 die Deportationen von Juden nach Osten begannen, lebten etwa 40 Prozent aller noch in Deutschland verbliebenen Juden in Berlin. Daher haben in Berlin auch mehr Juden im Versteck überlebt als in jeder anderen deutschen Stadt. Einige Tausend Berliner waren an ihrer Rettung beteiligt. Im Großraum Frankfurt überlebten etwa 225 Juden im Untergrund, in München rund 120, in Hamburg über 50.[1] Aber über diese Aktionen, die heute Bewunderung auslösen, wurde im Nachkriegsdeutschland größtenteils geschwiegen. Die Mehrheit der Deutschen wollte nichts von der Zivilcourage einiger weniger wissen, die sich mit den Verfolgten solidarisiert und ihnen im Kampf ums Überleben beigestanden hatten. Denn das hätte ihr Selbstbild als Opfer eines kriminellen Regimes, gegen das der Einzelne nichts tun konnte, in Frage gestellt oder gar zerstört. Und die Überlebenden selbst wollten sich in Nachkriegsdeutschland wieder eine Existenz aufbauen und sprachen daher kaum über ihre Erfahrungen. Ehrungen für die Helfer blieben Einzelfälle, ebenso Erlebnisberichte von Überlebenden.

Berlin, wo auch nach dem Krieg die meisten ehemals untergetauchten Juden lebten, galt als liberalste deutsche Stadt im Umgang mit Verfolgten des Naziregimes. Bereits im Juni 1945 wurde der Hauptausschuss »Opfer des Faschismus« von ehemals politisch Verfolgten gegründet. Im April 1946 veröffentlichte dieser Ausschuss das Informationsschreiben »Wer ist Opfer des Faschismus?«, das die Richtlinien für die Ausgabe der Verfolgtenausweise erklärte. Dazu zählten die »Opfer der Nürnberger Gesetzgebung«, also jüdische KZ-Häftlinge, Personen, die in der Illegalität gelebt hatten und »Mischlinge«, die in Lagern der Organisation Todt inhaftiert worden waren. Im Vergleich zu den »Kämpfer gegen den Faschismus« galten die überlebenden Opfer der Nazis als »Verfolgte zweiter Klasse«.[2] Die Sozialabteilung des Berliner Magistrats stellte für die Verfolgten Bescheinigungen aus und konnte bei Bedürftigen auch Soforthilfe gewähren.

Anna Boros und Cecilie Rudnik wurden als »Opfer des Faschismus« anerkannt und konnten in dieser Zeit des Mangels höhere Lebensmittelrationen erhalten. Gemeinsam waren Anna und Julie im November 1945 zur Anmeldung in der jüdischen Gemeinde gegangen. Auffällig dabei ist, dass Anna in der Ru-

194

brik »Judenstern« zuerst »Nein« schreibt, dann wurde diese Eintragung zu einem »Ja« korrigiert.[3] Ein Träger des Judensterns galt nach den Richtlinien des Berliner Magistrats vom Mai 1946 per se als Opfer des Faschismus. Julie Wehr hingegen gab an, deutsche Staatsbürgerin zu sein und keinen Judenstern getragen zu haben, obwohl sie in den letzten drei Monaten im Sammellager doch einen Stern tragen musste.

Nach der Spaltung Berlins 1948 wurde in Westberlin das Leben in der Illegalität, sofern es unter haftähnlichen oder menschenunwürdigen Bedingungen stattgefunden hatte, der Haft gleichgestellt. Diese einzigartige Auslegung des Gesetzes wurde vom Juristen Rolf Loewenberg verfasst, der selbst im Untergrund gelebt hatte und seit 1949 die Wiedergutmachungsabteilung der jüdischen Gemeinde in West-Berlin leitete. Aufgrund des am 10. Januar 1951 in West-Berlin in Kraft tretenden Entschädigungsgesetzes konnten jene Verfolgten eine monatliche oder einmalige Geldzahlung erhalten.

Helmy glaubte, dass er aufgrund seiner Hilfe für Anna Boros und ihre jüdische Familie bessere Chancen auf Entschädigung als Opfer der Nazis hatte. Aber konnte er als Ägypter auch das Entschädigungsamt davon überzeugen? Und was, wenn sie seine Dankesbriefe an Hitler fanden und gegen ihn verwenden würden? War es Helmy klar, wie schwer es sein würde, seine Gesundheitsschäden als direkte Folge seiner Haftzeit und Verfolgung zu beweisen? Begriff er in der langen Warteschlange im Entschädigungsamt, wie viel Zeit die Bearbeitung der vielen Anträge beanspruchen mochte? Und dass ältere Antragsteller Vorrang hatten?

Helmy wusste offensichtlich noch nicht, dass die Hilfe, die Nichtjuden wie er in der Nazizeit für Juden geleistet hatten, an sich nicht ausreichte, um als Opfer der Nazis anerkannt zu werden.[4] Denn der Gesetzgeber hatte keine klaren Bestimmungen für eine solche Entschädigung geschaffen. Die meisten Judenretter konnten nicht ohne Weiteres einer der gesetzlich definierten Opfergruppen zugeordnet werden, wenn sie nicht selbst aus rassistischen, religiösen oder politischen Gründen von den Nazis verfolgt wurden. Und Helmy musste zunächst die entsprechenden Schäden nachweisen – zum Beispiel an Gesundheit, durch Freiheitsentzug oder im beruflichen Fortkommen.

Helmy war trotz seines mutigen Handelns nach damaligem Verständnis kein Widerstandskämpfer. 1952 begründete das Berliner Entschädigungsamt die Antragsablehnung eines Berliners, der Juden versteckt hatte, mit dem Argument, nur Handlungen, »die gegen den Bestand des nationalsozialistischen Regimes gerichtet waren, sind entschädigungsrelevant«.[5] Denn nach dem Berliner Entschädigungsgesetz stellte das Verbergen von NS-Verfolgten keine aktive Bekämpfung des Naziregimes dar. Auch das Bundesentschädigungsgesetz von 1956 sah die Hilfe für NS-Verfolgte nicht als einen Entschädigungsgrund.

Während Helmy mit gesundheitlichen Schäden aus seiner Verhaftung kämpfte, ärgerte ihn sicherlich die schnelle Rehabilitierung der meisten Nazis. In den ersten Monaten nach Kriegsende, als er noch in der sowjetischen Zone lebte, erfuhr Mod Helmy von der raschen »Entnazifizierung« durch die Amerikaner. Ab Juli 1945 beschloss die US-Militärregierung, alle ehemaligen NSDAP-Mitglieder, die nicht einfache Arbeiter waren, aus ihren beruflichen Positionen zu entlassen. Die französischen und britischen Alliierten gingen mit den Nazis im Öffentlichen Dienst weniger rigoros um, und die Sowjets nutzten die Entnazifizierung dazu, die Verwaltung mit treuen Kommunisten zu besetzen. Aber nachdem die Massenentlassungen zum Zusammenbruch der Bürokratie im amerikanischen Sektor führten und der Groll der deutschen Bevölkerung immer größer wurde, wurde die US-Militärverwaltung ab März 1946 (und die Franzosen und Briten ab 1947) kulanter im Umgang mit ehemaligen Nazis. Von nun an entschieden deutsche Schöffengerichte darüber, und die Mitgliedschaft in der NSDAP oder einer Nazi-Organisation war kein Grund mehr für eine Ablehnung. Immer mehr Deutsche entdeckten zudem eine »jüdische Urgroßmutter« oder alte jüdische Freunde, denen sie in der NS-Zeit geholfen haben wollten.

Nach der Währungsreform am 20. Juni 1948 füllten sich in Westberlin zum ersten Mal seit Kriegsende die Schaufenster und Regale. Endlich war Helmy nicht mehr auf den Schwarzmarkt oder den Tauschhandel angewiesen. Langsam baute er dank seiner großen Erfahrung und seinem guten Ruf seine Praxis weiter aus. Dennoch war er gezwungen, unter dem Existenzminimum zu leben. Denn die neue Freiheit verleitete ihn, den sonst so vorsichtig agierenden Arzt, zu riskanten Investitionen.

Noch vor der Währungsreform hatte Helmy ein größeres Vermögen geerbt, womöglich von seiner wohlhabenden Familie in Kairo. Das ermöglichte ihm die Übernahme eines chemisch-pharmazeutischen Instituts.[6] Aber er wurde offenbar hintergangen. Er musste nämlich feststellen, dass jenes Institut alte Schulden in Höhe von über 100 000 Reichsmark hatte, die er nun abzahlen musste. Darüber hinaus war es durch die Währungsreform und die fast ein Jahr andauernde Blockade Berlins finanziell ruiniert. Er sah sich gezwungen, sein neu erworbenes Institut zu schließen. Zugleich wurde er per Gerichtsurteil zur Zahlung der Miete und der Telefonrechnung gezwungen, die er aber höchstens in Raten begleichen konnte. Mit dem Geld aus seinem Erbe kaufte Helmy auch ein Grundstück in Frohnau im Norden Berlins. Auch hier wurde er womöglich vom Verkäufer betrogen: Helmy musste ihn verklagen und verlor in erster Instanz. Dieser Rechtsstreit belastete ihn finanziell noch mehr.

Die finanzielle Not und seine Suche nach Anerkennung als Opfer führte Helmy am 17. Oktober 1950 in die Kantstraße 54. In jenem Altbau suchte er weder das Kant-Hotel noch die Kant-Lichtspiele auf, sondern die Abteilung III des Sozialamtes, die für politisch, rassisch und religiös Verfolgte zuständig war. Er beantragte Entschädigung wegen seiner politischen Verfolgung durch die Nazis. Im November 1950 berichtete er in seinem Lebenslauf erstmals knapp, dass er die Jüdin Anna Boros und auch ihre Mutter bei sich beherbergt hatte. Außerdem legte er mehrere Arztatteste bei. Es muss für ihn erniedrigend gewesen sein, dass er – das Opfer – Auskunft aus seinem Berliner Strafregister erbringen musste. Zum Glück waren dort keine Verurteilungen vermerkt.

Helmys ohnehin prekäre Finanzlage verschärfte sich 1951 durch einen selbst verursachten Autounfall, nach dem er eine Geldstrafe begleichen musste. Am 2. Juni 1951 suchte er erneut das Entschädigungsamt auf, das mittlerweile in ein großes, graues Bürohaus am Fehrbelliner Platz gezogen war. Hier stellte er einen Antrag auf Entschädigung wegen Gesundheitsschäden, die er durch seine Inhaftierung bekommen hätte. Im Dezember 1951 beantragte er auch Entschädigung für seinen Freiheitsentzug. Dieser wurde im April 1953 als unbegründet abgewiesen.

Noch vor dieser Niederlage beauftragte Helmy im November 1952 einen Anwalt mit der Betreuung seiner Entschädigungsanträge, weil er sich so bessere Erfolgschancen versprach. Wohl auf Empfehlung dieses Anwalts begründete Helmy seine Anträge nicht länger mit seiner Rettungsaktion, sondern mit der Entlassung aus dem Krankenhaus Moabit aufgrund einer Denunziation durch Nazi-Ärzte, mit seiner gescheiterten akademischen Karriere, seinem Praxisverbot und seiner monatelangen Inhaftierung nach Kriegsbeginn, die bei ihm verschiedene Krankheiten ausgelöst hatte.

Rudniks Hausverwalter Otto Buja, Anna und ihre Eltern sowie ihr Onkel Martin Rudnik schickten aus den USA 1953 eidesstattliche Versicherungen, dass Helmy Anna bis Kriegsende vor der Gestapo versteckt gehalten hatte. Helmy, »der gute Freund der Familie«, habe sie geschützt, schreibt Anna Gutman. »Was Dr. Helmy für mich tat, war selbstlos und ich werde ihm stets dafür dankbar sein.«[7]

Annas Betonung der selbstlosen Rettung würde Helmy Jahre

198

später bei der Anerkennung als Judenretter helfen. Nun musste er jedoch die Entschädigungsbehörde überzeugen und daher brachte er mehrere Bestätigungen seiner Ärzte ein. Am 18. Februar 1953 erschien Helmy persönlich zur Verhandlung im Entschädigungsamt und erzählte unter Eid seine Geschichte erneut, die er bereits einem Notar des Berliner Kammergerichts erklärt hatte.

Als das Amt Helmys Antrag auf Entschädigung wegen Verhaftung abgelehnt hatte, weil er als Ausländer nach Kriegsbeginn interniert wurde und seine abfälligen Äußerungen über Rudolf Heß nicht als einen politischen Akt gegen die Nazis gelten, verklagte er das Berliner Entschädigungsamt vor dem Landesgericht.[8] Im Februar 1954 wies das Gericht jedoch seine Klage ab.[9] Im Februar 1955 wurde auch sein Antrag auf Entschädigung aufgrund erlittener Schäden an Körper und Gesundheit sowie im beruflichen und wirtschaftlichen Fortkommen als unbegründet abgelehnt.[10] Er sei nicht aus rassischen oder politischen Gründen verfolgt worden, hieß es. Ein Nazi-Gegner im Sinne des Entschädigungsgesetzes sei er nicht gewesen. Der Entschädigungsantrag wegen Freiheitsentzug wurde im Juni 1955 mit der Begründung abgelehnt, er sei im Krieg als Ägypter interniert worden, nicht aus politischen Gründen. Auch habe er keine »systematische Widerstandsarbeit« gegen die Nazis geleistet. Im Februar 1956 wurde seine Beschwerde gegen das Urteil zurückgewiesen.[11] Im Juni 1959 scheiterte schließlich Helmys letzter Antrag auf Entschädigung. Daraufhin verklagte er im September 1959 erneut die Entschädigungsbehörde beim Landgericht Berlin.[12] Helmys Kampf um Entschädigung weckt das Interesse des Westberliner Innensenators.

# Die Ehrung

Die bundesdeutsche Nachkriegsgesellschaft, die sich kollektiv als Opfer eines kriminellen Nazi-Regimes sah, wollte nichts hören, was dieses Geschichtsbild ins Wanken gebracht hätte. Aus diesem Grund wollten sich die meisten Judenhelfer nicht mit ihren Geschichten zu Außenseitern machen. Viele schwiegen über das, was sie getan hatten – aus gutem Grund, denn sie wurden bedroht. Die Familie, die Charlotte Knobloch versteckt hatte, die spätere Präsidentin des Zentralrats der Juden in Deutschland, wurde mehrmals von Rechtsradikalen bedroht und wollte daher jegliches öffentliche Aufsehen vermeiden.

Aber es lag nicht nur an der gesellschaftlichen Ablehnung. Die Retter selbst sahen sich in der Regel nicht als Helden.[13] Viele haben nie über ihre Taten gesprochen. Für manche war es eine Selbstverständlichkeit, die keiner nachträglichen Ehrung bedurfte. Vielen erschien die geleistete Hilfe gering angesichts der Zahl der Ermordeten, für die es keine Rettung gegeben hatte. Allerdings hatten Judenretter, die zum Beispiel jahrelang unter schwierigsten Bedingungen Juden in einer kleinen Wohnung versteckt hatten, nach dem Krieg auch das Problem, dass man ihnen häufig nicht glaubte.

Bis Ende der 1950er-Jahre mussten die meisten Judenretter in Deutschland ihre Energie auf das eigene Überleben konzentrieren und feststellen, dass ihre Umgebung keinen Wert auf die Erinnerung an diese Helfer legte. Menschen wie Helmy, die ihr Leben für Juden riskierten, waren für ihre deutschen Mitbürger unbequem. Die Retter zu ehren hätte bedeutet, sich mit der eigenen Untätigkeit und der Scham über das Geschehene kritisch auseinandersetzen zu müssen. Berthold Beitz, der vielen Juden in Polen während des Krieges das Leben gerettet hatte, sagte in einem *Spiegel*-Interview, er sei nach dem Krieg oft »eine Art lebender Vorwurf« gewesen an jene, die Juden nicht geholfen hatten.[14]

Dass Helmy zumindest als Judenretter geehrt wurde, hat er wohl einem Westberliner Politiker zu verdanken, der sich wie kein anderer damals für die Ehrung solcher Retter und die Entschädigung der Opfer einsetzte. Das war der Westberliner Innensenator Joachim Lipschitz, der damit ab 1955 auch oberster Dienstherr des Westberliner Entschädigungsamtes war. Der untersetzte Mann mit den hellen Augen war als Sohn eines jüdischen Vaters selbst vom Naziregime diskriminiert worden. Nach dem Abitur war ihm aus »rassisch-politischen« Gründen das Universitätsstudium versagt gewesen. Im August 1939 wurde er dennoch eingezogen, 1941 in Russland schwer verletzt und verlor den linken Arm. Daher wurde er aus dem Dienst entlassen. Danach durfte er, weil »Halbjude«, seine deutsche Freundin und spätere Frau Eleonore Krüger nicht heiraten. Lipschitz wurde im Oktober 1944 zur Zwangsarbeit rekrutiert, tauchte jedoch mit der Hilfe Krügers unter, die ihn auch versorgte. Für diese Leiden stellte er 1958 bei seiner eigenen Behörde einen Antrag auf Entschädigung.

Lipschitz begann seine Karriere im sowjetischen Sektor. Er musste aber Ostberlin aufgrund seines antikommunistischen Engagements verlassen. Auch aufgrund seiner eigenen Biografie setzte sich Lipschitz persönlich für viele NS-Verfolgte ein und beteiligte die Arbeitsgemeinschaft der Verfolgtenverbände und die Jüdische Gemeinde am Entscheidungsprozess in Wiedergutmachungsfragen. Er reformierte das Entschädigungsamt, sodass Anträge der Opfer schneller bearbeitet werden konnten. Zu seinen Lebzeiten wurde sein eigener Antrag dennoch nicht beschieden. Lipschitz bemühte sich konsequent zugunsten der Nazi-Verfolgten zu entscheiden, denn für ihn war Wiedergutmachung »die Wiederherstellung des guten Namens eines Volkes, das einmal das Volk der Dichter und Denker genannt worden ist«.

Der Berliner Innensenator stieß auch die erste Ehrungsinitiative eines Bundeslandes für Menschen an, die während der

Nazizeit Verfolgte, in den meisten Fällen Juden, unterstützt hatten. Inspiriert hatte ihn dazu das Buch des jüdischen Journalisten Kurt Grossmann *Die unbesungenen Helden*. Der Berliner, der auf der Flucht vor den Nazis 1939 nach New York gelangte, berichtete darin über Menschen, die Verfolgten während der Nazizeit geholfen hatten. Die erste offizielle Würdigung der »Unbesungenen Helden« fand am 20. April 1958 statt, dem Gedenktag für die Opfer und Kämpfer des Warschauer Ghettoaufstandes. 19 Berliner wurden vor 2000 Zuschauern, zum größten Teil Mitglieder der Jüdischen Gemeinde und der Verfolgtenverbände, im überfüllten Saal des Ernst-Reuter-Hauses geehrt, dem Sitz des Deutschen Städtetages. Die Berliner Tagespresse nahm diese Veranstaltung jedoch kaum wahr. Die sozialdemokratische Berliner Tageszeitung *Telegraf* berichtete kurz, dass Lipschitz den 19 Männern und Frauen, »die jüdischen Menschen in schweren Zeiten halfen und symbolisch für das bessere Deutschland standen«, den Dank Berlins ausgesprochen hätte.[15] Die Retter seien namentlich geehrt worden, schrieb die Zeitung, erwähnte jedoch keinen einzigen dieser Namen.

Einige Ehrungen kamen direkt auf Betreiben von Lipschitz zustande und betrafen vor allem Menschen, die ihm in seinen Sprechstunden ihr Leid geklagt hatten. Wenn er überzeugt davon war, dass sie Verfolgten während der Nazizeit geholfen hatten, schaltete er seine Verwaltung ein. Es mag sein, dass er Wind vom unermüdlichen Kläger Helmy bekam und ihm auf diese Weise seinen Dank aussprechen wollte. Plausibler scheint jedoch, dass Helmy sich durch eine Ehrung bessere Chancen auf seine Entschädigung versprach, daher die Initiative selbst ergriff und seine Schützlinge bat, ihn vorzuschlagen. Dass diese Ehrung nicht zügig folgte lag daran, dass ältere und gebrechlichere Judenretter schneller gewürdigt wurden.

Im Mai 1960 erklärten Martin Rudnik, Anna Gutman, Julie und Georg Wehr erneut an Eides statt, dass Dr. Helmy Anna Boros bei sich vor der Gestapo versteckt und auch die illegal lebende und von Frieda Szturmann versteckte Cecilie Rudnik immer wieder mit Medikamenten versorgt habe. Zudem habe er sogar bei der Gestapo persönlich für Julie Wehrs Freilassung interveniert. »Dr. M. Helmy hat mich vor der Vernichtung in den Gaskammern gerettet«, schrieb Anna Gutman diesmal.[16]

Die Wehrs und Anna schrieben zusätzlich gemeinsam an die Jüdische Gemeinde zu Berlin über die Rettungsaktion von Helmy und Szturmann, die seit vier Jahren vollständig gelähmt war, ihre Wohnung nicht verlassen konnte und mit ihrem Mann von einer kleinen Rente leben musste. Die drei fügten hinzu: »Diese beiden wundervollen Menschen lehnen von uns jeden Dank für alles, was sie getan haben, ab. Es ist unsere größte Freude, ihnen auf diesem Wege danken zu können.« Sie baten den Senator, Szturmann und Helmy »in unserem Namen und im Namen aller Menschen, die für Recht und Freiheit kämpften, zu ehren«.[17]

Die Arbeitsgemeinschaft politisch, rassisch und religiös Verfolgter bedankte sich für das Schreiben, die Unterlagen und das beigelegte Porto von einem Dollar und versicherte, man habe es an die zuständige Arbeitsgemeinschaft weitergeleitet. Von insgesamt 1864 Antragsstellern dieser Ehrungsinitiative wurden letztendlich nur 760 tatsächlich ausgezeichnet. Die Bedürftigen unter ihnen, Frieda Szturmann zum Beispiel, wurden auch finanziell unterstützt.

Dieses Mal hatten die Bemühungen um Helmys Ehrung Erfolg. Innensenator Lipschitz war im Dezember 1961 mit nur 43 Jahren unerwartet verstorben, aber seine Initiative in Berlin wurde fortgesetzt. Die Ehrung von Helmy sowie 69 weiteren Judenhelfern fand am 8. November 1962 im Rahmen einer Gedenkveranstaltung der Arbeitsgemeinschaft der Verfolgtenverbände und der Jüdischen Gemeinde zum Jahrestag der Pogromnacht im Jüdischen Gemeindehaus in der Fasanenstraße statt.[18] Der Festakt wurde um einen Tag auf Donnerstag vorgezogen, um den

Sabbat nicht zu entweihen. In einer Anzeige in *Die Mahnung*, dem Zentralorgan der demokratischen Widerstandskämpfer- und Verfolgten-Organisationen, lud man zum Gedenken an den 9. November 1938 zu einer Feierstunde ein.[19] Im Programm standen Ansprachen und die Ehrungen der Helden mit musikalischer Umrahmung. Es wurde »um zahlreiches Erscheinen« gebeten, der Eintritt war frei.

Helmy kannte die Ruine der großen Synagoge gut, die in der Pogromnacht 1938 in Brand gesteckt und 1943 bei Luftangriffen weiter zerstört worden war. Sie war erst vor kurzem abgerissen worden, während Helmy Hausarzt des gegenüberliegenden Luxushotels Kempinski war. Als er an jenem regnerischen Abend den Vorhof des neuen Gemeindezentrums betrat, muss sein Blick auch auf die graublaue Gedenkwand rechts vom Eingang gefallen sein, auf der ein großer, schwarzer Davidstern und zahlreiche Namen der bekannteren Konzentrationslager und Ghettos in schwarzen Buchstaben vor einem goldenen Hintergrund prangten. Der Eingang wirkte im Vergleich zum dominierenden Rest der Portalbekrönung der alten Synagoge sehr bescheiden, passend zur kleinen Gemeinde von überlebenden Juden.

Der große Saal des Gemeindezentrums war an diesem Abend mit 700 Menschen fast überfüllt. Auf der Bühne, vor dem Hintergrund einer Glaswand aus zahlreichen Davidsternen, lenkte ein großes Dreieck die Blicke der Anwesenden auf das Rednerpult. In der hinteren Wand war der Thoraschrank eingebaut. Der Gemeindevorsitzende Heinz Galinski, der auch Vorsitzender des Zentralrates der Juden in Deutschland war und als Auschwitz-Überlebender eine moralische Instanz in der Bundesrepublik, hielt eine Rede. Und er verlas ein Telegramm des Regierenden Bürgermeisters Willy Brandt, in dem er seine tiefe Verbundenheit mit Berlins Juden bekundete.[20] Galinski sprach auch die damals häufig gestellte Frage an, wie lange man sich überhaupt noch der NS-Thematik zuwenden wolle – das Wort

»Schlussstrich« wurde noch nicht verwendet. Er beklagte, dass die Justiz immer noch Personen mit einer nationalsozialistischen Vergangenheit beschäftigte.

Der neue Innensenator Heinrich Albertz zog dagegen ungelenk Parallelen zwischen der Mauer des Warschauer Ghettos und der gerade entstandenen »Schandmauer von Berlin«. Dieser Vergleich, der heute vermutlich Rücktrittsforderungen nach sich ziehen würde, stieß damals allerdings nicht auf Protest. Kurz vor der Ehrung sagte er zudem: »Für eine wirksame Wiedergutmachung sind die materiellen Leistungen nicht so wichtig wie das tolerante Verhalten zu den Juden.« Der Schutz der verfolgten Juden sei auch ein Stück deutscher Geschichte, so Albertz. Dann wurden die 70 Menschen namentlich ausgerufen, »die unerschrockenen Kämpfer für Freiheit und Recht«, denen Albertz dankte und die entsprechende Urkunde überreichte.

In der Urkunde sprach der Berliner Senat Herrn Dr. Mod Helmy »Dank und Anerkennung aus, dass er während der nationalsozialistischen Gewaltherrschaft ohne Rücksicht auf die eigene Sicherheit bedrängten Verfolgten Schutz und Hilfe gewährt hat«.[21] Unterzeichner sind Albertz und Brandt.

Der ausführliche Bericht der *Jüdischen Allgemeinen Zeitung* über die Feier erwähnte keinen einzigen der 70 Geehrten namentlich. Der *Tagesspiegel* schrieb in jener Woche sehr wohl über Juden, zum Beispiel über Arnold Zweigs 75. Geburtstag oder die EKD-Reise mit Propst Heinrich Grüber nach *Yad Vashem*, wo man einen Kranz niederlegte. Das Blatt wies auch auf einen Vortrag des jüdischen Theologen Schalom Ben-Chorin hin, es schrieb aber nichts über die Ehrung der »Unbesungenen Helden«.

Die jüdische Gemeinde zeigte jedoch durchaus Interesse an dem ägyptischen Arzt. Denn zum Abschluss des Ehrungsprogramms »Unbesungene Helden« im November 1966 lud der Leiter der Jüdischen Volkshochschule zu einer Podiumsdiskussion mit dem Innensenator Albertz, dem Gemeindevorsitzenden Galinski sowie zwei Helfern im Gemeindehaus zum Thema »Menschen in schwerer Zeit« ein. Einer der Helfer war Helmy. Die liberale Berliner Tageszeitung *Der Kurier* erwähnte, dass die meisten Zuhörer Jugendliche waren. An der lebhaften Diskussion nahmen auch Vertreter der Katholischen und der Evangelischen Kirche teil sowie »der Arzt Dr. Helmy und Senator Albertz«, hieß es. In der Diskussion erfuhr man, »wie viele namenlose Helfer es noch unter dem Nazi-Regime gab, denen das Gebot der Menschlichkeit höher stand als das eigene Leben«.[22] Auch der *Tagesspiegel* erwähnte Helmy namentlich, schrieb aber sonst nichts über ihn. Das Blatt zitierte die Frage zweier junger Leute, warum man nicht aktiver protestiert hatte. Albertz warf den Kirchen Versagen vor, die Vertreterin der katholischen Kirche behauptete, die Proteste hätten ein Verbot der Mischehen mit Juden verhindert.[23] Weder die *Jüdischen Allgemeine* noch die *Nacht-Depesche*, die Abendausgabe des SPD-nahen *Telegraf*, die ebenfalls darüber berichtete, erwähnte Helmy namentlich.

Die Frage, wo die Zivilcourage gewesen sei, beantworteten der Innensenator und die katholische Vertreterin: »Der Mut der wenigen hat nicht das Fehlen an Verantwortungsbewusstsein der vielen ersetzen können.«[24] Die Initiative von Innensenator Lipschitz, die Retter von Juden zu ehren, wurde bis 1966 weiterbetrieben, blieb jedoch ein Einzelfall. Alle Bemühungen der Jüdischen Gemeinde Berlins und verschiedener Verfolgtenorganisationen, dass diese Ehrung auch in anderen Bundesländern vorgenommen würde, scheiterten. Die überwiegende Mehrheit der ehemaligen Helfer von Verfolgten, die nicht in Westberlin wohnten, blieb unbemerkt und ungeehrt.[25] Auch Bundeskanzler Erhard sah 1966 »keine Möglichkeit« einer Übernahme der Berliner Initiative. Das Bundesfinanzministerium befürchtete, dass eine Ehrung »als Anerkennung eines materiellen Entschädigungsanspruchs aufgefasst werden könnte«.

Helmys Würdigung löste zu jenem Zeitpunkt trotz dürftigen medialen Echos dennoch großes Interesse aus. Das Berliner Entschädigungsamt erhielt nun Anfragen auch aus dem Ausland, schrieb man Helmy im Juni 1968: Auch das staatliche Dokumentationszentrum *Yad Vashem* in Israel, das sich mit der Sammlung von Dokumenten aus der Nazizeit befasst, habe solche Unterlagen erbeten, heißt es. »Für die Weitergabe der betreffenden Unterlagen unter Bekanntgabe Ihres Namens bedarf es Ihrer Zustimmung. Wir hoffen, dass Sie damit einverstanden sind und bitten Sie höflich, uns die beiliegende Einverständniserklärung mit Ihrer Unterschrift versehen in dem Freiumschlag zurückzusenden.«[26] Eine Antwort findet man nicht – aus zwei Gründen.

Zum einen intensivierte Helmy gerade wieder seine Beziehungen zu Ägypten. Im Krieg waren die Kontakte abgebrochen, sodass er sich lange darum bemühen musste, seinen ägyptischen Pass wieder zurückzubekommen. Das lag auch daran, dass er nach seiner Ankunft in Deutschland seinen Vornamen von Mohamed in Mod geändert hatte. Das Konsulat forderte daraufhin Unterlagen und Nachweise. Erst Anfang der 1960er Jahre gelang es Helmy, eine neue ägyptische Geburtsurkunde auf seinen veränderten Namen Mod Helmy zu bekommen. Darauf steht der Name seiner Mutter: Aminah, Religion: Muslim.

Zum anderen erreichte die Anfrage des Berliner Entschädigungsamtes Helmy zu einem ungünstigen Zeitpunkt. Ägypten hatte 1965 die diplomatischen Beziehungen zur Bundesrepublik abgebrochen, weil Bonn diplomatische Beziehungen zu Israel aufgenommen hatte. Am 31. Mai 1967 schloss Ägypten sogar seine Generalkonsulate in Frankfurt und Hamburg. Es liegt nahe, dass Helmy 1968, nur ein Jahr nach dem israelischen Sieg gegen Ägypten im Sechs-Tage-Krieg, als ägyptischer Staatsbürger, der gelegentlich seine Familie in Kairo besuchte, keinen Kontakt zum »Feindesland Israel« wollte, auch wenn man sich dort für seine Hilfe für verfolgte Juden interessierte.

Helmys langer Zwist mit dem Berliner Entschädigungsamt endete erst im Februar 1973, als das Kammergericht seine letzte Klage zurückwies. Eine andere Klage vor dem Landgericht zog er selbst zurück – und erhielt knapp 3500 DM als Entschädigung für »Schäden an seinem beruflichen Fortkommen« sowie 750 DM für Freiheitsentzug. Nach über 20 Jahren konnte der »unbesungene Held« endlich die ihm so wichtige Anerkennung als Opfer der Nazis erlangen.

# Epilog – ein ägyptischer Arzt in Helmys Kiez

An einem Wintertag im Februar 2017 feiert der Berliner Wolfgang Krüger seinen Geburtstag. Irgendwie ist seine Wohnung in der Krefelder Straße in Berlin-Moabit der passende Ort, die lange Spurensuche zu beenden, denn seine Stolpersteininitiative brachte die Recherche ins Rollen. Vor der Party werfe ich einen letzten Blick auf die Gedenktafel, auf die Stolpersteine vor den Nachbarhäusern und treffe zwei Zeitzeugen. Nun kann man mit Wolfgang anstoßen, der bekanntlich die Recherche über Helmy als Erster ins Rollen gebracht hat.

Ein Gast zieht meine Aufmerksamkeit auf sich, eigentlich ist es sein Pullover. Shopping wäre eine willkommene Ablenkung vom Schreiben. So einen Pulli hätte ich auch gern. Aus diesem Grund wende ich mich an den Mann, der diesen besonderen Pulli trägt: »Ist auch Seide darin?« Die Frage überrascht ihn. Er sucht nach dem Etikett, findet es und lässt mich die Angaben studieren. »100% Baumwolle«, sage ich ein wenig enttäuscht.

Der freundliche Mann mit der John-Lennon-Brille ist etwa so alt wie ich. Er stellt sich vor: »Ich bin Islam Gawish.« Und woher kommst du? »Aus Ägypten.« Und was machst du? »Ich bin Arzt.« Als ich mich als Israeli zu erkennen gebe, weiten sich seine Augen, er lächelt: »Wirklich?« Er freut sich, weil er in Deutschland bereits einigen einheimischen Juden begegnet war, die aber ihre Herkunft stets verschwiegen.

Wir duzen uns sofort. Ich sage Islam, dass ich ein Buch über einen ägyptischen Arzt schreibe, der schräg gegenüber ein jüdisches Mädchen vor der Gestapo versteckte. Das interessiert ihn sehr. Würde er dazu etwas beitragen wollen? »Ich bin geehrt, dass du mich fragst.«

Dann erzähle ich Islam ausführlich über seinen Kollegen Dr. Mod Helmy und dessen Rettungsaktionen.

»Helmy ist mein Held«, meint Islam. »Er hat als Arzt das Richtige getan. Wäre ich in seiner Lage, hätte ich genauso gehandelt, ohne Zweifel.« Er macht eine Pause, um die Bedeutung dessen, was er sagt, zu betonen. »Besonders ein Arzt weiß, wie wertvoll ein Menschenleben ist.«

Anders als Mod Helmy war Islam als Dozent nach Deutschland gekommen, um sich hier zu habilitieren. Wie Helmy lernte auch Islam Juden erst in Deutschland und als Arbeitskollegen kennen. In der Anfangszeit, wo er Hilfe brauchte, weil er kaum Deutsch sprach, hätten ihm ausgerechnet Juden geholfen, die ihm aber nicht erzählten, dass sie Juden waren. Islam regt sich darüber auf, dass seine Landsleute am Nil schon Angst bekommen, sobald sie das Wort »Jude« nur hören. Das Pauschalurteil über die Juden als böse Menschen mache ihn wütend, meint der Arzt, der sonst einen eher sanften Eindruck macht. Aber wenn er in Ägypten so sprechen würde, dann bekäme er Probleme. Hier in Deutschland habe es bisher für ihn keinen Anlass gegeben, seine Herkunft zu verschleiern oder seinen Vornamen zu modifizieren, so wie damals Helmy, der gute Gründe dafür hatte.

So wie Helmy ist auch Islam ein stolzer Ägypter. Islam hätte einen deutschen Pass bekommen können, aber dann auf die ägyptische Staatsbürgerschaft verzichten müssen. Das wollte er nicht. Dass eine Persönlichkeit wie Helmy zu einer Annäherung zwischen Juden und Arabern beitragen könne, das glaubt Islam schon. Aber nur in Deutschland und nicht in Ägypten. Es sei denn, ein Film mit Mod Helmy als Hauptfigur würde für den Oscar nominiert, in der Hauptrolle mit Omar Sharif, der aber nun nicht mehr am Leben ist, oder einer vergleichbaren Berühmtheit. Wenn das eine Chance ist, dann kann man ja noch hoffen.

# Danksagung

Die folgenden Personen haben in persönlichen Gesprächen und Interviews mit ihrer Expertise und ihren Erinnerungen einen wesentlichen Beitrag geleistet, für dieses Buch das Leben von Mod Helmy und Anna Boros vor dem Hintergrund der Zeit zu rekonstruieren:

Annette Gabriel, Imam Amir Aziz, Marianne Barz, Jürgen Comes, Simone Czerski, Sabine Deicke, Inge und Richard Demant, Wolfgang Ehrhardt, Islam Gawisch, Wolfgang Golücke, Dieter Gosewinkel, Ellen Harnisch, Hartmut von Hentig, Radu Ioanid, Gerdien Jonker, Angelika Königseder, Ursula Kraus, Wolfgang Krüger, Ilse Krumhaar, Sabine und Wolfgang Lips, Miriam Mahdi, Sabine und Dr. Karsten Mülder, Stelian Obiziuc, Jörg-Rainer Paeschke, Inge Pape-König, Rosemarie Pumb, Cornelia Reuter, Friedhelm Röder, Ute Rohde, Sabine S., Dr. Günther Schellinger, Julius Schoeps, Gerhard Schmidt, Jutta Schmidt, Gerlinde Schramm, Florian Stan, Irena Steinfeldt, Peter Strzelczyk, Marlis und Dieter Szturmann, Annemarie Wamboldt, Rolf Wildschütz, Karl-Heinz Wolter, Stephan Wuthe.

Ein besonderer Dank geht an Martina Voigt, die über drei Jahre mit viel Engagement, Kenntnissen und Geduld das Buchprojekt begleitet hat.

Dank auch meinen Rechtsberatern Dan Or-Hof und Tobias Sommer.

Ich danke Michael Albrecht, Yehuda Altmann, Lucas Delattre, Frank Gesemann, Joachim Graf, Andreas Grunewald, Sabine Hank, Jacky Hugi, Imad Jawabreh, Gerhard Keiper, Sven Felix Kellerhoff, Beate Kosmala, Malte Lehming, Bernd Lehmann, Martin Kröger, Stefan Manescu, David Motadel, Rainer Nitsch, Kaspar Nürnberg, Jani Pietsch, Dennis Riffel, Heide Sobotka, Bibo Tabbert, Roiter Vardit, Ingo Way, Agnieszka von Zanthier.

Nicht zuletzt möchte ich meinem Agenten Alexander Simon, meinem Kollegen Helmut Kuhn und Dr. Andrea Wörle von dtv für ihre unermüdliche Betreuung dieses Buchprojekts danken.

# Literatur und Quellen

## Bücher und Aufsätze

Aktives Museum Faschismus und Widerstand in Berlin e. V. und Gedenkstätte Deutscher Widerstand (Hrsg.), *Verfahren: »Wiedergutmachung« im geteilten Berlin*, Berlin 2015.

Arbeitsgruppe Friedenspädagogik, *Im Schatten der goldenen Flügel. Zur verdrängten Geschichte Tiergartens.* Berlin 1982.

Kurt Jacob Ball-Kaduri, *Vor der Katastrophe: Juden in Deutschland 1934–1939*, Tel Aviv 1967.

Wolfgang Benz, *Der deutsche Widerstand gegen Hitler*, München 2014.

Wolfgang Benz, *Der Holocaust*, München 1995.

Heinz Bielka, *Geschichte der Medizinisch-Biologischen Institute Berlin-Buch*, Berlin/Heidelberg 2012.

Heinz Bielka, *Streifzüge durch die Orts- und Medizingeschichte von Berlin-Buch*, Berlin 2007.

Rolf Bothe (Hrsg.), *Synagogen in Berlin. Zur Geschichte einer zerstörten Architektur*, Katalog zur Ausstellung im Berlin Museum, Berlin 1983.

Tobias Brinkmann, *Migration und Transnationalität*, Paderborn 2012.

Comparativ 16 (2006), *Zeitschrift für Globalgeschichte und Vergleichende Gesellschaftsforschung*, Leipzig

Eckart Conze, Norbert Frei, Peter Hayes, Moshe Zimmermann, *Das Amt und die Vergangenheit: Deutsche Diplomaten im Dritten Reich und in der Bundesrepublik*, München 2010.

Martin W. Daly, Jane R. Hogan (Hrsg.), *Images of Empire: Photographic Sources for the British in the Sudan*, Leiden/Boston 2005.

Lucas Delattre, *Fritz Kolbe. Der wichtigste Spion des Zweiten Weltkriegs*, München 2004.

Laurenz Demps, *Luftangriffe auf Berlin. Die Berichte der Hauptluftschutzstelle*, Berlin 2012.

Margot Friedlander, *»Versuche, dein Leben zu machen«*, Berlin 2008.

Saul Friedländer, *Das Dritte Reich und die Juden*, München 2006

Frank Gesemann, »Die ägyptische Gemeinschaft in der Bundesrepublik Deutschland«. In: Berliner Institut für Vergleichende Sozialforschung (Hrsg.), *Handbuch ethnischer Minderheiten in Deutschland*, Berlin 1992.

Frank Gesemann, Gerhard Höpp, Haroun Sweis, *Araber in Berlin*, Ausländerbeauftragte des Senats, Berlin 1998.

Fritz Grobba, *Männer und Mächte im Orient*, Sudheim 1967.

Judith Hahn, Rebecca Schwoch, *Anpassung und Ausschaltung. Die Berliner Kassenärztliche Vereinigung im Nationalsozialismus*, Berlin 2009.

Frank-Rutger Hausmann, *Ernst-Wilhelm Bohle. Gauleiter im Dienst von Partei und Staat*, Berlin 2009.

Werner Otto von Hentig, *Aber das Bild soll Euch bleiben. Ein Weihnachtsbrief von Werner Otto von Hentig an seine Kinder aus dem Jahr 1943*, Lengwil 2010.

Werner Otto von Hentig, *Mein Leben: Eine Dienstreise*, Göttingen 1962.

Bernd Hildebrandt (Hrsg.), *Unser Krankenhaus Moabit ist 125 Jahre alt*. Historisches Kaleidoskop von der Gründung bis heute. Berlin 1987.

Gerhard Höpp, »Arabische Studenten in Berlin«, im Nachlass Prof. Gerhard Höpp, Zentrum Moderner Orient (ZMO).

Gerhard Höpp, »Zwischen Universität und Straße – Ägyptische Studenten in Deutschland 1849–1945«, in: *Würzburger Geographische Manuskripte*, Heft 60, 2002.

Gerhard Höpp (Hrsg.), *Mufti-Papiere. Briefe, Memoranden, Reden und Aufrufe Amin al-Husianis aus dem Exil*, Berlin 2002.

Gerhard Höpp, *Texte aus der Fremde. Arabische politische Publizistik in Deutschland 1896–1945*, Arbeitshefte 18, Berlin 2000.

Oliver Hoffmann, *Deutsche Geschichte im Bezirk Tiergarten, Naziterror und Widerstand 1933–1945*, Berlin 1986.

Radu Ioanid, *The Holocaust in Romania. The Destruction of Jews and Gypsies Under the Antonescu Regime, 1940–1944*, Chicago 2000.

Akim Jah, *Die Deportation der Juden aus Berlin. Die nationalsozialistische Vernichtungspolitik und das Sammellager Große Hamburger Straße*, Berlin 2013.

Akim Jah, »Sammellager in Berlin – Nationalsozialistische Lager im Kontext der ›Judendeportationen‹ aus dem Reich 1941–1945«, in: *Zeitschrift für Geschichtswissenschaft*, Bd. 61, H. 3 (2013), S. 3 f.

Gerdien Jonker, *The Ahmadiyya Quest for Religious Progress*, Leiden 2015.

Susan Kamel, »Hamidas Lied. Die 100 Jahre einer Muslimin an der Spree«. In: Kröger, Jens (Hrsg.), *Islamische Kunst in Berliner Sammlungen*. Berlin 2004.

Mahmoud Kassim, *Die diplomatischen Beziehungen Deutschlands zu Ägypten 1919–1936*, Wien 2000.

Sven Felix Kellerhoff, *Berlin im Krieg. Eine Generation erinnert sich*, Köln 2011.

Heinz David Leuner, *Als Mitleid ein Verbrechen war. Deutschlands stille Helden 1939–1945*, Wiesbaden 1967.

David Motadel, *Islam and Nazi Germany's War*, Cambridge 2014.

Barbara Orth, *Gestapo im OP: Bericht der Krankenhausärztin Charlotte Pommer*, Berlin 2013.

Jani Pietsch, »*Ich besaß einen Garten in Schöneiche bei Berlin«. Das verwaltete Verschwinden jüdischer Nachbarn und ihre schwierige Rückkehr*, Frankfurt 2006.

Christian Pross, Rolf Winau (Hrsg.), *Nicht Mißhandeln – Das Krankenhaus Moabit*, Berlin 1984.

Dennis Riffel, *Unbesungene Helden. Die Ehrungsinitiative des Berliner Senats 1958–1966*, Berlin 2006.

Ernst Rodenwaldt, *Der Islam. Tornisterschrift des Oberkommandos der Wehrmacht*, Abt. Inland, Heft 52, 1941.

Hans-Rainer Sandvoß, *Widerstand in Mitte und Tiergarten*, Berlin 1994.

Paul Schlaak, »*Wetter in den Jahren 1933–1945*« in Berlinische Monatsschrift Heft 9/2000 Berlin.

Hans-Joachim Schoeps, *Die letzten dreissig Jahre – Rückblicke*, Stuttgart 1956.

Susanna Schrafstetter, *Flucht und Versteck. Untergetauchte Juden in München – Verfolgungserfahrung und Nachkriegsalltag*, Göttingen 2015.

Wolfgang Schwanitz, »Deutsche in Kairo und Alexandrien über die Ägypter, Amerikaner, Briten, Franzosen, Russen, Japaner und Juden (1919–1939)«. In: Wolfgang Schwanitz (Hrsg.), *Jenseits der Legenden. Araber, Juden, Deutsche*, Berlin 1994.

Jizchak Schwersenz, *Die versteckte Gruppe – Ein jüdischer Lehrer erinnert sich an Deutschland*, Berlin 1988.

Rebecca Schwoch (Hrsg.), *Berliner jüdische Kassenärzte und ihr Schicksal im Nationalsozialismus*, Berlin 2009.

Ottmar Traşcă und Stelian Obiziuc (Hrsg.), *Diplomaţi Români în Slujba Vieţi*, Cluj-Napoca 2017.

Volker Weidermann, *Das Buch der verbrannten Bücher*, Köln 2008.
Horst-Peter Wolff und Arno Kalinich, *Zur Geschichte der Krankenanstalten in Berlin-Buch*, Berlin 1996.
»Die Berliner S-Bahn vor 50 Jahren«, SIGNAL 03–04/1995

## Verzeichnis der besuchten Archive

| | |
|---|---|
| AdsD | Archiv der sozialen Demokratie der Friedrich-Ebert-Stiftung |
| AM | Aktives Museum Faschismus und Widerstand in Berlin |
| HUB – UA | Archiv der Humboldt-Universität |
| BArch | Bundesarchiv, Berlin |
| Bau | Bauarchiv im Stadtentwicklungsamt, Bezirksämter Spandau, Charlottenburg-Wilmersdorf, Mitte, Berlin |
| CJA | Archiv Centrum Judaicum – Stiftung Neue Synagoge, Berlin |
| GDW | Gedenkstätte Deutscher Widerstand |
| HvH | Hartmut von Hentigs Privatarchiv |
| IST | International Tracing Service (Der Internationale Suchdienst), Bad Arolsen |
| LAB | Landesarchiv Berlin |
| LABO | Entschädigungsbehörde im Landesamt für Bürger- und Ordnungsangelegenheiten, Berlin |
| MFA | Unitatea Arhive Diplomatice (Diplomatisches Archiv des Auswärtigen Amtes), Bukarest |
| MM | Miriam Mahdis Privatarchiv, Berlin |
| RLM | Rishon LeZion Museum |
| PA AA | Politisches Archiv des Auswärtigen Amts |
| ZMO | Zentrum Moderner Orient, Berlin |

## Berliner Adressbücher 1940 und 1943

Bezirksamt Tiergarten, Grundbuch Moabit
Bezirksamt Spandau, historisches Liegenschaftsbuch

218

# Internet

http://www.stadtentwicklung.berlin.de/denkmal/liste_karte_datenbank/de/denkmaldatenbank/daobj.php?obj_dok_nr=09050350
http://www.berliner-untergrundbahn.de
http://www.sie-waren-nachbarn.de
https://www.berlin.de/ba-charlottenburg-wilmersdorf/ueber-den-bezirk/geschichte/artikel.240430.php
http://www.ghetto-theresienstadt.info/pages/j/juedischebevb.htm
http://www.knerger.de/html/spieshermusiker_13.html

Alle aufgeführten Links waren zum Zeitpunkt der Drucklegung noch gültig.

# Anmerkungen

## Eine Berliner Jüdin sucht Schutz im Islam

1 Laut Interview mit dem Berliner Imam Amir Aziz ist dies der zentrale Bestandteil des Übertritts.
2 Dokumentarfilm ›Mohammad and Anna‹, 44'47'', von Taliya Finkel, gesendet in Channel 1 des israelischen Fernsehens, 24.4.2017.
3 Gerhard Höpp (Hg.), *Mufti-Papiere. Briefe, Memoranden, Reden und Aufrufe Amin al-Husianis aus dem Exil*, 1940–1945, S. 169.
4 Interview mit der Historikerin Gerdien Jonker.
5 Oberfeldarzt Ernst Rodenwaldt, *Der Islam. Tornisterschrift des Oberkommandos der Wehrmacht*, Abt. Inland, Heft 52, 1941, S. 63 f.
6 Sven Felix Kellerhoff, *Berlin im Krieg. Eine Generation erinnert sich*, Köln 2011, S. 56.
7 Rodenwaldt, *Der Islam*, S. 63.
8 HUB, UA, Med. Fak. 1049, Promotionen, Mod Helmy, S. 39.

## Spurensuche mit politischen Dimensionen

1 »Family of First Arab Righteous Among the Nations Rejects Israeli Recognition«, in: *Haaretz*, 20.10.2013.
2 »Egypt Parliament Expels Lawmaker for Meeting Israel's Envoy«, in: *Times of Israel*, 2.3.2016.
3 Ahmed Hidji: Al-Monitor, »Some Egyptians Wary of Normalizing Relations with Israel«, 18.7.2016.
4 Interview mit Sabine und Karsten Mülder.
5 Margot Friedlander, »*Versuche, dein Leben zu machen*«, S. 158.
6 Interview mit Wolfgang Krüger.

7 Yad Vashem, , M31/12582, S. 2.
8 Hans-Rainer Sandvoß, *Widerstand in Mitte und Tiergarten*, S. 335.

## Ein Ägypter in der Weimarer Republik

1 Archiv Aktives Museum Faschismus und Widerstand in Berlin, Akte Mod Helmy.
2 »Saidieh Secondary School: A past glory«, in: *Al Ahram*, 17.12.2015.
3 Archiv Aktives Museum.
4 Mahmoud Kassim, *Die diplomatischen Beziehungen Deutschlands zu Ägypten 1919–1936*, S. 5.
5 Wolfang Schwanitz, »Deutsche in Kairo und Alexandrien über die Ägypter, Amerikaner, Briten, Franzosen, Russen, Japaner und Juden (1919–1939)«. In: Wolfgang Schwanitz (Hrsg.), *Jenseits der Legenden. Araber, Juden, Deutsche*, Berlin 1994, S. 71.
6 Frank Gesemann u. a., Araber in Berlin, S. 23.
7 Gerhard Höpp, »Arabische Studenten in Berlin«, S. 1.
8 Der Tagesspiegel, 2.4.2015.
9 Johanna Niedbalski, »Lunapark in Berlin«, in: *Tagesspiegel*, 2.4.2015.
10 http://www.geschkult.fu-berlin.de/e/relwiss/forschung/vw-stiftung/kamel/2004_hamidas_lied.pdf, S. 4.
11 Gesemann u. a., Araber in Berlin, S. 20.
12 Mahmoud Kassim, *Die diplomatischen Beziehungen Deutschlands zu Ägypten 1919–1936*, S. 266.
13 Frank Gesemann u. a., *Araber in Berlin*, S. 28.

## Der dunkle Mann im weißen Kittel

1 In: Christian Pross u. a., *Nicht mißhandeln – Das Krankenhaus Moabit*, S. 110 f.
2 Labo Helmy, Nr. 14500, S. R160.
3 Wolfgang Schwanitz, »Deutsche in Kairo und Alexandrien über die Ägypter, Amerikaner, Briten, Franzosen, Russen, Japaner und Juden (1919–1939)«, S. 80.
4 Christian Pross u. a, *Nicht mißhandeln – Das Krankenhaus Moabit*, S. 180.
5 Ebd., S. 182 f.
6 Ebd., S. 186 f.

7 Rebecca Schwoch (Hrsg.), *Berliner jüdische Kassenärzte und ihr Schicksal im Nationalsozialismus*, S. 508.

8 Ebd., S. 187.

9 LAB, B Rep. 078 Nr. 561, C10.

10 Rebecca Schwoch, *Berliner jüdische Kassenärzte*, S. 841.

11 LAB, B, Rep. 078, Nr. 561, S. 28; PA AA, R41395, Prof. Denning.

12 Judith Hahn u. a., *Anpassung und Ausschaltung. Die Berliner Kassenärztliche Vereinigung im Nationalsozialismus*, S. 151, Quelle: Heinrich Grote, Amtsleiter der KVD-Berlin.

13 Ebd., S. 150, nach Hollmann, Ärzteblatt für Berlin.

14 Labo Helmy, Nr. 14500, S. R28.

15 Labo Helmy, Nr. 14500, S. R160.

16 Christian Pross u. a., *Nicht mißhandeln – Das Krankenhaus Moabit*, S. 230 f.

17 Eine Gedenktafel hängt am Eingang des Krankenhauses Moabit.

18 PA AA R41934, 28.3.33.

19 PA AA: R41394, Brief, 30.9.34.

20 Labo Helmy, Nr. 14500, S. C10.

21 PAAA, R41394, 10.11.1936.

22 PAAA, R41394, 15.11.1936.

23 LAB, B Rep. 078 Nr. 561, C11.

24 LAB: B Rep012, Nr. 1376, S. 43.

25 PA AA R41395, Siebert, 12.12.37.

26 PA AA R41395, Dennig, 13.12.37.

27 Bundesarchiv, Reichsärzteregister, Dr. Mod (Mohamed) Helmy.

28 Labo, S. E31.

29 Judith Hahn u. a., *Anpassung*, S. 12

30 Judith Hahn u. a., *Anpassung*, S. 197

## »Feindliche Ausländer« – die erste Verhaftung

1 Werner Otto von Hentig, *Mein Leben: Eine Dienstreise*, S. 332

2 Labo Helmy, Nr. 14500, UH 561, S. C11

3 PA AA R41394, 24.10.39.

4 Werner Otto von Hentig, *Mein Leben: Eine Dienstreise*, S. 333.

5 PA AA R41394, 24.10.39.

6 PA AA, 41394, 6.11.1939.

7 PA AA, 41394, 7.11.1939.

8 PA AA, 41394, 9.11.1939.

9 PA AA R41394, 17.11.39.

10 Labo Helmy, Notar, 9.2.1953.

11 PA AA, 41394, 21.11.1939.

12 Hans-Joachim Schoeps, *Die letzten dreissig Jahre: Rückblicke*, S. 111 f.

13 Brief des AA vom 20.2.1945.

14 Hentigs Bescheinigung vom 2.12.1938, ergänzt am 22.12.38.

15 Kurt Jacob Ball-Kaduri, *Vor der Katastrophe: Juden in Deutschland 1934–1939*, S. 179 f.

16 Nachlass Hartmut von Hentig, Bescheinigung 20.2.1945.

17 Eckart Conze u. a., *Das Amt und die Vergangenheit: Deutsche Diplomaten im Dritten Reich und in der Bundesrepublik*, S. 580.

## Ein Brief an Hitler – Die zweite Inhaftierung

1 PA AA, 41394, 9.12.1939.

2 PA AA, 41394, 13.12.1939.

3 PA AA, 41394, 14.12.1939.

4 Interview mit dem Berliner Facharzt Dr. Günther Schellinger, der den Brief seines ägyptischen Kollegen begutachtet hat.

5 PA AA, 41395, 28.12.1939.

6 PA AA R41396, 11.1.40.

7 PA AA, 41395, 30.12.1939.

8 Frank-Rutger Hausmann, *Ernst-Wilhelm Bohle*, S. 65.

9 PA AA, R 41 394, 30.12.1939.

10 PA AA R41394, Unterstaatssekretär Habicht, 4.12.39.

11 PA AA R 41394, 23.1.1940.

## Der arabische Patient

1 Labo, Helmy, Nr. 14500, S. R210.

2 BArch, R 19/2368.

3 Dr. Günther Schellinger half dem Autor, aus ärztlicher Perspektive die Krankenakte zu entschlüsseln und die Erkrankungen zu erklären.

4 Barbara Orth, *Gestapo im OP: Bericht der Krankenhausärztin Charlotte Pommer*, Berlin 2013, S. 91.

5 Labo, S. R210.

6 Labo, S. R225.

7 Labo, S. R210.

8 Labo, S. C12.

# Drei Migrantinnen in Berlin

1 LAB, C Rep. 118–01, Nr. 35340, S. 2.
2 Berliner Adressbuch 1940, S. 463.
3 Labo, Georg Wehr, Nr. 71761, S. M13.
4 Labo, Nr. 52472, E14.
5 Labo Anna Gutman, Nr. 52472, S. B35.
6 ›Mohammad and Anna‹, 15'01''. Dokumentarfilm von Taliya Finkel, gesendet in Chanel 1 des israelischen Fernsehens, 24.4.2017.
7 Ebd., 15'47''.
8 Labo, Cecilie Rudnik, Nr. 25535, S. D100.
9 Labo, Cecilie, S. D10, D17.
10 Labo, Cecilie, S. M62.
11 Labo, Anna Gutman, Reg. Nr. 52 472, S. B35.
12 Labo, Anna, Nr. 524752, S. E5.
13 Dokumentarfilm Mohammad and Anna.
14 CJA 5A2, Nr. 141, Anna Boros, BI1253
15 Labo, Anna Gutman, Nr. 52472, S. C40.

# Überlebenskampf zwischen Berlin und Bukarest

1 Radu Ioanid, *The Holocaust in Romania: The Destruction of Jews and Gypsies Under the Antonescu Regime*, 1940–1944, S. 20 f.
2 Radu Ioanid, »A Rescuer of the Romanian Jews during the Holocaust, Constantin I. Karadja: Historical Context« in: Ottmar Trașcă und Stelian Obiziuc (Hg.), *Diplomați Romăni în Slujba Vieți*, S. VII).
3 Labo, Martin Rudnik, Nr. 23937, S. M1, M97.
4 Labo, Martin Rudnik, Nr. 23973, S. B9, C5, D27.
5 LAB, B Rep. 078, Nr. 561, S. 11.
6 Labo Martin, S. C13.
7 BR2-Mohammed Helmy, 29.5.2014, S. 14.
8 Labo Cecilie, S. D93.
9 Labo, Georg, S. M13; LAB, B Rep, 078, Nr. 561, S. 14.
10 Labo, Martin, S. M1.
11 Labo, Anna, C45.
12 LAB, B Rep. 078, Nr. 561, S. 14.
13 Lucas Delattre, *Fritz Kolbe. Der wichtigste Spion des Zweiten Weltkriegs*, S. 117.

## Versteckt in Moabit

1  LAB, 561, S. 14.
2  Radu Ioanid, *The Holocaust in Romania*, S. 177, S. VIII.
3  Interview Radu Ioanid, United States Holocaust Memorial Museum, Washington.
4  Yad Vashem, M. 31.2/10472, S. 8.
5  *Slujba*, S. XIV.
6  Bundesarchiv, R 9361-V/6152.
7  Volker Weidermann, *Das Buch der verbrannten Bücher*, S. 3 f.
8  Akim Jan, *Die Deportation der Juden aus Berlin*, S. 447 f.
9  LAB, B Rep. 078, Nr. 561, S. C12.
10 LAB, S. 17.
11 Labo, Anna Gutman, Nr.: 52472, S. B13.
12 Paul Schlaak, *Wetter in den Jahren* 1933–1945, S. 180.
13 Labo, Arthur-Gertrud-Conitzer, Nr. 55713, S. D7-8.
14 Interview mit Ursulas Tochter, Ester Sloan, 10.11.2004, Museum Rishon LeZion, Israel.

## Eine muslimische Hochzeit

1  Thea Wolf, Adah Aharoni, *Zikhronot me-Aleksandriyah: Shalom la-Milhomot (Memories from Alexandria: Goodbye to Wars*, S. 28 f.)
2  CJA 5A1 Nr. 141 BI 1253.
3  CJA, S. 2A1, Austrittskartei Cecilie, Martin Rudnik.
4  Privatarchiv: Miriam Mahdi.
5  Ebd.
6  PA AA, 41395, R2344, 23.1.40.
7  PA AA, 41395, S. R5691.
8  PAAA R41395, 23.1.40.
9  PAAA R41394, Schreiben 12.10.39.
10 PA AA, 41396, Brief 28.1.1941.
11 Gesemann u. a., *Araber in Berlin*, S. 41.
12 Mohammad and Anna, 46'20", übersetzt aus dem Arabischen.
13 Robert Satloff, *Among the Righteous. Last Stories from the Holocaust's Long Reach into Arab Lands*, New York 2006, S. 171 f.
14 LAB, A Rep. 358–02. Nr. 154335
15 Aktives Museum, Nr. 71, August 2014, S. 5

## Die Nacht der Flammen

1 Bezirksamt Tiergarten, Grundbuch, S. 3.
2 Zitiert nach: Sven Kellerhoff, *Berlin im Krieg*, S. 22.
3 Saul Friedländer, *Das Dritte Reich und die Juden*, S. 475.
4 Sven Kellerhoff, *Berlin im Krieg*, S. 85.
5 Ebd., S. 262.
6 Laurenz Demps, *Luftangriffe auf Berlin*, S. 251, Tabelle 1.
7 Ebd., S. 265.
8 Werner Otto von Hentig, *Aber das Bild soll Euch bleiben. Ein Weihnachtsbrief von Werner Otto von Hentig an seine Kinder aus dem Jahr 1943*, Libelle, 2010, S. 9.
9 Hartmut von Hentig, *Mein Leben – bedacht und bejaht*, S. 52 f.
10 Laurenz Demps, CD, S. 637.
11 Grundbuch Moabit, Artikel Nr. 292, Bd. 143, Blatt 5269.
12 Laurenz Demps, CD, S. 629 f.
13 Demps, *Luftangriffe auf Berlin*, S. 61 f.
14 Kellerhoff, S. 107.
15 Grundbuch Moabit, Artikel Nr. 292, Bd. 143, Blatt 5269.
16 Film »Mohamed and Anna«, 48'11.
17 Labo Berlin, Anna Gutman, S. C45, HM9.

## Breaking Glass – der Weg nach Buch

1 Berlin Adressbuch 1940, S. 2823, Berlin Adressbuch 1943, S. 2757.
2 Vermessungsamt Pankow, Schreiben 7.9.2016.
3 LAB, B Rep. 912 Nr. 1376, S. 15.

## Das Häuschen hinter den hohen Kiefern

1 Heinz Bielka, *Streifzüge durch die Orts- und Medizingeschichte von Berlin Buch*, S. 14.
2 Rosemarie Pumb, »In einer Grube versteckt«, in: *Bucher Bote*, 5.5.2010.
3 Pankow, Grundstück Röbellweg 141, Blatt 697.
4 Labo Anna Gutman, Nr. 52 472, S. B13.
5 Labo Anna, S. HM1.

## Helmys Helfer – der Spion Fritz Kolbe

1 Lucas Delattre, *Fritz Kolbe*, S. 305.

## Furchtbare Nächte und Tage

1 Labo Berlin, Nr. 71761, S. M13.
2 Heinz David Leuner, *Als Mitleid ein Verbrechen war*, S. 89 f.
3 Jani Pietsch, *Ich besaß einen Garten in Schöneiche bei Berlin*, S. 104.
4 LAB, B Rep. 078, Nr. 561, S. 33.
5 Ebd., S. 34.
6 Ebd., S. 15.
7 LAB B Rep. 078, Nr. 561, S. 33
8 LAB B Rep. 78, Nr. 561, S. 3.
9 Labo Martin, S. B9.
10 Labo Cecilie, Nr. 25535, S. M30, M38.

## »Er hat mein Leben gerettet« – Patienten erinnern sich

1 Heinz Bielka, *Streifzüge durch die Orts- und Medizingeschichte von Berlin-Buch*, S. 101 f.
2 GDW, Stille Helden, Dossier Mod Helmy.

## Die Russen kommen – neue Gefahren in Berlin-Buch

1 Horst-Peter Wolff u. a., *Zur Geschichte der Krankenanstalten in Berlin-Buch*, S. 137.
2 Labo Helmy, Nr. 14500, S. 7.
3 Labo, S. 11.
4 Labo Helmy, Nr. 14500, S. C10.
5 Labo Helmy, Nr. 14500, S. E19.
6 Einwohnermeldekartei, Landesarchiv Berlin.
7 Brief vom Bezirksbürgermeister, Nachlass Wolfgang Ehrhardt.
8 Labo, Anna Gutman, Nr. 52472, S. C26.
9 Labo, Anna Gutman, S. C26.

227

## Drei Sterne an der Spree – die Nachkriegsjahre in Westberlin

1 Privatarchiv: Miriam Mahdi.
2 Aktives Museum Berlin, Interview Karsten Mülder.
3 Bezirksamt Charlottenburg-Wilmersdorf, Liegenschaftsbuch Nr. 6494.
4 Aktives Museum Berlin, Akte Mod Helmy.
5 Dennis Riffel, *Unbesungene Helden*, S. 22.
6 Jani Pietsch, S. 104 f.
7 Labo, Berlin, Nr. 72475, S. E12.
8 Labo, Georg Wehr, S. M18.
9 Labo, Cecilie Rudnik, Nr. 25535, S. 5.
10 CJA 5A1 Nr. 141 BI 10043.
11 Labo, Anna, S. E5.
12 Aktives Museum, Nr. 71, August 2014.
13 Gerda Albrecht-Jahn, in: *Land-Kurier*, März 1998, S. 22.
14 Labo Berlin, Anna Gutman, S. B19.
15 LAB, S. B2, E5, M13.
16 Daily Mirror, May 30 1949-Two Years Apart-S. 1-MK526669.
17 Bezirksamt Spandau, historisches Liegenschaftsbuch – Artikel Nr. 864, historisches Gebäudebuch-Nr. 366.
18 Labo, Nr. 68722 Josef Löbl (Leopold) Herschlowitz, S. M29.
19 Labo, Nr. 68722, Josef Löbl Herschlowitz, S. M3, M13, M20.
20 Kladower Forum, Werkstatt Geschichte, 5.1.2012.
21 Bezirksamt Spandau, historisches Liegenschaftsbuch – Artikel Nr. 393, historische Gebäudekarte-Nr. 696.
22 Aktives Museum, Nr. 71, August 2014, S. 5.
23 Tagesspiegel, Todesanzeige, 17.1.82, S. 19.
24 Tagesspiegel, Todesanzeige, 31.1.82, S. 19.
25 Amtsgericht Charlottenburg, Gieser, Justizbeschäftigte, *Land-Kurier*.
26 Amtsgericht Spandau, Schmidt-Mrozek, Richterin am Amtsgericht, historische Gebäudekarte-Nr. 696.

## Helmys letzter Kampf – Opfer oder Held?

1 Susanna Schrafstetter, *Flucht und Versteck: Untergetauchte Juden in München – Verfolgungserfahrung und Nachkriegsalltag*, S. 9 f.
2 Schrafstetter, S. 269.
3 CJA 5A1 Nr. 141 BI 1253.
4 Dennis Riffel, *Unbesungene Helden*, S. 33.

5 Dennis Riffel, *Unbesungene Helden*, S. 33.
6 Labo, Helmy, S. M15.
7 LAB, B Rep. 078, Nr. 561, S. 12–16.
8 a. a. O., S. R7.
9 a. a. O., S. R37.
10 a. a. O., S. M26–27.
11 a. a. O., S. 25, 29.
12 a. a. O., S. R3.
13 Wolfgang Benz, *Der deutsche Widerstand gegen Hitler*, S. 63.
14 Zitiert in: Riffel, *Unbesungene Helden*, S. 32.
15 »Die Tragweite der Schuld«, in: *Telegraf*, 11.11.1958, S. 11.
16 LAB, B Rep. 078, Nr. 561, S. 2–8.
17 LAB, B Rep. 078, Nr. 561, S. 2–3.
18 Riffel, S. 238.
19 *Die Mahnung*, 1.11.1962, S. 1.
20 »Unbesungene Helden‹ geehrt«, in: *Jüdische Allgemeine*, 16.11.1962.
21 LAB, B Rep. 078, Nr. 561, S. 28.
22 »In der Notzeit fragte niemand nach der Konfession«, in: *Kurier*, 25.1.1963.
23 »Das höhere Gesetz«, in: *Der Tagesspiegel*, 26.1.1963.
24 »Menschen in schwerer Zeit«, *Jüdische Allgemeine Zeitung*, 8.2.1963.
25 Dennis Riffel, *Unbesungene Helden*, S. 246.
26 LAB, B Rep. 078, Nr. 561, S. 39.

# Bildnachweis

*Das Gartenhaus der Familie Barthelmann im Jahr 1903:* mit freundlicher Genehmigung von Karl-Heinz Wolter; *Die im Zweiten Weltkrieg stark zerstörte Synagoge in der Levetzowstr. während der Abbrucharbeiten Mitte der 1950 Jahre;* mit freundlicher Genehmigung des Landesarchivs Berlin. *Werner Otto von Hentig mit dem Mufti von Jersualem im Ski-Ort St. Florian 1943:* mit freundlicher Genehmigung von Hartmut von Hentig; *Auf der Liste der rumänischen Juden, deren Pass verlängert wurde, steht bei Anna Boros vermerkt:* »*Sie hat die zugesandten Unterlagen nicht zurückgeschickt.*«: mit freundlicher Genehmigung von Dr. Stelian Obiziuc; Ministeriul Afacerilor Externe, Bukarest; *Die Ausweise von Anna Boros (Aktennummer 52472), Cecilie Rudnik (Aktennummer 25535) und Georg Wehr (Aktennummer 71761) als* »*Opfer des Faschismus*«: mit freundlicher Genehmigung des Landesamts für Bürger- und Ordnungsangelegenheiten (LABO); Abt: I – Entschädigungsbehörde, Opfer des Nationalsozialismus, Allgemeine Angelegenheiten der Entschädigung I A 4, BEG-Akte Reg.-Nr. 123456 Berlin; *Mohamed Soliman, Pionier des Stummfilms und ägyptischer Unternehmer in Berlin:* mit freundlicher Genehmigung von Miriam Mahdi, Berlin; *Constantin Karadja (1916), Diplomat und Retter rumänischer Juden:* mit freundlicher Genehmigung seines Urenkels Stefan-N. Manescu; *Frieda Szturmann, Helmys Helferin und* »*Gerechte unter den Völkern*«: mit freundlicher Genehmigung von Marlis und Dieter Szturmann; *Das Haus in der Krefelder Straße 7 vor und nach der Bombardierung:* mit freundlicher Genehmigung von Sabine und Dr. Karsten Mülder; *Mitglieder der Ägyptischen Kolonie mit Mod Helmy und vor der Praxis in der Kastanienallee 26:* mit freundlicher Genehmigung der AdSD/Friedrich Ebert-Stiftung; *Ausweis der Ägyptischen Kolonie:* mit freundlicher Genehmigung von Miriam Mahdi; *Die Laube in Berlin-Buch heute:* mit freundlicher Genehmigung von Jörg-Rainer Paeschke.

230

# Personenregister

233

# Bücher gegen das Vergessen

Wolfgang Brenner
**Zwischen Ende und Anfang**
Nachkriegsjahre in
Deutschland
ISBN 978-3-423-28106-5

André Postert
**Hitlerjunge Schall**
Die Tagebücher eines jungen
Nationalsozialisten
ISBN 978-3-423-28105-8

Barbara Beuys
**Leben mit dem Feind**
Amsterdam unter deutscher
Besatzung 1940-1945
Mit 30 s/w-Abbildungen
ISBN 978-3-423-34890-4
Schicksalsjahre in Amsterdam,
geschildert von der Meisterin
des historisch-biografischen
Sachbuchs.

Thomas Harding
**Hanns und Rudolf**
Der deutsche Jude und die
Jagd nach dem Kommandan-
ten von Auschwitz
Übers. v. M. Schwelien
ISBN 978-3-423-34877-5

»Ein fesselnder Thriller, ein
entsetzliches Verbrechen, eine
essentielle Geschichte, ein
penibel unparteiischer Erzäh-
ler.« *John le Carré*

Ruth Klüger
**weiter leben**
Eine Jugend
ISBN 978-3-423-11950-4
Ruth Klüger erzählt die
Stationen ihrer Kindheit und
Jugend als Jüdin in Wien.

Inge Deutschkron
**Ich trug den gelben Stern**
ISBN 978-3-423-30000-1

**Mein Leben nach dem
Überleben**
ISBN 978-3-423-30789-5

**Ich trug den gelben Stern,
und was kam danach?**
Neuausgabe der beiden
Bücher, von der Autorin
aktualisiert
ISBN 978-3-423-34563-7

Alex Kershaw
**Der Befreier**
Die Geschichte eines amerika-
nischen Soldaten im Zweiten
Weltkrieg
Übers. v. B. Brandau
Mit zahlreichen s/w-Abbild.
ISBN 978-3-423-34855-3

Marie-Luise von der Leyen
**Max Mannheimer**
**Drei Leben**
Erinnerungen
ISBN 978-3-423-34841-6

Bitte besuchen Sie uns im Internet: www.dtv.de

# Inge Deutschkron im dtv

Das Lebensschicksal einer engagierten Journalistin – ihre
Kindheit als jüdisches Mädchen in der Nazizeit und ihr Leben
nach dem Überleben.

## Ich trug den gelben Stern
ISBN 978-3-423-30000-1

Ein unprätentiöser Bericht über das verzweifelte Leben und Über-
lebenwollen eines jüdischen Mädchens in Berlin. Entrechtet und
verfolgt, befürchtet die Familie jeden Moment Deportation und
Tod. Ein Leben in der Illegalität beginnt, unter fremder Identität,
lebensbedrohend auch für die Freunde, die ihnen Beistand gewähren. Nach Jahren quälender Angst vor der Entdeckung haben
Inge Deutschkron und ihre Mutter den bürokratisierten Sadismus
des nationalsozialistischen Systems überlebt: zwei unter den 1200
Juden in Berlin, die dem tödlichen Automatismus entronnen sind.

## Mein Leben nach dem Überleben
Die Fortsetzung von ›Ich trug den gelben Stern‹
ISBN 978-3-423-30789-5

Wie richtet sich Inge Deutschkron ihr Leben nach 1945 ein? Wie
geht ihre Geschichte weiter? »Ich malte mir ein Idealbild vom
neuen Deutschland aus – ein Deutschland, in dem es einen neuen
Geist geben würde. Erfahrung hatte ich zwar im Kampf ums
Überleben, aber, wie sich bald zeigen sollte, war ich sehr naiv, was
des Lebens Wirklichkeit betraf.« Die streitbare Journalistin gibt in
diesen Aufzeichnungen ein spannendes Zeitzeugnis der Jahre vom
Kriegsende bis in die Gegenwart, die gerade auch in ihren persönlichen Erlebnissen und durch ihre unbestechliche, ungewöhnliche
Sichtweise begreifbar werden.

## Ich trug den gelben Stern, und was kam danach?
Neuausgabe der beiden Bücher in einem Band.
Von der Autorin aktualisiert und zu
einer Gesamtbiografie umgestaltet.
ISBN 978-3-423-34563-7

Bitte besuchen Sie uns im Internet: www.dtv.de

»Ich habe keinen Hass. Er ist meinem Wesen fremd.«

# Max Mannheimer

## Drei Leben
### Erinnerungen

Aufgezeichnet von Marie-Luise von der Leyen

ISBN 978-3-423-**34841**-6

Max Mannheimer, Jahrgang 1920, ist einer der letzten Zeitzeugen der Verbrechen, die die Deutschen während der Nazidiktatur an den Juden begangen haben. Als ältester Sohn einer Kaufmannsfamilie verbringt er eine unbeschwerte Jugend im Sudetenland. Nach dem »Anschluss« des Sudetenlandes wird die Familie zusammen mit vielen anderen Juden gezwungen, ihre Heimat zu verlassen und sich ein neues Zuhause zu suchen. 1943 erfolgt die Deportation. Mannheimers Eltern, drei seiner Geschwister und seine junge Ehefrau werden in Auschwitz ermordet. Nur sein jüngerer Bruder und er überleben auch noch eine weitere Deportation in die KZs Warschau und Dachau.

Nach der Befreiung beginnt Max Mannheimers »drittes Leben«. Er gründet eine Familie und verdrängt lange die Erinnerungen an seine Leidenszeit. Doch Mitte der 1980er-Jahre beschließt er zu akzeptieren, dass der Holocaust Teil seiner Identität bleiben wird, und beginnt Vorträge und Lesungen zu halten, besonders vor Schülern. Das tut er bis heute. Seinen Humor und seinen Optimismus hat er nicht verloren - trotz der Erkenntnis, die er nach dem Eintreffen im KZ hatte: »Gegen die Schlussfolgerungen, die sich aufdrängten, standen alle Wahrheiten meines bisherigen Lebens. Vor allem, dass der Mensch gut sei. Meine Mutter war davon überzeugt und hatte uns in ihrem Sinn erzogen. Es fiel mir sehr schwer, die Welt meiner Mutter infrage zu stellen. Dagegen stand, was ich mit eigenen Augen erlebte. Was Menschen einander antun können.«

Als Zeitzeuge des Holocaust wurde Max Mannheimer für seinen Kampf gegen das Vergessen vielfach ausgezeichnet und geehrt. Hier erzählt er zum ersten Mal die ganze Geschichte seines Lebens.

Bitte besuchen Sie uns im Internet: www.dtv.de